Outsider in
the White House

伯尼·桑德斯：
白宫里的局外人

[美] 伯尼·桑德斯 赫克·古特曼 著　王嘉琳 方维芊 华之韵 译

中国友谊出版公司

图书在版编目(CIP)数据

伯尼·桑德斯：白宫里的局外人/（美）伯尼·桑德斯，
（美）赫克·古特曼，（美）约翰·尼克尔斯著；王嘉琳，
方维芊，华之韵译. -- 北京：中国友谊出版公司，2017.2
书名原文：OUTSIDER IN THE WHITE HOUSE
ISBN 978-7-5057-3948-2

Ⅰ.①伯… Ⅱ.①伯…②赫…③约…④王…⑤方…⑥华…
Ⅲ.①伯尼·桑德斯-自传 Ⅳ.①K837.127=6

中国版本图书馆 CIP 数据核字（2016）第 312459 号
著作权合同登记号 图字 01-2016-9933

This updated edition of Outsider in the White House was first published in English by Verso 2015
First published by Verso 1997
©Bernie Sanders 1997, 2015
Preface © Bernie Sanders 2015
Afterword © John Nichols 2015

The simplified Chinese translation rights arranged through Rightol Media （本书中文简体版权经由锐拓传媒取得 Email:copyright@rightol.com）

书名	伯尼·桑德斯：白宫里的局外人
著者	[美]伯尼·桑德斯　赫克·古特曼
译者	王嘉琳　方维芊　华之韵
出版	中国友谊出版公司
发行	中国友谊出版公司
经销	新华书店
印刷	北京市兆成印刷有限责任公司
规格	710×1000 毫米　16 开 20.5 印张　246 千字
版次	2017 年 5 月第 1 版
印次	2017 年 5 月第 1 次印刷
书号	ISBN 978-7-5057-3948-2
定价	49.80 元
地址	北京市朝阳区西坝河南里17号楼
邮编	100028
电话	（010）64668676

种族平等大会会议（1962）。我作为指导委员会成员与会，站我身旁的是芝加哥大学校长乔治·比德尔。
© 芝加哥大学图书馆 2015

种族平等大会静坐抗议（1962）。活动第一天，我正和抗议者们说话。种族平等协会在当时致力于消除芝加哥公立学校中的种族隔离问题。
© 芝加哥大学图书馆 2015

1997年秋季自由联盟党会议，我与两岁半的儿子利维一起。
© 埃里克·伯格 2015

桑德斯家族。我很高兴站在我的妻子简和最小的外孙迪伦中间。
© 身边摄影 2015

伯灵顿市长竞选（1981）。简和我在一群支持者的簇拥下等待电视上公布竞选结果。

庆功会。我击败戈登·帕克特当选伯灵顿市长，我的政治生涯自此展开。
©罗伯·斯旺森 2015

与"伯灵顿人民共和国"垒球队身穿同一队服。

80年代初期,刊登在伯灵顿周刊《佛蒙特先锋报》上的一幅照片。
©罗伯·斯旺森 2015

站在古老的佛蒙特酒店屋顶上俯瞰伯灵顿市政厅。成功连任四届市长后,我决定不再参加1989年的市长竞选,而是把目光移至别处。
©罗伯·斯旺森 2015

1990年竞选国会议员。背景是工会领导人、总统候选人尤金·德布斯。
© 华盖创意 2015

在佛蒙特州议会大厦门口面对人群发表演说,支持单一付款人医疗体系。
(2010年5月1日)
© 美联社图片 2015

在一场推动最低工资提高到15美元每小时的集会上,我站在松蒂斯·贝莉边上,她正动情地面对人群发表演说。低收入使她在怀孕期间还不得不同时从事两份工作,没法脱身休息,最终她流产了。(2015年7月22日)
© 美联社图片 2015

简和我在我总统初选竞选时,在洛杉矶的纪念体育馆。(2015年8月10日)

在蒙彼利埃的市政厅与总统候选人杰西·杰克逊见面（1988年12月31日）。那天晚上我当着1000多人的面为他背书。
© 美联社图片 2015

前往参议院议员席，我在那里做了整整八个半小时的演讲，反对再次实施布什时代对高收入者减税的政策（2010年12月9日）。这场马拉松式的演讲成为全国性的头条新闻，由此也开启了支持我竞选总统的运动。
© 美联社图片 2015

和简一起在7月4日游行,为我赢下民主党总统初选的竞选活动打响第一枪。
(爱荷华州,丹尼森市)

全国护士联盟的成员们,当天工会公开为我参选总统初选背书,加州奥克兰市。
(2015年8月10日)
© 美联社图片 2015

致　谢

我想感谢佛蒙特州伯灵顿市的人们，以及整个佛蒙特州的人们，感谢他们这些年来的支持。从未有哪个社群或哪个州，像你们这样突破了两党制体系，使我成为美国历史上在任时间最长的无党派国会议员。

非常感谢你们给了我担任公职的机会。

感谢你，我的妻子，简。没有你的爱与支持，这本书中描述的许多事情都不会发生。

感谢你，利维。你从一岁起就开始跟着我奔波于全州各地，参加政治会议。你的爱、忠诚与友谊始终是我的力量来源。

感谢你们，希瑟、卡瑞娜和戴夫[①]。你们让我进入了你们的生活，由此帮助我了解了家庭的含义。

感谢你，拉里。作为我的哥哥，你让我见识到了一个思想的世界，没有你的指引，我永远都不会发现这个世界。

感谢你，赫克[②]。没有你的帮助和你不屈不挠的精神，这本书是不可能写成的。

感谢你，科林·罗宾逊，是你促成了"左页图书"[③]对这一项目

[①] 桑德斯继子大卫的昵称。
[②] 赫克·古特曼，本书的合著者，佛蒙特大学的英文教授，曾任桑德斯的首席顾问。
[③] Verso Books，设于伦敦和纽约的一家出版社，创立于1970年，原名为"新左派图书"。

的大力支持。

没有一支强有力的敬业团队，任何一位国会议员都干不出一番事业来。在这方面，能够与如此多了不起的、辛勤工作的人们共事，真是莫大之幸。以下列的是从1991年起在我的国会团队中工作过的人们，我感谢他们所有人的付出：保罗·安德逊、马克·安德逊、丽莎·巴雷特、丹·巴里、斯泰西·布鲁、黛比·布克钦、道格·鲍彻、史蒂夫·布雷斯勒、麦克·布朗、凯蒂·克拉克、格雷格·科伯恩、麦克·科恩、史蒂夫·克劳利、克拉伦斯·戴维斯、吉姆·德菲利皮斯、唐·爱德华兹、克里斯汀·埃尔德雷德、莫莉·法雷尔、菲尔·菲耶尔蒙特、约翰·弗兰科、马克·加里甘、丽兹·吉布斯-韦斯特、丹尼斯·吉尔伯特、比尔·古尔德、赫克·古特曼、特丽萨·汉密尔顿、凯瑟琳·汉莉、阿德莱·哈尔丁、米莉·霍利斯、丽莎·雅各布森、卡洛琳·凯兹丁、尼科尔·拉布雷克、梅根·兰伯特、蕾切尔·莱文、萨沙·迈耶、弗洛伦斯·麦克劳德-托马斯、金妮·麦格拉思、克里斯·米勒、伊丽莎白·蒙丁格尔、劳拉·奥布赖恩、埃里克·奥尔森、科尔萨·菲利普斯、安东尼·波利那、吉姆·雷德、泰勒·雷希、玛丽·理查兹、简·桑德斯、吉姆·舒马赫、布兰登·史密斯、汤姆·史密斯、萨拉·希维德、道格·泰勒、埃莉诺·汤普森、杰夫·韦弗、辛西娅·韦格拉兹、大卫·温斯坦、卢珊·维尔曼、惠特尼·维尔曼、蒂娜·维塞尔。

赫克·古特曼想感谢他的妻子，芭芙·林道，感谢她毫无保留的爱和无限慷慨的支持。他还想感谢伯尼·桑德斯，感谢他成功地在现实世界实现了进步主义政治运动，向佛蒙特乃至全国展现了这一运动的真貌。

前　言

每当别人说我过于严肃时，我都乐于视之为赞美之词。自始至终，我都将政治理解为一项严肃事业，事关民族命运、远大理想，以及决不能被当作棋子用于讨价还价的万千众生。也许正是这一理解让我在当今美国政治中成为局外人。如果说与那些乘着飞机与一个又一个专找砸钱大户的筹资人见面的竞选者，或是乘着飞机从一场科赫兄弟①赞助的峰会前往所谓的"谢尔登·阿德尔森初选会"②的竞选者相比，我对待政治的确比较严肃，然而我认为我并不比美国民众更加严肃。

美国民众希望政治选举围绕的是竞选者在各个议题上的立场，而不是筹资、民调，或是那些压倒诚实论辩的负面竞选广告。影响选举的应当是群众运动或是在预期之外结成的联盟，而非个人崇拜或是某个亿万富翁的支票簿。

自我初涉政治以来，无论是学生时代在芝加哥大学的校园里组织民权运动，还是越战时期为和平奔走，或是力挺工会和民众斗争，选

---

① 查尔斯和大卫·科赫是美国首屈一指的"隐形富豪"，其掌控的美国科氏工业集团是全球最大的非上市公司。
② 美国总统选举中，美国赌王、亿万富翁谢尔登·阿德尔森会选择一位他看好的共和党总统候选人，为他背书并提供大量资金支持。

举政治中最令我反感的便是琐碎化。媒体和政党似乎巴不得选民仅凭选举者是否拥有灿烂微笑，或是能否在辩论中语出惊人、贬损对手，做出至关重要的决定——而非根据思想或理念，更遑论理想主义。我从没想过参与这种没有灵魂的政治。在我为奋斗目标和政府公职参与竞选的这些年来，我想我相当成功地做到了置身其外。

此书初版原题为《众议院里的局外人》（Outsider in the House），写于20年前，彼时我当选为佛蒙特州的美国众议院代表，然而远未想到自己最终会竞选总统之位。那本书讲述了我们如何先在一座城市、后在一个州里建立起独立的进步主义的政治体系的故事。这是关于一位反叛者如何先是赢得佛蒙特州最大城市伯灵顿的市长之位，后又在全国国会中谋得一席的故事。更重要的是，这关乎我们如何利用这些胜利所赋予的权威，改善那些在为官者中同盟寥寥的普通大众的生活。

佛蒙特的劳动民众是这本书中的真正英雄，他们在媒体和政治精英认为他们应当放弃之后的很长一段时间内，仍然为了争取经济和社会公平而坚持奋斗着。他们不仅仅维持着这一斗争，更将身边友邻拉入了整个进程——当全国其他地方的投票率陷入低迷之时，我们的投票率却节节攀升。我总是说，我们在伯灵顿取得的最大成就并非1981年在市长竞选中的胜利——尽管那的确是一次甜美的胜利。我们的最大成就是在随后的各次选举中取得的胜利：选民投票率持续上升，低收入者和年轻人的参与度尤其喜人，这使我们有力地还击了经济与政治精英试图联合阻挠的努力。我们击败对手靠的不是金钱，而是选票——正如民主体制理所应当的运转方式。

最近在重读《众议院里的局外人》时，我回想起这是一个何等艰苦卓绝的奋斗故事。其中没有轻松斩获或是稳步得来的胜利。这是一个艰难努力的故事，才有点正确方向的进展就迎面一个挫折，选举中成败参半，还有我们几乎想都不敢想的突破——直到它们发生时我们才敢相信。

奋斗式政治根植于价值观与愿景，以及最重要的，信任。它需要竞选人与拥护共同价值观、怀抱共同愿景的民众之间订立契约。它不会这么说："把票投给我吧，我会搞定一切的。"它说的是："如果我选上了，我不仅将为你效劳，还将与你并肩作战。"我们的努力或许是实施一个地方层面的项目，或许是支持联邦层面的立法，当然最关键的是民众与他们所选出的代表之间的这种联系——这种联系告诉世人，政治圈里有人会为处于权力层之外的普通公民抗争不息。当公民意识到这场正在进行的抗争时，他们会热血沸腾。他们会提出更多的要求。他们会发起更加强有力的运动。他们会掀起一场不止于赢得选举的政治运动；他们会掀起一场旨在改造城市、州、国家，甚至于全世界的政治运动。

自我在青年时代为种族平等奔走活动以来，我信奉的便是这种奋斗的政治观。我之所以投身选举政治，是因为我相信代表民权、女性权利、劳动权利、环境保护以及和平的行动主义需要在我们的选票和权力走廊①中得到反映。起步之初，我举步维艰，不断在失败中汲取教训。最终，在朋友和同盟们的帮助之下——他们的忠诚与奉献精神对于我和我们的共同成功而言意味着一切——我们开始取得胜利。我们赢得的不仅仅是选举，我们赢得的是变革性的进步，这种进步只有当政治行动主义关注的不仅仅是下一届选举时方能实现。促使我下定决心角逐2016年总统大选的契机，是我在《众议院

---

① 指暗中左右重要决策的政府权力中心。

里的局外人》原稿中写到的诸件大事，以及1997年那本书付梓之后我所经历的种种——在美国众议院和美国参议院的经历，还有更重要的，在罢工、游行、市政厅会议以及反对经济不平等的集会中的经历，或是抗议失败的贸易政策给工人和社区带来的贫穷化，或是谴责对移民基本尊严与人性的无视，或是反对不必要的战争、种族不平等以及环境灾难等等的经历。

那本书出版后的这20年里，美国人过得并不容易。贫富差距已经扩大到了文明社会和健康经济所能承受的临界点。然而两党政客并未着力于解决贫困，反而将贫困界定为罪恶，容忍高得令人咋舌并严重反映种族歧视的监禁率；气候变化的毁灭性效应被他们视而不见；我们不得不接受一种扭曲的优先权观念，这种观念宣称美国总有足够的钱投入战争，然而却拿不出足够的钱投资基础建设、教育或是营养计划[①]。最高法院颁布的法令使亿万富翁和商业公司更容易买通选举，而使有色人种和学生群体更难在选举中投票，因为这些法令，我们的民主体制已经濒临崩溃。随着民主受制于金钱、负面竞选广告和严肃新闻业的瓦解，美国正逐步沦为一个金权统治的国家。

当我宣布竞选总统时，我说过，一个来自佛蒙特的民主社会主义者要赢得总统之位，非得掀起一场翻天覆地的政治变革不可。许多权威人士认为我这是自己承认无望获胜。然而并非如此。这是宣布我们为了消除已然造成的损害，并从寡头手里夺回我们国家所必须采取的行动。对此，权威人士和政治参谋至今仍然不得其解。但是民众理解。他们成千上万地出现在我们的集会上。他们捐出5元、10元，因为他们知道，如果每个人都力所能及地拿出一点，我们最终或许真能

---

① 即美国补充营养协助计划（SNAP），此项协助计划每月均为低收入的个人和家庭提供补贴，获得补贴的人可在接受SNAP的商店使用食品救济券。

击败富翁阶层。

如他们所言，我是个严肃的人。我无法欣赏象征性的运动。我决定竞选总统，是因为这是必要之举，是因为我相信竞选运动将会带来政治革命，而且我相信我们有望获胜。我们赢下了伯灵顿。我们赢下了佛蒙特。现在我们向全美进发。机遇不断，尽管阻碍重重。我们认识到我们已然实现的改变，意识到我们已然赢得的胜利，这一切都激励我们更加努力地投入战斗。

在着手写下我政治生涯的故事之初，我便接受了"局外人"这一称呼。我始终立于美国政治的主流之外。我拒不接受当下现状。我投了一些鲜有人问津的票，打了一些孤军奋战的仗，搞了一些孤立无援的运动。但现在我不再觉得自己是孤身一人。有众多如我一样的局外人，我们团结起来，为了每小时15美元的最低工资，为了解决结构化失业的就业计划，为了单一给付医疗体系①，为了免费的大学教育，为了我们城市的翻新建设，为了我们基础设施的重建和创造数百万的就业机会，为了对支离破碎和种族歧视的刑法体系实现公正和人性化的变革，以及为了全面的移民变革和真正实现公民权利的途径。

在今日的美国，大多数人都是身处局外，尤其是处于做出左右我们经济的决策权力层之外。只要政治的天平倾向的仍是美国普罗大众的对立面，只要现实情况仍然充斥着不公平与不公正，我们就一直都会处于局外。我们需要发挥新时代新运动的全部力量，方能实现急需的改变。这些运动始于局外，然而现在圈内人也开始有所听闻——它们正在改变我们的政治，改变我们的法律，改变美国。各个城市和州政府都提高了工资标准。它们开始着手纠正警察在执行警务中的种族

---

① 桑德斯大力倡议的一项制度，即由国家而非私人保险商承担所有医疗费用。

不平等问题，以及导致大量监禁的相关政策。它们开始要求修改宪法以推翻公民联合会①，恢复自由公平的选举。美国正在发生着改变，大有政治变革之势。我在众议院是个局外人。我在参议院还是个局外人。现在我成了总统候选人。我相信，这场政治变革或许真能让一位局外人入主白宫，届时，我们将并肩联手，重塑我们的政治和治理，让人不再被置于局外。

我相信，我们可以既严肃又乐观。我相信，我们可以正视眼前的重重阻碍，然后结成联盟克服这些阻碍。

我们的出发点并非某种政治策略，而是对一种必要性的共识，一种我们必须行动起来的认识。我相信，苦恼于失业和工资停滞，愤懑于不平等与不公正的美国民众无不认识到这一点。我听到美国民众大声而清楚地说道：这一切都够了。我们伟大的国家及其政府属于全体民众，而不仅仅属于一小群亿万富翁，以及他们的超级政治行动委员会（PAC）②和各种说客。

我们生活在世界历史上最为富裕的国家，然而这一事实意义不大，因为几乎所有的财富都掌握在一小撮人手中。当处于收入顶端的1%的人拥有的财富和底下90%的人一样多时，当99%的新创造收入流向顶端的这1%人群时，一定有哪里出了严重的问题。美国的经济，不应当是这样背离道德、不可持续的。这一现状必须改变，我们将齐心合力实现改变。

改变的第一步，是我们告诉亿万富翁阶层："你们不能独享财富。你们不能在我们国家的孩子们忍饥挨饿的时候还享受着减税。你

---

① Citizens United，美国一个保守派非营利组织，其主席是大卫·博西，该组织最出名的事件是"公民联合会诉联邦选举委员会案"，这一诉讼的结果是极大放宽了对于竞选财政的规约。
② 美国的一种政治组织，旨在筹募及分配竞选经费给角逐公职的候选人。

们不能在数百万人找不到工作的时候还把就业机会转移到中国。你们不能在我们国家的每个地方都还有巨大的需求亟待解决的时候,把你们的财富藏匿到开曼群岛或是其他避税天堂。你们的贪婪之心应当适可而止。如果你们拒绝承担身为美国人应尽的责任,你们也就不能享受美国所给予你们的种种好处。"

当我们说"这一切都够了"的时候,我们是在要求我们国家的未来能够满足绝大多数美国人的需求。在这个国家的未来,容易的将不再是买通选举,而是在选举中投票;在这个国家的未来,税收将用于投资就业和基础设施,而非监狱和监禁;在这个国家的未来,我们社会的劳动力将是受过最好教育的,每个儿童和成人都将拥有最丰富的机会;在这个国家的未来,我们将一劳永逸地保证,凡是每周工作40个小时的人都不会陷入贫困。

现在不是往小处想的时候。我们不能满足于固有老派的政治体制和迂腐不堪的白宫内部的想法。我们不能允许亿万富翁阶层凭借金钱以及他们让媒体杜撰的不实之词离间分裂我们。现在,上百万的劳动者家庭——黑人和白人,拉美裔和印第安裔,同性恋和异性恋——是时候团结起来了,共同重振美国民主体制,挽救美国中产阶级的崩溃,并且确保我们的下一代和下下一代能够享受衣食无忧、健康安定、快乐美好的生活——让美国重振雄风,领导世界人民为争取经济和社会公平,实现环境正常和世界和平而努力。

现在,是时候将美国建设成我们绝大多数民众心目中的国家了。要实现这一改变,非得掀起政治变革不可。然而这本书中记录的经验告诉我,政治变革是有可能的。成就变革的人不是亿万富翁或是内部政客,而是工作或将不保的劳动者、被债务压得不堪重负的学生、退休工资多年不变的退休者,以及所有认识到这一切都够了的局外人——他们认识到，必须组织起来，发起运动，投票决定更好的未来。只要我们并肩作战，一切、一切、一切皆可实现。

伯尼·桑德斯

2015年9月

引　子

　　1996年11月5日，我们赢了。势不可当。晚上7:30，距离投票结束才过去半小时，美联社就根据票站民调的情况，预测我们将会获胜，漂亮的胜利。

　　逐镇选举的结果正在通过电话和无线电广播传过来。在伯灵顿，我的老家，我们向来十拿九稳，这次的战绩更是好于往常。我们甚至赢下了之前是保守党选区的北端新城。我们赢下了谢尔本，这个富裕的城镇一向是不支持我们的。威努斯基，压倒性胜利。我们赢下了埃塞克斯，我对手的老家。现在我们正在接到来自南部城市的电话。伯瑞特波罗，我们几乎是以三比一的概率稳操胜券。简直不敢相信。甚至在全州传统上最拥护共和党的拉特兰县，我们同样胜利在望。我们还赢下了本宁顿县，那里原本是我的常败之地。

　　晚上10点，简和我带着孩子们来到莫娜家的餐馆，我们在那里举行选举之夜的聚会。人来了很多，喧闹欢腾。当电视监控器开始直播我们的胜利庆功会时，顿时人声鼎沸。我几乎都听不见自己对着话筒讲话的声音了。欢呼声震耳欲聋。第二天，《拉特兰先锋报》将我的讲话形容为"经典桑德斯式的"："当1%的人口所拥有的财富超过了下面90%人口的财富时，我们知道这个国家一定出了问题。"我还说了别的一些话。我满心喜悦。

我的共和党对手，苏珊·斯威策打来电话承认败选，我们聊了几分钟。接着她走上电视，对支持者表示感谢，并祝我好运。民主党候选人杰克·朗亲自过来祝贺我。

次日早上，各大报纸刊登了逐镇逐县统计的选举结果，我们得以知晓此次胜利是何等彻底：55%的选票投给了桑德斯，32%投给了斯威策，9%投给了朗。我们赢下了佛蒙特州的每一个县，所有城镇也几乎悉数拿下。谁可曾想到这样的结果？无党派者的胜利——更别说是大获全胜——本身就是少而又少的。正因为闻所未闻，所以当《今日美国》刊登全国的国会竞选投票情况时，佛蒙特州下面的数据是："代表全州——56%，民主党杰克·朗——9%，共和党苏珊·斯威策——33%。"显然，《今日美国》的数据库里没有"无党派者"这一分类。

摆在我面前的报纸这样写道："政治学教授和国会史专家加里森·纳尔逊指出，桑德斯是迄今被选为议员的人当中最长时间保持无党派立场的。"加里森在佛蒙特大学教书，对这些事情很了解。这就是他的研究领域。谁可曾会相信此等奇事？佛蒙特，谢谢你。

但这一仗打得艰苦卓绝，最终的选举结果远不能反映其中艰难。此前，纽特·金里奇和众议院的共和党领导层"盯上"了这次选举，不惜投下重金来打败我。国内的一些共和党大佬纷纷来到佛蒙特为斯威策的竞选造势助威，其中包括多数党领袖迪克·阿尔米、共和党全国主席哈利·巴伯、总统候选人史蒂夫·福布斯、众议院预算委员会主席约翰·卡西奇以及共和党大会主要发言人苏珊·莫利纳里。我作为众议院进步党党团的主席，一位民主社会主义者，以及他们提出的

"与美国的契约"①政纲的主要反对者,成为他们的眼中钉已有一段时间。他们想要除掉我——非常想。

还有另一方势力瞄准了我的竞选,那就是美国企业。由美国商会、全国生产商协会,以及全国独立企业联合会组织的一群大公司把我列在他们"黑名单"的第一位,给佛蒙特州砸下数万美元资助负面和不实的电视广告,并在全国范围内寄发对我不利的邮件。选举接近尾声之时,佛蒙特居民共能看到四个不同的攻击我的广告。

佛蒙特最富裕的人群慷慨解囊,全力支持我的共和党对手。他们大笔一挥,给我的对手写了几十张1000美元(法律规定的上限)的支票,还频频参加每盘菜500美元的豪华筹资宴会。我们的对手还包括美国步枪协会(NRA)、全国劳动权利组织,以及其他右翼和财大气粗的组织。佛蒙特乃至全美的统治阶层,都从未如此关注佛蒙特这个小州的国会竞选——毕竟这个州只会选出区区一位国会代表。

与他们不同,我作为无党派者,在竞选过程中没有得到任何一个主要政党的金钱或政治基础支持。我没有来自华盛顿"中心办公室"的竞选捐款,没有与其他竞选人开展"协作竞选",没有与某位总统候选人在当地竞选总部接受媒体拍照,我的投票者中也没有谁的家族拥有长久忠于我所在政党的执政理想的光荣历史。每一票都来之不易,都得靠我们辛苦争取。而我们正是这样做的。

我们不惧挑战,完成了多年来最为成功的竞选活动——或者说是迄今为止最为成功的。我们所团结的联盟——工会、妇女组织、环保组织、老年群体,以及低收入人群——做出了了不起的贡献。我们共

---

① 1994年中期选举,共和党提出包括当时的众议员纽特·金里奇起草的财政责任在内的政纲,称为"与美国的契约(Contract with America)",主张预算均衡,给予总统择项否决权和福利改革。

筹到将近100万美元，收到来自2万多个人的捐款，亲手分发10万多份印刷品，打了上万个电话，寄出13万多封邮件。竞选团队无与伦比，我们的志愿者尽心尽力——所有努力都在选举日当天汇集起来。

当然，本书绝不仅仅是关于如何成功开展国会竞选的一本手册。这是一部政治传记，其中写到了我与同僚们在佛蒙特取得的一些胜利，但也讲述了诸多以失败告终的竞选，以及脱轨的冒险行为。（考虑到美国左翼的现状，怎么可能不是这样的呢？）

本书讲述的是我们无法在有生之年实现的希望与梦想。它反映了美国民主体制的脆弱，在这个国家，大多数人都不知道他们所在地区的国会代表叫什么名字，超过半数的人已经不再投票。本书讲述的是一个由一小群精英凭着金钱恩赐主导两党乃至华盛顿的众多决策的政治体系。

这是一个关于公司是如何贪婪和它们是如何蔑视劳动者的故事，关于私利目的是如何伪装成公共福祉，以及美国企业是如何在追求无限大利益的过程中背叛劳动者的故事。本书描述了处于大公司掌控下、日益将新闻娱乐化的全国媒体，是如何每天侮辱着美国公民的智力，它们对日常现实的偏离程度甚至超过了普通政客。

还有佛蒙特。这本书写的是佛蒙特这个伟大的州——我在全世界的挚爱之地——以及我们的"大城市"，人口4万的伯灵顿。书中探访了我们州的各个小镇，大多数佛蒙特人住在这些镇上，还顺道探访了我们各个县的集市和游行活动，从中我们得以窥见这个小州人与人之间不同于别处的独特关系。

这本书讲述了我任伯灵顿市长的八年，讲述了在这八年间，进步运动是如何让伯灵顿成为全美最振奋人心、最为民主以及最具政治意识的城市之一。是的！民主是行得通的。这本书同时还是关于美国国会的,写到了国会中的好议员和不那么好的议员。这本书审视了两大政党——无论其中哪个都远未能代表劳动群众的诉求,以及我在帮助创造一场独立的进步政治运动的过程所遇到的挫折与成功。书中回顾了我所参与其中的一些战斗——为了我们联邦预算中的稳健优先权,为了保证所有人都享有医疗服务的全国医疗体系,为了一项代表劳动群众而非跨国公司诉求的贸易政策,为了取消公司福利①政策,以及为了保护那些保障我们当中最为弱势和最易受伤害群体的计划。

最重要的,这本书所讲述的奋斗,是为了保持对于经济与社会公平的愿景,以及使这一愿景得以长青不衰的乐观主义。

无需赘言,如果没有我身边几十位亲密朋友和与我共事许多许多年的同僚们的帮助,我永远都不可能当上佛蒙特州伯灵顿市的市长,或是美国众议员。他们给予我激励与支持。感谢其中的每一位。

---

① "公司福利"这个说法是将政府给公司的补贴类比于政府给穷人的福利,常用于指代政府给予公司的资助、免税和其他优惠待遇,暗示这些福利本应更多地给予穷人。

目录

第一章	万事开头难	001
第二章	一个城市的社会主义	043
第三章	前路漫漫	079
第四章	胜利的微笑	103
第五章	替罪的国会	137
第六章	遍访佛蒙特	171
第七章	最后的冲刺	209
第八章	何去何从？	237
后　记	总统大选中的局外人	265

第一章 万事开头难

1996年5月20日，我感到很疲倦。头天夜里太热了，没睡好觉。一只浣熊整夜在我家阁楼上叫着，最终在早上6点30分把我彻底吵醒。只睡了四个小时。我彻夜都在担心迪克·阿尔米此次来到佛蒙特的影响。

阿尔米是纽特·金里奇的二把手，其立场之反动，使金里奇看起来都像自由主义者了。他来佛蒙特是为了支持苏珊·斯威策，我在即将到来的国会选举中的对手。他此行更重要的一个目的是为她筹集资金。邀请阿尔米或许是斯威策的重大失误，因为阿尔米作为众议院的多数党领袖，俨然已成为民众中声望日下的国会右翼的代表人物。当阿尔米在一场每盘菜500美元的宴会上发言时，大约30位佛蒙特居民在宴会所在的酒店里抗议示威。他们可不喜欢金里奇和阿尔米主张的"与美国的契约"。

佛蒙特州最大的报纸《伯灵顿自由新闻》以相当版面报道了示威者抗议共和党在国会大规模削减财政支出的政策一事。这篇报道提出了一些有关共和党议程的重要话题，包括共和党对穷人、老年人和女性的攻击，由此将斯威策与这一不受欢迎的议程联系在了一起。报道甚至援引了全国妇女组织（NOW）当地支部的某位女性说的话，更是毫无疑问地增加了报道的影响力。不过，斯威策还是一晚上就成功募集3万美元，这实在是一笔大数目，尤其是对于佛蒙特这样一个小州而言。

斯威策对外宣称阿尔米举办的此次宴会是"多数党领袖召开的私人性质的介绍会"。我不知道阿尔米是否会同那些有钱的佛蒙特共和党人交流他关于取消社会保险、医疗保险、医疗救助以及最低收入概念的高见，他在过去就发表过这些意见。或许他只是打算谈一谈"共和党变革"。不管他讲什么，500美元一盘菜在佛蒙特都是天文数字。但愿这些富人吃得尽兴。

在内心深处，我预感这次竞选会非常、非常艰难。上次选举我仅以3%的微弱优势险胜，而现在斯威策的竞选远比我之前的对手有组织性。她很早以前就紧锣密鼓地开始了竞选活动，募集的资金也将大大超过我之前的对手。此外我还担心这场竞选会变得不光彩，互相对对方进行愈加龌龊的人身攻击。竞选将持续难熬的六个月，说实话我对此并不怀有期望。

真正令我沮丧的还不仅仅是负面竞选——谎言与扭曲事实现在就已经开始了——还有我即将要为筹集资金和走竞选流程所耗费的无数时间，这些时间我本该投入我被选为议员所应做的工作。斯威策早在11月就开始了竞选活动——当时我的两年任期都尚未满一半。简直太疯狂了。这意味着整整12个月里我都得一门心思地忙活选举，而非专注于我的本职工作。

过去的几周里，我在反对共和党的国防授权法案中起了主要作用，该法案给予国防的预算比克林顿预算的国防支出多出了130亿美元。实际上克林顿的预算已经是高得离谱了。然而现在的我无法再专注于佛蒙特和美国所面对的重大议题，而是不得不将越来越多的精力投入到选举当中。接下来我将不得不开始打各种电话，想方设法筹集资金。我将不得不考虑起民意调查、电视广告和选举团队的问题。我要确保我们不会重蹈上次竞选中的诸多覆辙。总而言之，我将不得不更像个政客。这种转变来得过早，并非我的意愿。

大多数人尚未意识到，纽特·金里奇、拉什·林博①以及他们的盟友已经在多大程度上扭转了关于我们国家该何去何从的讨论。就国防预算而言，197个众议院民主党人当中有75人支持军事支出的离谱增长，共和党中更是几乎全体支持增支（包括那些态度强硬的"赤字鹰派"）。冷战早已过去，然而我们在国防上的开支却比我们所有"敌国"加起来的总额还要多许多倍，国防预算在不知不觉中大幅度增加了。

在武装部队委员会里，增加军事开支的表决几乎是全票通过。委员会的55人名成员中，只有罗恩·德勒姆斯和莱恩·埃文斯两人投票反对。真是可悲。你给我的辖区一点好处，我也给你的辖区一点好处——纳税人到头来就得为上百亿不必要的支出买单。

情报预算亦是如此。纽约的欧文斯少校、马萨诸塞的巴尼·弗兰克以及我本人在过去五年里始终致力于削减中情局和其他情报机构的预算。今年，我在提出削减10%情报预算的修正案提议时，公开朗读了《纽约时报》上的一篇文章，该文描述了国内大型情报机构之一——国家侦查局如何损失了40亿美元。正是如此。他们把钱弄丢

---

① 电台脱口秀主持人、作家、保守派政治评论家，经常在其节目和书中批评他所认为的自由政策、自由派政治家和美国主流媒体普遍存在的自由主义偏向。1992年克林顿当选总统后，林博讽刺克林顿总统及其民主党的政策。2015年，林博位列福布斯全球名人收入排行榜第11位。

了。他们怎么也说不出这40亿用在哪儿了，他们的财务账目整个就是一团糟。不过没什么。情报机构的预算照样还是增加了。

与此同时，由共和党主导的国会（包括许多民主党人也一致同意）正在削减所有民众所需要的社会项目的预算——针对老年人、儿童、病残者、无家可归者以及穷人的项目。他们管这种削减叫作"分清主次优先"。

每次竞选伊始我总会焦虑不安，然而这次我比以往任何一次都更是如此。被金里奇和阿尔米列入黑名单本身就够糟了，更糟的是共和党全国委员会主席还亲自来到佛蒙特，宣布他将给予斯威策法律所允许的最高资助金额，15.3万美元。然而更让我不安的是，我们进步派并未从民众那里获得所需要的热情与支持。甚至在佛蒙特也是如此，而佛蒙特的独立进步政治在全国已经算是相当超前了。

我并未异想天开。这是我第五次参与国会竞选。1988年那次我失败了，1990年、1992年和1994年这三次我都赢了。现在，民众的热情度已不如我初次竞选之时。这次的口号，"依然投给伯尼——再一次"，也不算特别有感召力。另外一点，其实并没有很多进步派人士真正为选举斗争出力。大多数进步派人士的活动都是围绕具体议题和行动小组展开。他们中的许多人实际上并没有与当地社区保持着联系，而且也并不懂得为了赢得一个国会席位、州长甚至只是市长之位，要付出多少的艰辛努力。理论和理想是激动人心的，但是夺得和保住公职却需要脚踏实地的工作——这就是另一回事了。所以我担心我们会遇到和两年前一样的问题：我们的核心支持者动力不足。

我们面对的一大困难是，当代美国政治在很大程度上都在用形象和技术说话。或许你尚未注意到，选举已经和我们社会刻不容缓的各种议题关系不大了。理念。愿景。分析。省省吧！大多数竞选关注的都是32秒的电视广告、投票情况、民意调查，以及如何影响到犹豫不决的选民。

距离选举还有六个月，共和党人已经早早选定了用于民调的典型群众。我是如何知道的？从他们一遍又一遍像咒语般重复着的"要旨"中就可以听出来："伯尼·桑德斯没有用。伯尼·桑德斯不了解情况。伯尼·桑德斯是左翼极端分子。伯尼·桑德斯在国会议员席上滔滔不绝、胡言乱语，然而还是没人听他的。另一方面，苏珊·斯威策则稳重而理智，跟谁都能共事。"他们以为这样就能击败我。或许吧。

由于当代政治依赖于技术，因此为了参与角逐者甚众的国会竞选，候选者就得求助于越来越多的老谋深算的政治"专家"，这一事实让人沮丧不堪。但是我们为什么会走上这条路？我当初作为40年来首位无党派议员进入国会，难道是为了能够雇一个油嘴滑舌的华盛顿知情人来告诉我该说什么、该做什么吗？难道我会被某位华盛顿知情人牵着鼻子走吗？绝不可能，只要我还有一息尚存。

然而另一方面，如果一个进步的民主社会主义者推出醒目有力的电视广告，这是有违某项自然法则的吗？还是说只有共和党和民主党人才可以这样做？并不是。在我看来，我们也应当好好做电视广告。面对对手放出的歪曲我履历的电视广告，难道我们不应当准备好随时回应吗？应当。我们不再用油印传单和印有大萧条时期工人照片的工装连体裤和帽子作为联络标志，然而这就意味着我们背叛了社会主义的事业吗？不是的。世界变了，利用现有的工具是理所应当的。

然而，我还是有所保留。自进入佛蒙特政界第一天起，我始终以从未咨询过外部顾问为荣。我们的一切工作都在佛蒙特州内进行，甚至就是在"屋内"进行，一般都是在我家的屋子里。你真该看看我们是怎么撰写广播广告稿的——所有人围在我家厨房桌边。约翰·弗兰科，曾任伯灵顿的城市助理检察官，大嗓门，才华过人，有时说话粗俗。乔治·塔博，我任市长时的助手，富有想象力，幽默风趣。大卫·克拉维尔，当地的一位印刷工，也曾在我那届政府工作。赫克·古特曼和理查德·休格曼——大学教授。然后是简和我。很棒的一支团队。这样一起编写广播广告稿的感觉真是好极了。

至于电视广告，我们一般都是找我的好朋友，吉米·泰勒和芭芭拉·波特，两人是伯灵顿相当出色的电影制片人。他们做得总是很棒，有时候更是才华横溢，而且他们对佛蒙特很了解。我的妻子，简，是我所认识的人当中最富有视觉敏感性的，她也参与制作过程。1990年，我第一次在国会竞选中获胜，吉米、芭芭拉、简和我四个人制作的广告获得了如潮好评。广告是吉米和芭芭拉在伯灵顿家中的起居室里录制的。整整两个小时，摄像机直直地对着我的脸，我和芭芭拉聊天式地谈到我为什么进入政坛，我最关切的是什么议题。然后吉米和芭芭拉对谈话内容进行剪辑，在广播上放了五分钟的插播广告。

在那个时代，绝大多数电视广告都还只有30秒甚至更短，我们的这条广告不仅因为直切议题而广受好评，也因为在长度上别出新意而获得赞誉。后来，我们又将广告缩减成一分钟和30秒的版本，再一次强调原先版本中传达给选民的要旨。

在1990年，靠当地人群策群力已是足矣。在他们的帮助下，我们赢得了一场多数人认为并无胜算的选举。1992年和1994年的两场更是颇有成效。然而现在是1996年，我们的对手是共和党全国委员会，这或许是全世界最老谋深算的政治组织，钱更是多得花不完。我知道我们为应对共和党炮轰所做的准备还远远不够，我知道这一战生死攸关，我们需要汇集一切可能获得的帮助。

于是，我生平第一次走出佛蒙特州去咨询真正的、成熟的"顾问"。我猜想我们其实用不着对他们言听计从，但听听意见也无妨。不过这个后面再说。

1971年秋天，佛蒙特，普莱恩菲尔德。我不久前刚离开斯坦纳德——我们称之为"东北王国"①的佛蒙特僻远地带一座不起眼的小镇，现在住在伯灵顿，尽管伯灵顿的人口还不足4万，但已是这个州最大的城市。我最初在1964年来到佛蒙特度夏，然后在1968年决定永久居住在那里。吉姆·雷德是我在芝加哥大学念书时的好友，来到佛蒙特以后我们重新联络起来，有一次他跟我提到，自由联盟党正在普莱恩菲尔德的戈达德学院举行会议。我听说过自由联盟，是一个小小的反越战第三党，佛蒙特之前的选举中也曾经有这个党派的候选人。接连好几天，吉姆带来的这个消息都在我脑中盘旋，我最后真的去了普莱恩菲尔德的那场会议。

我为什么会去？其实我至今仍不知晓。我在芝加哥大学的时候曾经热衷于激进政治，参加过民权运动和反越战运动，也曾经非常短暂地为一个工会工作过。我成长于纽约布鲁克林的一个中下层家庭，因而明白家里钱不够用的滋味，这会让一个家庭长久处于压力之中，很难幸福。

我父亲是个油漆销售员——他日日夜夜地卖力工作，年复一年。基本的吃穿用度我们很少有不够的时候，也能买点别的东西，但一直没有足够的钱实现母亲的搬家梦想，她一心希望搬离我们三房半的公寓，住进我们自己的房子里。几乎每买一样大的家用物件——床、躺椅、窗帘——父母都免不了要为了我们是否支付得起而发生争吵。有

---

① 指佛蒙特州东北角，人口为64764（据2010年人口普查），在佛蒙特这一地带常被简称为"NEK（Northeast Kingdom）"。

一次，我错误地在家附近的一个小店里买了母亲让我买的杂货，而没有去价格更低的超市购买，结果母亲就情绪相当激动地训斥了我一番——训斥还是好听点的说法，告诉我应该明智购物，不能乱花钱。

我很擅长运动，家里总有钱给我买棒球手套、球鞋、跑鞋和足球头盔——但这些东西的质量总不如其他一些孩子的好。尽管我也有一些哥哥们穿过给我的衣服，但我们还是有钱穿得体面的，只不过每次买衣服都得花上漫长的时间货比三家，为的是买到"性价比最高的"。当我还很小的时候，我就知道了钱不够用，以及经济上缺乏保障会关键性地决定一个人的生活方式。我从未忘记这一体会。

即将从纽约布鲁克林的詹姆斯·麦迪逊高中毕业之时，我开始申请大学。父亲对此存有疑虑。他在波兰念的高中，中途辍学，年纪轻轻来到美国，辛苦劳动了一辈子，对大萧条时期记忆犹新；他怀疑高中毕业后找一份牢靠工作，是不是一条比花四年时间用于学习更为保险的出路。我的母亲毕业于布朗克斯①的一所高中，她不同意父亲的观点，觉得我应该去上大学。

我父母一般都投民主党，实际上在我们这一犹太人片区，家家户户都投给民主党，但他们基本上是不参与政治的。在我印象中，我们家只参加过一次政治集会，就是阿德莱·史蒂文森在一次总统竞选拉票活动中来到我的小学197公立学校（P.S.197）演讲那回。引导我接触政治理念的人是我的哥哥，拉里。他在布鲁克林学院当上了"年轻民主党人"这一组织的主席，出于对我这个弟弟的责任，他把我也拉去参加了他们的一些会议。更重要的是，他嗜书如命，买了各种各样的书籍和报刊放在家里，还和我讨论书中的内容。

---

① 纽约最北部的一个区。

我在布鲁克林学院读了一年，之后在芝加哥大学读了四年，于1964年获芝加哥大学学士学位。我是靠着助学贷款、助学金和勤工俭学读完大学的。我不是一个好学生。系主任曾经建议我"评估"一下自己在高等教育上的付出，然后我就中止了一段时间的学习。然而事实是，我从课外活动中学到的东西，远比正规学习中的收获来得多。大学期间，我加入了种族平等大会①（CORE）、学生反战联合会②（SPU）和青年社会主义者联盟（YPSL）。我参与了致力于消除芝加哥学校体系与居民住房中种族隔离的民权活动，并走上街头参加了反对核武器扩散的游行。我还非常短暂地为美国屠宰工人联合工会工作过。大三快结束时，我还参与了美国公谊服务委员会③的一个项目，在加利福尼亚的一家精神病医院工作过一段时间。

尽管我对课堂内容缺乏兴趣，但我在阅读方面则是如饥似渴——除了不读课上指定读的书。芝加哥大学有着全美首屈一指的图书馆，我长久埋首于"书库"（藏有大多数书籍的图书馆地下层）当中。我读的书大多是关于美国与欧洲历史、哲学、社会主义和心理学的。杰弗逊、林肯、弗罗姆④、杜威、马克思、恩格斯、列宁、托洛茨基、弗洛伊德和赖希⑤等等，都是我所涉猎的作者。我还发现了图书馆里的期刊室。

不管出于何种原因，我就在1971年一个美丽的秋日里，走进一

---

① 黑人社会活动家詹姆斯·法默和芝加哥大学的一批学生于1942年创立的民权组织。
② 1959—1964年活跃于美国大学校园的全国性学生组织，全国总部设立于芝加哥大学校园附近。
③ 成立于1917年的大型和平组织，初期是为一战期间的战争受害者提供无偿服务和援助。目前，该组织在全球和全美范围内广泛开展促进农业发展、和平教育等项目，和美国民主党有较密切的关系。
④ 指艾瑞克·弗罗姆（1900—1980），20世纪著名的美籍德裔心理学家和哲学家，法兰克福学派的重要成员。
⑤ 指威尔海姆·赖希（1897—1957），美籍奥地利裔精神分析学家和社会学家。

个满是陌生面孔的房间,参加这个名叫自由联盟的组织召开的一场会议。

到了以后,我很快发现此次会议的目的正是提名竞选美国参议员和众议员的候选人。佛蒙特的资深参议员温斯顿·普罗迪于1971年9月10日去世,而全州唯一的国会议员,罗伯特·斯塔福德,决定放弃他的众议员席位,为的是在将于第二年1月举行的特殊选举中竞选开放参议员之位。这样就空出了两个议员席位,目前还未有政界在职者竞选这两个位置。

小小的自由联盟党中,有意于争取这两个席位的人并不算多。于是,满腔热血、坚信公平与正义的我举起了手,谈了谈我对于教育、经济和越战的看法。一小时之后,我赢得了自由联盟党竞选参议院那个开放席位的提名。谈的都是基层民主!那场会议上我还认识了两位坚定的进步党人,来自佛蒙特州齐坦丹县的迪克·克拉克和贝蒂·克拉克,他们自此以后一直是我的亲密好友。

当我说"赢得"时,未免有点大言不惭。我之所以被一致选为候选人,是因为并没有人与我竞争。就在那天晚上,我开始了生平第一次政治活动。我将与被选为众议员候选人的多丽丝·莱克一起,向佛蒙特的选民们传达来自两党制之外的政治见解。

竞选开始后不久,我录制了人生中第一个广播节目——伯灵顿的一个脱口秀。那次真是不堪回首。我紧张得连膝盖都在发抖,止不住地从下面敲打着桌子。录音师透过演播室与控制室之间的分隔玻璃疯狂地朝我挥着手。桌子晃动的声音被录进了话筒里。一种奇怪的砰砰声贯穿了电波——自由联盟党的美国参议院候选人正是这样开启他的政治生涯的。听众打进来的电话也确凿无疑地表明,这段生涯走不了多远。"这人是谁?"一位听众这样问道。

尽管出师不利，竞选公职的经历还是十分愉快的。最让我激动的是能够借此机会向佛蒙特的民众表达一些他们当中许多人闻所未闻的观点。尽管佛蒙特只是一个很小的以乡镇为主的州，却也有着几十个广播电台、11种日报，以及30多种周刊。结果，许多地方媒体非常乐于报道自由联盟党这位候选人的新奇观点。在那个夏天和秋天，我一遍又一遍地向世人强调反越战立场，宣扬我对于经济上的民主和社会公正的信仰。

我在佛蒙特的政治对手经常指责我言辞乏味，翻来覆去都是同样的主题。或许他们说得没错。不管是当时还是现在，我都觉得，一小群人拥有惊人的财富与权力而大多数人一无所有的现象是不可理喻的。公正不是什么复杂的概念，也并非"新的"理念。可悲的是，大多数政治家对于我们国家所面对的最为严肃的议题或是我们所遇到问题的真正原因都避而不谈。那么我就来谈吧。一遍又一遍。我这样做让媒体和我的对手有点抓狂，然而大多数佛蒙特人却似乎很喜欢听我谈论与他们生活息息相关的议题。若有朝一日我们真能在这个国家实现经济与社会的公正，我保证会另写一些新的演讲稿。

就在1970年的选举前夕，美国众议院的银行委员会公布了一项报告，揭示了美国的大银行对许多主要公司的控制程度，这些大银行从经济层面极大地影响着我们的社会（我当时恐怕不会相信——整个佛蒙特都不会有人相信——20年之后，我会成为这个委员会的成员）。我拿着那份报告在全州四处奔走，大段大段地引用其中的说法。

我在出版物上发文谈论所谓"连锁董事"的现象，揭示了一小群有权有势之人是如何通过他们的决策影响经济中的一个又一个部门的。我将公司处于统治地位的现实与普通劳动者的生活两相对比——

工人、农民、商店店主，这些普通人对于他们的工作鲜有或是根本没有发言权。

我一次又一次地指出，这种财富和决策权分配上的悬殊不仅仅是经济不公，而且经济民主的缺失也会导致无法实现真正的政治民主。我所传达的要旨可概括为一个简单的公式：财富=权力，没有钱=服从。我们要如何改变这一现状呢？我们要如何建立一个真正的民主社会呢？

对我而言，那次竞选过程中的一个高潮是我和共和党国会议员罗伯特·斯塔福德，以及民主党候选人、州众议员兰迪·梅杰之间的多次公开辩论。期间观众多半对我的观点表示赞同——尤其呼吁经济公正的部分。尽管我只是少数党的候选人，人们却愿意倾听我的声音，并且经常支持我的看法。

那几场辩论和观众的反应让我获益匪浅——时至今日我仍时常想起当时的感悟——那就是我所信奉的理念并非"远大空洞"或是"不入流"的。实话说，它们正是"主流"的。它们是大部分人众声附议的，但凡他们有机会听到这些观点。总而言之，社会公正既非"激进"概念，更不是"非美国式"的。

然而首次竞选也让我明白了另一个政治现实：美国第三党派的永恒梦魇。"我完全同意你所说的，伯尼，"每次辩论结束观众中总会有人这样对我说，"但我不想把选票浪费在一个第三党的候选人上。"这些年来，我曾经多少次听到过这个观点？

首次竞选也让我很好地见识了媒体在政治中发挥的作用，是一段相当难忘的经历。民主党候选人、州众议员兰迪·梅杰知名度并不算高，普遍认为他在我们（当时）共和党占主导的佛蒙特州胜算很小。于是梅杰想出一招来吸引媒体关注，那就是"滑雪巡游全州，与选民见面"。这真是一个绝妙的宣传策略，果然卓有成效。整场竞选过程中，人们都在谈论那位滑雪巡游的国会议员。

事实上，新闻媒体对于梅杰脚伤情况的关注，远远超过了对佛蒙特和整个美国的"议题"的关注。当我在台上就人类面临的重大问题慷慨陈词，发表大段大段的演说之时，媒体却听得昏昏欲睡，电视台的摄像机纷纷瞄准兰迪脚上的脓疱。因为这是"新的"、火热出炉的新闻。他第二天还能不能继续滑雪之旅呢？锁定我们，拭目以待。然而到头来，不管是我的"深度分析"，还是兰迪的滑雪之旅，都未能对选举结果产生多大影响。1972年1月，鲍勃·斯塔福德凭借31%的得票率赢下特别选举。我投入的资金总共都不到1000美元，远远落在另外两人后面，仅拿到了2%的选票。

但如果说实话，我仍然为我所参加的那次选举感到骄傲。我并没有因为那么低的得票率而灰心丧气。我意识到实现政治变革是个漫长的过程，至此我们业已取得一项重要的胜利。自由联盟党尽管只有很少的负责竞选活动的人员，资金更是相当有限，然而却成功地向成千上万的人传达了全新的观点。一些佛蒙特人开始超越两党制的棱镜观察政治。

六个月之后，1972年的总选举中，我参选佛蒙特州的州长。竞选中我很自然地将重点放在了州长所要处理的州和当地的各种议题上。这样一来，大众对我竞选的兴趣增加了，然而得票率却更低了。这一次，我仅拿到了1%的票。现在想起来真是不可思议——得到1%的选票。然而，我和其他自由联盟党的候选人在那场竞选中提出的议题，对于选举结果起到了举足轻重的影响，也最终导致了公共政策领域的改变。

民主党的托马斯·萨蒙击败了共和党候选人弗雷德·哈克特，成为本州历史上第二位民主党州长。竞选期间，萨蒙相当聪明，有效地选择了自由联盟党振臂疾呼的两个议题：财产税改革和给予低收入家庭孩子的牙齿保健。萨蒙任职期间，佛蒙特建立了颇受民众欢迎的财产税退税计划和"齿仙"计划，后者大大推动了儿童牙齿保健条件的改善。尽管我们只得到了1%的选票，自由联盟党却影响了重要的立法。

1972年，理查德·尼克松以压倒性优势击败了乔治·麦戈文。在那次竞选中，自由联盟党全力支持人民党候选人、世界闻名的儿科医生本杰明·斯伯克。斯伯克本人很让人喜欢，他好几次来过佛蒙特拉票。因为也是"主要的"总统候选人之一，斯伯克受到特工保护，警卫森严程度完全和尼克松、麦戈文相同。大约25名特工日夜24小时轮班监视着他。

我作为自由联盟党的州长候选人和本党候选人的领袖，负责在斯伯克访问佛蒙特时去机场接他。我当时已身无分文，只好借了点钱给我的旧大众车加了油才得以赶到机场。来到机场，我好容易才让特工相信我真的是州长候选人，总算能迎接斯伯克来到佛蒙特了。

那天下午晚些时候，斯伯克、我和其他几位自由联盟党候选人，沿着伯灵顿的主要街道——丘奇街，在特工的严密监视下一路进行竞选拉票活动。我至今还清楚记得那个不甚协调的画面。当时的我，口袋里一分钱也没有，即将在竞选中获得1%的投票，此刻却被十几个荷枪实弹的联邦政府特工保护着。

这次访问期间，斯伯克和我还在约翰逊州立大学发表了演讲。观众聚精会神地聆听着斯伯克的演讲，讲到一半时，突然一名学生冲进礼堂，大喊着："这里有医生吗？出车祸了。"一群喝醉酒的学生开车撞上路边，车子倾翻了。当他们看到斯伯克医生和美国特工过来帮忙时，你能想象他们是多么的惊讶吗？这或许让他们一下子从慌乱中清醒了过来。

1974年，我再次参选美国参议员。那次选举，我竞争的是德高望重的乔治·艾肯退休后空出来的一个席位。竞争相当激烈，竞选人旗鼓相当。尽管全州大部分的关注都落在多数党的两位候选人上——来自齐坦丹县的州检察官、民主党的帕特里克·莱希和在任的共和党众议员理查德·马拉利——然而这次我的得票率却比此前最高成绩翻了一倍，达到了4%。莱希在选举中大获全胜，成为史上首位来自佛蒙特的民主党参议员。

1974年对于自由联盟党而言是激动人心的一年，也是政党历史上的重要阶段。迈克尔·帕朗蒂此前因为参与反战活动被他所任教的佛蒙特大学开除，这一年参选美国众议员，成绩斐然，在与共和党的吉姆·杰福兹（最终获胜）和一位民主党候选人的竞争中赢得了8%的选票——极为出色地展现了第三党候选人的实力。迈克尔至今仍是我的好友，他最终离开了佛蒙特州，成为一位杰出的进步主义作家。

那一年，自由联盟党还推出实力不俗的候选人参选州长、副州长以及州议会的多个席位——他们中许多人都斩获佳绩。玛莎·阿伯特——我们的州长候选人和阿特·德罗伊——我们的副州长竞选人，各得到了约5%的选票。南希·考夫曼——一位年轻的律师，由自由联盟党推出竞选州检察长——获得了6%多的选票（20年后，作为进步党人的玛莎·阿伯特被选为伯灵顿市议会议员，继续在那里领导进步主义运动）。

1976年，此时我作为自由联盟党的"万年候选人"，再次竞选州长，这次的对手是共和党的理查德·斯内林和民主党的斯特拉·哈克尔。我在黄金时段的电视辩论中表现得棒极了，加之我的知名度也已经大大提高，最终我获得了6%的选票。这一成绩较之前无疑进步了不少，也是我直到目前的最高纪录，然而距离胜利仍然前路漫漫。

那次竞选之后，我决定离开自由联盟党。这是一个痛苦的决定。我们人虽然很少，但在组织竞选、对抗公用事业费上涨和支持工人罢工等方面取得了不凡的成绩。我们利用有限的资源完成了极其出色的工作，让公众注意到了一些本来不会被公开讨论的严肃议题，并且影响了公共政策。我们几乎没有任何资金，却在三党竞争的全州选举中获得了8%得票率的最好成绩。我们还为劳动者和低收入市民提供了绝好的政治机会。我们的副州长候选人之一，阿特·德罗伊就是佛蒙特一个大型工会的领袖——这也是记忆中第一次有积极的工会活动者竞选公职。

然而，如同小型第三党常见的情况那样，我们未能吸引新的成员、新的能量，也未能有新的领导者。党内几乎所有的责任都还是落在少数几个中坚分子肩上——这其中也包括我。够了。我的政治生涯到此为止。我放下政治，开始寻求谋生之道，干起了教学幻灯片这行，生意虽小却做得还算成功。我自己写作幻灯片内容，制作并出售幻灯片，主题是新英格兰地区的历史，面向小学生和高中生。做这个真是其乐无穷。整个过程中，我增强了写作技巧，学到了一些有关摄影、营销和上门推销的知识与技巧。我还见到了佛蒙特各个地方许多优秀的教育者。

1979年，我通过与大学生的交谈发现，他们当中的绝大多数人都从未听说过尤金·维克托·德布斯，于是我制作了一个30分钟的视频，介绍他的生平与理念。德布斯是美国社会党的创始人，曾六次竞选美国总统。德布斯一生给美国政治和美国劳动者的生活带来了深远的影响。他的许多理念为20世纪三四十年代美国产业工会联合会（CIO）的发展奠定了基础。关于德布斯的视频出售或租赁给了全国各地的大学，我们还设法让它上了佛蒙特的公共电视台。"民俗风"唱片公司还把视频的音轨制作成了唱片。

德布斯去世于1926年，然而他本人的愿景，以及他一生的楷模影响时至今日仍然激荡着人心。遗憾的是，他的理念仍被视作带有危险性，并未广泛进入学校课堂，或在大众媒体上被人们所讨论。他为之奋斗的理想，是建立一个真正民主的社会，在这个社会中，掌控国家经济和政治生活的不是有钱的大佬，而是劳动群众。他建立了美国铁路工会，领导了一场艰苦卓绝的罢工以反抗这个国家一些最强的势力。他信奉世界工人团结一致，因为反对一战而多年身陷囹圄。1920年，当他因为反战被关在监狱里时，他竞选了总统——获得将近100万张选票。尤金·维克托·德布斯至今仍是我心中的英雄。我在华盛顿的办公室墙上就有一幅纪念他的牌匾。

尽管现在我自己做起了生意，但从某种重要的意义上说，我的政治工作并未停止。我在教育人们，只是不是站在讲台上或是通过电台采访，而是唤醒人们对于我们民族曾经的政治英雄的记忆。德布斯的视频获得了成功，我现在便开始考虑做一系列的视频介绍其他的美国激进活动家——琼斯夫人①、埃玛·戈尔德曼②、保罗·罗伯逊③，以及其他大多数年轻人听都没听说过的美国杰出人物。然而不管怎样，我的媒体制作事业还是在1980年画上了句号。

从这时候开始一直到1996年，选举形势让我担忧不已，同时也感

---

① 琼斯夫人（1830—1930），原名玛丽·哈里斯·琼斯，一般尊称为"琼斯夫人"，20世纪初美国工会组织运动的领导先锋。
② 埃玛·戈尔德曼（1869—1940），美国早期无政府主义运动的重要领袖与理论家，社会主义者和女性主义者。
③ 保罗·罗伯逊（1898—1976），美国著名黑人男低音歌唱家、演员、社会活动家。

到沮丧失望。太多问题未得到回答，还有太多零碎的问题没搞清楚。

我们如何影响佛蒙特的民主党人？在国会，我领导着52名成员的众议院进步党小组，其中有51位民主党人和我一人，我和大家关系相当融洽。然而在佛蒙特却是另一番光景，首先一点就是，州长霍华德·迪恩是一位温和偏保守的民主党人。

我们如何影响正在迅速偏向右倾的克林顿总统？我们应该和他在佛蒙特的竞选活动建立联系吗？我们又该如何回应拉尔夫·纳德的总统竞选呢？纳德和我私下里是好友，他是一位楷模式的进步党人，他的支持者们希望我在竞选中支持他。

佛蒙特的进步主义运动在这次选举中应当做些什么呢？除了我自己再次竞选之外，我们应该推出一组完整的公职竞选人吗？我们是不是至少应该推一位州长候选人呢？

在伯灵顿，进步党人在最近的八次市长竞选中胜利了七次。我从1981到1989年担任市长；彼得·克拉维尔则从1989年到1993年担任市长。1993年克拉维尔败给一位共和党人，接着又在1995年再度当选。也是在那一年，进步党也赢得了市议会的领导权。但是我们如何在伯灵顿之外的全州推动进步主义运动呢？我们在州议会取得的胜利少之又少。在过去的六年里，仅有两三名进步党人在州议会赢得席位。特里·布里修斯曾在伯灵顿市议会任职10年，在过去20年里一直与我共事，他分别在1990年、1992年和1994年当选州议员。迪恩·科伦于1992年和1994年当选，原先也是伯灵顿市议员的汤姆·史密斯于1990年和1992年当选。尽管我们在全州的社区中拥有强有力的支持后盾，但从未有伯灵顿以外的进步党人或独立人士赢得州议会的席位。

这些问题，都是我和其他进步党人在真正着手准备这次竞选时反复思索的。

关于支持谁当总统的问题，做出选择并非难事。我显然不是比尔·克林顿的忠实拥趸。我作为单一给付医疗体系的大力支持者，是反对他那复杂难解的医疗改革方案的。我曾经带头反对他的贸易政策，它们代表的是美国企业的利益，事实上与乔治·布什和纽特·金里奇的观点密不可分。我反对他扩大军事预算，反对他签署的福利改革法案，以及他支持的所谓《婚姻保护法案》①。他在推动竞选财政改革上姿态软弱，在环境问题上也频频妥协。比尔·克林顿是一位温和的民主党人。我则是民主社会主义者。

然而，尽管缺乏热情，我还是决定支持比尔·克林顿当选总统。或许"支持"这个词说得有点过头。我并未打算召开新闻发布会推动他的竞选，也不会为他的竞选举行动员活动。我只是会把票投给他，并公之于众。

为什么？我觉得许多人都尚未意识到这个国家目前的政治现状是多么危机四伏。如果鲍勃·多尔②当选总统，金里奇和共和党人继续主导国会的话，我们将会看到这个国家现代史上前所未有的立法议程，劳动群众和穷人将面临一场史无前例的战争，掌权者将会做出覆水难收的政治决策。

医疗保险和医疗救助无疑会毁于一旦，将会有千百万美国人失去医疗保险。社会保障将会一步步走向私有化，就连美国的公共教育都会受到威胁。掌权者将会不遗余力地设法通过宪法修正案以禁止堕胎，平权法案将被废止，对同性恋者的打击将会变本加厉。掌权者将

---

① 比尔·克林顿于1996年签署的法案，其中界定婚姻为一男一女的结合，使得同性恋伴侣无法如异性恋夫妻一样，享有税务、保险、继承、移民等权利。该法案于2013年被最高法院推翻。
② 共和党人，1996年美国总统候选人。

通过统一税，导致收入从工薪阶层大量转移给富人阶层，另外我们所有主要的环境立法也都会付诸东流。

《汽车选民法案》[①]将被废除，议会将通过让人们更难投票的法案。粉碎工会的立法会成为法律，最低工资将被废除，童工则会增多。美国的大人和小孩将一起竞争三美元一小时的工作。

你觉得我是在说笑。你觉得我夸大其词。但我并没有。我就在国会工作。我每天都听着他们说话。他们都非常严肃。在他们身后，是基督教联盟、全国步枪协会、美国传统基金会以及其他组织，一个个都比他们还疯狂。我的老朋友迪克·阿尔米在国会中可不算什么怪人，更不会被同僚们嘲笑。他可是美国众议院的多数党领袖。去了解一下他的观点吧。不，我不想让鲍勃·多尔成为总统。我投比尔·克林顿的票。

我有信心看到克林顿支持这个国家的劳动群众——支持儿童、老年人和受到伤害的人们吗？不，我没这个信心。但克林顿的胜利可以给我们时间来发展运动，建立一个给予需要保护的事物应有保护的政治基础，最终改变这个国家的前进方向。

这不仅仅是乌托邦式的幻想。首先，在劳动者组织中有一些充满希望的新进展。几个月前，进步党小组与美国劳工联合会-产业工会联合会（AFL-CIO，简称劳联-产联）的新主席约翰·斯威尼会面，后者告诉我们，劳联-产联将会对组织工会承担起更大的责任，在政治进程上投入更多的精力与资源。这正是我们长久以来想要看到的，真是相当喜人的发展。

当下美国的重大政治危机来自于劳动群众的沉默。假如5%的工

---

① 一般称为《1993年全国选民登记法案》，由克林顿总统于1993年签署，1995年1月1日起生效。该法案扩大了选举权范围，允许公民在取得或更新驾驶证时进行选民登记。

会工人积极地参与政治,我们就能彻头彻尾地改变这个国家的经济与社会政策。当下,大多数低收入劳动者都不投票,许多人对于政治与他们生活的关系知之甚少。普通的美国劳动者已经接受了他/她对于工作毫无权力的事实。公司正在把工厂迁往墨西哥,我如何阻止这一趋势呢?首席执行官的收入是普通工人的173倍多,我有什么资格质疑管理层的特权呢?尽管收益创下新高,各个公司还是要求缩减医疗保险,我有什么权威足以对抗大资本呢?在我们的"民主"社会中,绝大多数劳动者感到无能为力——在目前的政治架构下他们的确无能为力——无法保护他们的经济利益,也无法规划他们的未来。

假如你对于自己的工作条件都影响不了,你对于整个国家的经济政治又有何种影响可言呢?为什么还要投票呢?为什么还要关心政治呢?所以几百万民众选择了不再关注。在佛蒙特和全国各地,富人们都在筹资活动上慷慨解囊,每人掏出500美元甚或5000美元,用以支持那些将会代表他们利益的候选人。同时,大部分穷人和劳动者根本就不投票。无怪乎富人愈富而其他所有人都愈来愈穷。我们是真的生活在民主社会之中吗?

当然,一些有影响力的工会,因为其中强势的官僚和领导者不愿打破现状,更是使问题愈发严峻。多年来,劳联-产联在莱恩·柯克兰的领导下一直极度保守被动。几年前劳联-产联在佛罗里达开会期间的一次宴席上,我奉几位工会领导人之命与柯克兰交谈。我的任务是向其灌输激进思想。我尝试了,但无功而返。"莱恩,办个全国劳联-产联有线电台怎么样?可以启发民智,让民众了解当下的社会动态,给他们提供商业电视上永远不会传播的信息。"我问他。"这个办不到。"他回答。"那么能不能更多地组织工会呢?更多地发起政治活动呢?"得到的回答也是含糊其词。柯克兰给我的感觉是很有思想的聪明之人,但他无力也无意于促成变革。他完全满足于现状。

在这个春天,300名佛蒙特工人前来聆听里奇·特拉姆卡的演讲,他是矿工联合会的前任主席,目前是劳联-产联新上任的财务专员。他的演讲相当振奋人心,反响非常好。佛蒙特劳联-产联的新主席,纸匠罗恩·皮克林为复兴佛蒙特的工会运动做出了极为出色的工作。"桑德斯向国会进发"运动的主要目标之一,就是让越来越多的劳动者参与到政治过程中来。随着运动的推进,我期望能与罗恩一同工作。我们将从工会那里获得数目可观的财政资助,但我们也需要普通老百姓的支持。

6月在克利夫兰将举行工党的成立大会,这个党派在成立之初,靠的是代表100多万美国工人的劳动团体的支持。这些工会工人认为民主党与共和党之间没有根本差别——因此着手建立了一个新的政党。工党的成立是政治上的一件大事,然而几乎没有任何媒体报道此事,甚至连《纽约时报》、《华盛顿邮报》或是《华尔街日报》上都只字未提。嘿!不过是100万工人的代表聚在一起组成了一个新的政党。现在还是再来看一则关于我们最爱的亿万富翁罗斯·佩罗[①]和他的第三党的新闻吧。

工党大会的组织工作历时多年,由石油、化工和原子能产业工会、联合电工工会和其他几个进步工会共同筹备。这些工会活动家很久以前就明白了,帮助工会的工人们与外界保持良好联络只是他们工作的一部分内容,除非我们建立一个代表劳动者利益的政府,否则劳动者就将继续遭受不公平的待遇。工党的口号是:"大佬们有两个政党。我们需要一个自己的政党。"言之有理。

---

① 亚太总裁协会美国名誉主席,佩罗集团董事局主席,2015年位列福布斯美国富人榜第129位。

政客们经常宣称，他们竞选公职是因为"民众的呼声"。这很少是真话。然而在1980年下半年的时候，我真的是这样的。其实，并不完全算"民众"，是我的好友理查德·休格曼。

理查德是脱口秀狂人、棒球统计学家、出色的哲学家，在佛蒙特大学担任哲学教授，他建议我竞选伯灵顿市市长，对手是连任五届的在任市长，民主党人戈登·帕克特。再没有谁比理查德更不像个政治顾问的了。作为一个哈西德派犹太人、教授兼作家，他深深埋首于神圣文本的翻译之中；作为一位哲学家，他沉浸于柏拉图、尼采、萨特和列维纳斯的思想之中。但他也有相当接地气的一面。理查德是我所知在见解上最一针见血的政治观察者之一。

然而，他的这个主意听起来像是天方夜谭。"理查德，我现在已经心满意足地从政坛隐退，为什么还要再竞选公职呢？我怎么可能赢得过一位根基牢固的政党核心人物呢？即便奇迹发生，我真的赢了，我又到底要做些什么呢？"1980年深秋，当他拽着我来到伯灵顿市政办公室时，我的心中充满了这样的疑问。

在办公室一位员工的帮助下，理查德和我发现了一本陈旧发霉的活页夹，里面记录了很久以前的伯灵顿官方选举结果。我们翻阅浏览，细细分析了1976年州长选举的结果。他耐心地给我一个区一个区地分解选举结果，向我说明城市居民都是如何投票的。理查德是不无道理的：尽管我在全州仅获得6%的选票，在伯灵顿我的得票率却是12%，而在伯灵顿两个工薪阶层占人口多数的区，更是超过了16%。

在这一讲解的基础上，理查德分析，如果我们把全部精力集中到我的老家，我们或许就可以赢下不久之后的市长选举。接下来的日日夜夜，朋友们和我讨论着竞选的意义，以及如果我真的参选，应该采取何种策略。最后，在他们的劝说下，我平生第一次相信了我可能不仅有机会教育民众，还能够真的赢得选举，然后我决定以独立人士的身份参选。我在提名申请书上搜集了支持者的签名，把申请书递交给市政员，于是竞选就这么开始了。

真是一场了不起的竞选！先来说说组成的联盟。选举日最终到来之前，我们业已聚集了低收入社区、大学教授群体、伯灵顿巡警协会、环保主义者，以及担心财产税上涨的保守派房主等群体的领袖。

这次竞选的目的不在于"教育"。这次角逐的目标就是要赢。出于这个原因，整个竞选都是议题导向的，着眼于佛蒙特第一大城市所面临的最为严峻的问题，而这些问题恰恰是市政府所忽视的。尽管我时常将这些问题置于全国现状的语境下讨论，并强调需要在全国层面根本性地调整优先事项，然而实际上我几乎把所有精力都花在了阐述伯灵顿市民所面对的关注点上。我竞选的是市长，不是美国参议员。市民想知道的是如果我当选市长，将会如何提高当地民众的生活水平。我阐述的正是那样的议题。

我们的竞选策略简单直接，目标就是形成一个基础广泛的基层选民群体。我从低收入群体和工薪阶层居住的几个区入手，尽可能多地叩开家家户户的门。我在走街串巷的过程中，告诉人们我会尽最大努力代表伯灵顿市那些长久以来都被市议会拒之门外的人们的声音。我聆听他们的关切，声援他们的不平。比如他们对于伯灵顿房管局的无能领导是多么的不满。他们对于决策几乎没有任何发言权，房屋维护情况差，社区里几乎没有任何适合孩子们的娱乐活动。在南边一个工薪阶层居住区——湖边社区，我和居民们共同举牌抗议，几年来他们都在请求政府修理一条地下通道，这条通道每逢下雨就无法通行，以至于整个社区都与外界隔绝开来，相当危险。

当我坐在低收入社区人家的厨房里，和他们在门廊上交谈时，我听出他们声音中的苦楚。他们都知道市政服务的不公平供给。他们知道他们社区所获得的街道和人行道的铺路、警察保护、公园维护以及扫雪等服务都比不上高收入社区。于是我便与低收入和工薪阶层片区的社区组织结成同盟，这些组织认为他们所在的社区没有得到公平份额的政府服务——事实正是这样。

我试图为那些从未有机会在市议会发声的人们说话。伯灵顿的租客/房东关系全由房东说了算，因此我向伯灵顿的租客们立下誓言，有史以来第一次，市长办公室里将有一位他们的坚强同盟者。我支持租客的权利，力挺他们反对租金管制法规的斗争。

我最广受关注的立场之一是强烈反对帕克特市长提出的大幅度提高财产税。他预计只会遇到象征性的反对声（包括我的），然后他就可以悄无声息地提高财产税，而不用承担任何负面政治效应。我始终强调我不仅反对这一税负提高，而且还反对财产税这一概念本身。财产税的税率是大幅度递减的，因此特别损害中低收入居民尤其是老年人的利益。选举过程中，我提议伯灵顿打破依赖财产税作为市政服务和当地教育的资金来源的现状，转而建立一个公平的、累进式的税收体系。一天天过去，一户户人家拜访下来，我对于人们给予我的支持感到既惊讶又开心。要不就是他们没有对我坦诚相待，要不就是我们的表现将比专家们预测的出色得多。结果证明伯灵顿人的确是坦诚的。

我们的竞选下足了功夫，但没有什么手段。我的竞选经理，琳达·尼德沃斯基才刚从大学毕业，此前从未涉足政治。琳达给予我们很强的团队感，让每个人都一心专注于竞选。两位低收入声援者，迪克·萨尔泰勒和约翰·巴雷特做得相当不错，还有一些前自由联盟党成员，包括约翰·弗兰科和特里·布里修斯，也都积极主动地参与进来。大卫·克拉维尔曾经在莱希议员手下工作过，他教会我如何打选民身份电话。这个主意真是棒极了！利用电话来拉票。我们谁都没有想到。与众多志愿者一道，我们设法向伯灵顿的家家户户拉票——这些志愿者都是受到我们能够获胜这个渺小却现实的可能性的鼓舞，若能成真，我们便可以在这个城市建立起一个从根本上不同于前的政治体系。

竞选本身对我而言也是一堂关于伯灵顿的问题和政治的速成课。说实话，此前我对于伯灵顿市政府知之甚少。我平生只参与过两场市议员会议——还在其中一场上睡着了。会议无聊极了。竞选开始时，我连第一区在哪里都不知道，也不知道第四区和第二区在政治上有何区别。我不仅得熟悉伯灵顿的问题与解决对策，还需要将那些议题置于相关语境之中，设想可行的解决方案。在某些方面，竞选州级公职倒比竞选市长来得容易，因为我更加熟悉全国和全州的政治地貌。

即使我的拉票重点是中低收入阶层的人们，但伯灵顿的不少高收入市民也把票投给了我。这是因为我抨击了一个在城市滨水区修建高层公寓的方案。伯灵顿地处尚普兰湖东岸，风景优美，能看到尚普兰湖和纽约的阿迪朗达克山，视野绝佳。一个地产开发商提议在沿湖的最佳地段修建豪华高层公寓。当我不遗余力地反对这一项目时，许多关切环境和城市的自然美景保护的市民意识到我是一位值得郑重考虑的候选人。竞选接近尾声时，当地的一位艺术家，弗兰克·休伊特设计了一张夺人眼球的海报，上面是醒目的宣言，"伯灵顿恕不出卖"。

我公开反对扩张当地医院的计划，主要是因为这样做会增加医疗成本，加重社区负担。但我通过上门走访也了解到，居民们愤怒于这一不必要的大举扩张将导致一座颇受欢迎的滑雪山被一个大型停车场所取代。于是我站出来力挺当地家庭，这些家庭希望，跟汽车和钢筋水泥相比，孩子和往日的风俗被赋予更高的重要性。

我们在竞选中一遍又一遍，以不同的方式提醒伯灵顿市民，现任市长和他的当地民主党团体，与市中心商业圈和那些不负责任的"支持增长"的势力是一伙的，对于普通市民的关切则是不闻不问。我竞选中传达的基本要旨就是，如果我当选市长，我将会让市议会向所有人开放。我的治市之道将是回应劳动者、低收入人群以及中产阶级的最佳利益——这些人正是很大程度上被现在的决策过程排斥在外的。

然而结果是，在我提出的所有议题中，最大程度上使我从众候选人中脱颖而出的是我对市政府工人的支持，他们一直希望现任市长和财务部门能和他们的工会好好谈一谈，然而年复一年，这一要求都被拒绝了，这让他们非常失望。

当我还在自由联盟党的时候就已懂得，第三党派或独立人士候选人遇到的问题在于尽管人们常常认同这一候选人的立场，他们也会对他/她的"当选资格"持怀疑态度。有鉴于此，我在选举前不久获得伯灵顿巡警协会对我竞选市长的支持，可谓意义重大。他们之所以这样做，是因为我承诺将倾听巡逻警察关切的事，并与他们的工会郑重地召开谈判。在支持我竞选的过程中，警察工会及其领导人乔·克雷波展现了极大的勇气。如果我失败了（这正是大多数人意料之中的结果），他们将会更加不受现任市长的待见。

无需多言，他们对我的支持顿时成了竞选中的大事件和重要新闻：一个曾经反对越战的左倾民粹主义者，竟然获得了治安部门蓝领群体的拥护！我们组成的这一联盟中——包括低收入者、经济拮据的工薪阶层房主、环保主义者、房屋租客、工会、大学生、教授，现在又加入了警察——彼此之间相互鼓劲，坚定了只要团结一致就可以赢下选举的信念。

"联盟政治"的形成到底有多重要，再怎么强调都不为过。我们在我们的新英格兰小城中懂得一个道理：重燃美国希望的出路在于团结民众。毕竟，大多数人和自己的邻居总有一些共同之处。他们都为了生计而辛苦工作，都关心自己的孩子，都想要喝到纯净的水，想要在自己家里有安全感。联盟政治的伟大力量在于重新告诉普通百姓——政府应当而且能够为他们服务，说出他们的心声——我相信这一力量也正是美国未来的希望。

当众议员比你想象的要难。更难的是，当你是一个希望在华盛顿有所作为的严肃的立法者时，你同时还在一场艰难的竞选中寻求连任。比这个还要难的是，当你是一个独立人士时，你需要与之周旋的世界一半在华盛顿，一半在老家。（不过我的有些朋友又会说我喜欢夸大其词。）

我每周末都回到佛蒙特的家。这里是我生活的地方。每当人们以为我在华盛顿生活时，我都会倍感惊讶。才不是这样。我在华盛顿工作，在佛蒙特生活。我在国会的这六年里，只有两个周末是待在华盛顿的。我之所以要回佛蒙特，有几个理由：我的家人和朋友在那里。我想在佛蒙特度过周末时光。如果我不能始终与朋友、邻居和选民保持联系的话，我就没法做一个好的众议员。不仅仅是因为我在那里举行许多全镇会议或大会，或是因为我在那里上课、出席会议；更是因为可以在市区散步，在乡间骑行，了解天气变化，读到当地报纸而不是一张张传单，还可以看到当地电视。总之就是可以感受当下正在发生什么，以及人们都在想什么。

我知道不少众议员，尤其是在国会待了有一段时间的那些，都认为自己生活在华盛顿。他们偶尔也会回到自己的选区，但他们心系华盛顿。这是很危险的，这种情况下，你很可能忘记自己来自哪里以及本应该尽的职责，这正是危险所在。

当市长和当众议员相去甚远。市长好比小池里的一条大鱼，而众议员则是全国535人中才出一个（总统就更不用说了）。不过就我而言，主要的区别在于当市长时那种地理上的亲近。身为市长，你总是待在家乡，恪守岗位。事实上，问题正是你连一分钟也脱身不了。凌晨4点家里电话响起，因为某人家里的车道被扫雪机挡住了，以至于她没法出门上班。在杂货商店的农产品区，一位邻居冷不防拦住你，向你诉说他对分区规划政策的不满。下雪天，你满城奔走检查各条街道的路况。你来到青少年中心和孩子们聊天。在国会工作则是截然不同的体验。在国会里，你所处理的或许是一个关乎几百万人的数十亿美元的议题，然而老家没有人知道你在做什么。而你甚至连老家现在天气如何都不知道。

竞选进行到一半，一切都似乎突显出来，你的所有神经质、所有恐惧、所有弱点。你随时在线，时常筋疲力尽、焦虑不安，更容易犯错误。而竞选中的一个错误就可能代价昂贵。我真的累了。过去的两年相当难熬：从理智上批判金里奇和右翼的政策是一回事，被困于日常斗争中又是另一回事——在委员会会议或是众议院议员席上，目睹、感受着许许多多正在发生的丑陋和非理性的事情。这让我感到沮丧和无力。但是现在我的竞选开始了。是时候向前迈进了。

我还记得1983年我竞选连任市长时的情形。当时我的心思都花在各种市议题上，把即将到来的竞选置于脑后。第一场论辩于某个下午在一家广播电台举行。我在市政厅待到很晚，急匆匆地赶到电台险些迟到。我一点准备也没有，发挥得很差。论辩失败顿时将我推入了真实的政治世界当中，使我了解到做一位政府官员与做一位竞选人之间的重大差别。永远都是这个道理。无论我工作多卖力，无论我取得怎样的成绩，总会有别人想要我的职位。这就是民主。好吧。是时候筹划一下如何再次当选了。别担心过去的两年。别担心身心的疲倦。开始在竞选中向前迈进吧。专注。专注。专注。

美国教师联合会前工会组织人、我在国会从事的济贫工作的负责人菲尔·菲耶尔蒙特一再提醒我，应该开始组织竞选了。"有点晚了，伯尼，"他说，"我们需要钱。我们需要人员。该行动起来了。我花点时间找个好的竞选经理。""嘿，菲尔，你想当竞选经理吗？""不。绝对不想。我不喜欢竞选。我会帮你忙，但我还是想留在国会办公室。"

然而菲尔在内心深处知道，舍他别无他人。他得立即开始筹备竞选，一周工作80个小时，还得应对巨大的压力。我认识佛蒙特的每一位进步派人士，到目前为止，菲尔的组织能力和性格是所有人当中最适合这个职位的。此外，他很了解我，并能容忍我的众多小缺点。

我们略略考虑了一下从佛蒙特州外面聘请一人的可能性，但很快打消了这一念头。你显然不能在《纽约时报》上登个广告说："急寻。职位是国会中唯一一个独立人士的竞选经理。要求了解民主社会主义和无党派政治的知识。必须熟悉佛蒙特州和乡村生活。一周工作80个小时。责任重大。报酬低廉。"说老实话，压根都不会有很多人理睬这一广告。我还是坚持找佛蒙特人吧。

菲尔，简，我自己，还有几个好友一起商量了若干当务之急。讨论过程中，我一一列下我们在竞选中要考虑的主要问题，大致是这个样子：

金钱

人员

风格

枪支

媒体

我的健康

我们的"要旨"

对许多人而言，这个单子或许像个奇怪的大杂烩。政治议题、资金筹备、媒体策略，以及我个人的问题，按照逻辑来说应该分门别类。然而当你坐下来享用政治大餐时，你会发现不是肉都摆在一个盘子上，蔬菜和土豆分别盛在碗里。竞选就像一锅炖菜，炖锅里杂七杂八什么都有。所有议题混合在一起。

金钱

斯威策于11月宣布参选时，她拒绝谈论竞选支出限额，这说明她那些有钱的盟友将会大把大把地砸钱支持她。上次竞选我们筹集了70余万美元。这一次我们需要更多，可能是90万，这是一笔很大的数目，因为我们的竞选资金主要都来自个体的小数目捐款。我们也会从政治行动委员会那里得到来自工会、老年人组织、环保、妇女和儿童团体的资助，但我们竞选基金的主体来自于经济条件有限的普通民众的捐款。我们之前曾经因为从佛蒙特州以外募集了过多资金而遭到批评（即使给予我们支持的佛蒙特个人捐款者比其他任何一位候选人都多得多），于是我们决定这一次大大增加在佛蒙特州内的募资。我们的支持者并没有钱，我们也不靠500美元一盘菜的宴席来筹资。但我们还是可以比之前做得好很多。

人员

寻找善于从事复杂竞选工作的人谈何容易。大多数人都不会在家里待上一年半载，等着为一场竞选效力。有时候你撞上好运，正好有经验丰富、老到成熟的待业人选。有时候就没这么走运了。我们上一次竞选的一个问题就在于，我们的人员过于年轻、经验尚浅，他们之间的相互关系也不是特别融洽。每个人都很棒并且工作卖力，只是他们在性格上有点冲突。事实上，我后来才知道，他们有时候吵得不可开交，甚至上演互扔椅子的闹剧。这一次，我们想要聘用一组更加成熟、互相之间更合得来的人员。

风格

1994年那场竞选并不算成功，回过头来评价它的诸多缺点，我不得不承认，主要的问题出在我而不是工作人员身上。我的竞选风格过于被动。每当别人攻击我时，我始终不愿意迅速有力地回应。我的态度是："民众不会相信这种胡说八道的。他们知道我的立场。我不需要回应每一种愚蠢的批评。"错了。这一次，我们将会迅速有力地回击。而且，我们不会再让自己处于守势。我的对手在参议院工作了四年，有过不良前科。我们会将其公之于众。

枪支

1994年那次竞选中，全国步枪协会（NRA）作为我的反对者势头强劲。他们到处散发"拜拜，伯尼"的车尾贴，举行新闻发布会和公开会议，在电台上播广告，给人们打电话——他们行之有效。毫无疑问，我们在那场竞选中因为在枪支问题上处理不当而失去了许多工薪阶层男性的选票。

佛蒙特是一个颇具乡村风貌的州，这里有上万人喜欢狩猎、持有枪支。每逢狩猎季节，几千名孩子会跟着爸爸妈妈一起出去狩猎，享受野外活动的乐趣。佛蒙特是一个"野外之州"——而狩猎则是这种生活方式的关键。我支持持枪，支持狩猎。但我不认为猎人们有必要使用攻击性武器和AK-47来捕鹿。我投票赞成禁止持有攻击性武器，由此激怒了全国步枪协会。

这次竞选，我们决定在枪支议题上采取一分为三的策略。首先，不少民调显示，绝大多数佛蒙特人（美国人也是如此）都支持禁止持有攻击性武器。苏珊·斯威策的立场——彻底奉行全国步枪协会的路线，即反对一切枪支管控——业已脱离佛蒙特人的主流思想。我们将指出这一点。其次，我们将让许多支持我禁止攻击性武器这一立场的猎人参与到我的竞选活动中来。再次，我们还会请对这一禁止立场持有异议的朋友们公开支持我的竞选，告诉人们枪支问题仅仅是众多议题的其中之一。正如全国步枪协会的一位朋友对我说的那样："没有工作你怎么都别想买到AK-47。我们先把轻重主次理理清。"

媒体

我政治生涯的大部分时间里，和佛蒙特州最大的电视台"WCAX-TV"[①]关系都不太好。原因再简单不过，它是共和党的电视台。WCAX的老板是一个有钱且保守的共和党人，也是佛蒙特州共和党的主要赞助人。于是这家电台的新闻频道经常反映他本人的

---

① WCAX-TV，佛蒙特州伯灵顿市电视台名，隶属于哥伦比亚广播公司。WCAX本为佛蒙特州内第一家电台的呼号，后以此命名电视台以示纪念。

观点也就毫不稀奇了。不过电视台并没有疯狂的右翼倾向；它播出的许多政治报道都是立场公正、信息准确的，而且还有不少相当优秀的记者。但是总体而言——而且始终如此——这个电视台的报道带有明显不过的共和党偏向，而这一偏向每当竞选将近的时候又往往表现得更为明目张胆。我也并非他们的唯一对象。其他进步派人士、自由民主党人以及参议员莱希——无不受到过WCAX的攻击。正面新闻没人报道，负面新闻被渲染夸大。这个问题很难得到解决。要想赢过隐身于电视镜头后面的对手，殊非易事。我们需要不断地考虑策略。

个人健康

现代政治中，无论我们对此感受如何，个人问题都会被上升到政治层面。我现在就面临着有可能给即将到来的竞选带来恼人的不利影响的个人困难。自从上次竞选快结束时至今，我的嗓子就一直很干哑，有时说话声音几乎轻到听不清。有一次，在众议院议员席上，我的演讲进行到一半时几乎都说不下去了。我必须在说话时不停地喝水，而且但凡在公众场合说话就得用麦克风。我的声音听起来越来越不自然，听起来很紧张。就我个人而言，这的确给我带来了很大不便，而且我认为还影响了我的政治事业。

医生诊断是因为我的声带上长了个小结，建议我动手术。我这辈子都没得过什么大病，自出生以来从未在医院里待过一个晚上。我不想让医生用手术刀刮擦我的声带，让我听起来像个呱呱叫的唐老鸭。

我正在尝试"自然疗法"，喝了各种各样奇怪的茶。也试过顺势利导的疗法。我在为止咳药行业做贡献。我试着改变说话发声的方式。这一切都很有意思，但没有一个办法有用。

虽然我很不愿意，但如果我的声音不快点正常起来的话，我就打算去动手术。我不能这个样子进行竞选。最近一位记者问我:"你是得了喉癌吗?"每次我上电台时,总有人问我的声音怎么了。如果人们觉得我身体欠佳,我是赢不了这场选举的。

主旨

摆在我眼前的诸多挑战中,决定我的竞选主旨将会是最容易入手解决的,尽管这或许有点让人意外。两年来,我都听着金里奇和他右翼盟友们的满嘴胡言,这两年来我也始终在与他们抗争。这次竞选我将针对金里奇的议程。

斯威策女士一旦当选,她便会投票推选金里奇为众议院的发言人。如果佛蒙特人希望看到政府大幅度削减医疗保险、医疗救助、教育、退伍军人计划以及环境保护等方面的预算,同时给予富人大量减税的话,斯威策女士就将被选为下一届的佛蒙特代表。说实在话,我觉得这是不可能发生的。

然而,我知道斯威策会是一位相当强劲的对手。她聪明,口才好,富有魅力,且十分受欢迎。再者,她的履历非同寻常,反映了过人的勇气和力量。凯文·J. 凯利11月在周刊《佛蒙特时报》上发表的文章中如是描述斯威策:

> 苏珊·斯威策在与众议员伯尼·桑德斯的对决中拥有多项优势。最重要的一点即她是佛蒙特最受欢迎的年轻政客之一。这位仅在州议会有过一届任期、现年36岁的共和党人,1994年在那场竞争相当激烈、候选人众多的选举中,以第一的票数当选代表齐坦丹县的州参议员。斯威策这颗冉冉升起的新星很可能在未来多年里都在佛蒙特州甚或全国政坛上大

放光芒。

在公众印象中，斯威策还是主要和她在1989年勇敢公开自己在九年前被强暴那件事联系在一起。通过承认被性侵的经历，斯威策挑战了社会禁忌，在这种禁忌之下，女人被要求保持沉默，不去质疑许多强暴受害者产生的毫无道理的羞耻感。

斯威策推动掀起了一场关于性侵这一敏感话题的热烈讨论，接着她又开始为"受害者的权利"而不懈奔走。她创立了"罪行幸存者"组织，主张对暴力犯罪加强惩罚和预防措施。斯威策在这方面的有所作为也得益于她的个性，一位州参议员，伊丽莎白·雷德将其描述为"敢作敢当的精神"。斯威策身上体现了那种决心坚定、自力更生的生活态度，这种态度势必博得众多佛蒙特人的好感。

是的，这是一场竞争激烈的选举，从初期的民调结果便可看出。2月28日，《拉特兰先锋报》的一项民调显示我在支持率上以47%领先于对手的32%。或许这听起来还不错，但事实并非如此。我的知名度远在斯威策之上，况且初期民调一般都会对现任者较为有利。实际上，正如《拉特兰先锋报》所指出的，他们在1994年6月下旬做的那场民调中，我几乎领先了当年的对手约翰·卡罗尔30%，而在最后选举中我仅比他多了3%。斯威策的竞选准备开始得比卡罗尔早很多，目前她的知名度已经超过了当年的卡罗尔。《点名报》是华盛顿一家分析国会选举的政治报纸，该报称这次选举是"胜算各一半"。对于该评论我无言反驳。

选举日，或者按佛蒙特人的说法就是镇民大会日，在1981年的3月3日。我早晨5点起床，准备出发。开车驶过北大街时，我看到电线杆上贴着"桑德斯当市长"的海报。竞选活动的志愿者——他们大多都是低收入者住房计划的受益者——特地起了个大早，这些标示提醒人们，我们在选举日的活动进展顺利。它们似乎是个好兆头：我们无处不在，已经准备好迎接最后这天。

我继续从我住的公寓驶向城市的北端，这时我注意到一位身穿白色制服的年轻护士（应该是赶去上早班），她站在一个主要路段的路口举着"桑德斯当市长"的牌子。看到她是意外之喜，只见她在清晨的寒冷中瑟瑟发抖，似乎象征着支撑我们竞选的热情活力与奉献精神。又是一个好兆头。

然而，我对于那天我们能够拿下选举仍然相当没把握。我们的确有可能出乎所有人的意料，轻而易举地拿下选举，给前一天预测我会输给斯威策20个百分点的某报专栏作家一记漂亮的还击。然而，正如我此前一次次遭遇的那样，我也可能一败涂地。主流观点也和那位专栏作家的一致：尽管我出人意料地获得了巡警协会的支持，尽管我们似乎在整个城市范围内收获了广泛的支持，伯尼·桑德斯和进步派人士仍然可能输得很惨。

所有人都没有猜到的但又千真万确的结果，竟是旗鼓相当，难分上下。

关于那天的记忆已然模糊。我在每个区的投票点一一露面，不停地向待在竞选中心的琳达·尼德沃斯基询问她那里的情况，以及选民的投票率怎么样。好消息是这次的投票人数超过了往常，投票率比上次市长选举高出25%。支持者祝我好运。竞选的工作人员负责驾驶事先租好的车把老年人和低收入选民送到投票站。

投票在晚上7点截止。每个选区的行政人员分别计算票数，大部分选区都有我们独立联盟的成员在旁观察计票。正如友人理查德在数月前预测的那样——当时我们在市政厅里细细研究那些霉迹斑斑的记录历年投票结果的册子——我在工薪阶层选区的成绩极为出色。事实上，我们轻而易举地拿下了第二区和第三区——两个传统上倾向于民主党并以工薪阶层为主的区——得票率几乎是帕克特的两倍。

随着统计的票数不断传来，看起来这场选举的结果势必十分接近。我们尽管在低收入和工薪阶层居住区势头强劲，但在较为富裕区的表现则不尽如人意。显然，我直言不讳地谈论劳动群众的需求让富人们感到不安。所有的机选票统计完毕，除了第三区以外所有区的缺席选票①也都已完成计算，结果是我们领先，尽管领先得不多。只剩下第三区这个民主党主导的选区的纸质缺席选票尚未计算。我们焦急地等待着。

似乎过了无穷无尽的时间，第三区还是没有消息传来。最后，我在律师和支持者的包围之下来到这一选区的投票点一探究竟。几分钟后，一群选区工作人员从一扇紧闭的门后面走出来，他们之前一直在里面计算票数。即使我在这一选区的机选票比对手多出一倍，但看起来我在缺席选票上输掉了同样的票数。

然而让我意外，让帕克特市长震惊、商界惊恐，却让全佛蒙特州人从根本上得利的是，当第三区的缺席选票和其他区的加在一起后，我就这样被选为了伯灵顿市的市长——仅仅以14张选票险胜。这一次，那句老话得到了印证：每一张票都很重要。我的这次胜利大爆冷门，以至于九年之后佛蒙特州的最大报纸仍然称它为"80年代的那

---

① 选举人不在他或她所登记的选区时用邮寄方式事先投的选票。

个故事"。

然而那个晚上并没有在我的胜利中轻松落幕,我也没有由一位车顶上汽笛鸣响的记者护送到全州最大的电视台。由于票数相当接近,需要重新计票,而所有选票都放在市政厅里。在我的几位律师朋友用让人听得云里雾里的法律术语讨论了半天,又在一片混乱中来到某人的办公室召开会议之后,最终决定我们应该尝试从市政厅那里把选票拿过来。

于是,那天半夜里——准确地说是凌晨3点钟——我和一位律师沿着一条泥路驱车前往市政厅,叫醒了一位法官,要求收回选票,法官准许了。第二天早上,选票被转移到佛蒙特州的法院。

一个月后,我宣誓成为佛蒙特最大城市的市长,也是全国唯一以反对两个主流政党的无党派身份当选的一位市长。之后,我还会连任三届,接着进入美国众议院,成为40年来首位无党派国会议员。然而那个1981年3月的夜晚是让此后这一切成为可能的转折点。

我们这一联盟里皆是普通百姓,没有谁在传统的体制之下有任何真正的权力可言,然而我们却参与了一场重要的选举——而且还赢了。如果一场独立的进步主义运动能够在全美最具乡土气息的州斩获胜利——这个州不久前还是全美最拥护共和党的几个州之一——那么进步主义者就有希望让星星之火形成燎原之势。

第二章 一个城市的社会主义

"他们是在愚弄你们，他们已经夺走了你们在国会中被代表的权利。'他们'是谁？他们是来自全国各地的左翼分子、极端自由主义者和激进分子。他们来自伯克利、加利福尼亚和纽约的格林威治村，数千个人，没错，数千之众，他们为了让伯纳德·桑德斯当上国会议员而慷慨解囊、拼命奔走。"

这段话出自一封在全佛蒙特州广为散播的筹募资金信，这也正是斯威策竞选策略的核心要义：换汤不换药的"50年代赤色迫害"的重演。佛蒙特的人民上了当。伯尼·桑德斯并不代表他们的利益。他效忠的是那些左翼的"局外人"，这些人凭借财力将其牢牢掌控。

每一场竞选总有一个颇为正式的开场。我的开场之日是1996年5月27日，那一天我正式宣布竞选众议员。我一共要在佛蒙特的各个地区做五次这样的宣告，第一站是在伯灵顿，我的老家，同时也是全州最大的城市。地点选在了富有象征意义的滨水社区船屋，这一船屋的建造是我任市长期间的一项重要成就。我们一如两年前那样组织这一次的宣布竞选活动，竞选的工作人员——汤姆·史密斯、约翰·加拉格尔和布兰登·史密斯——召集我们不同选区的主要代表，他们是我们的支持主力。每个人上来谈一谈他们所认为的重要议题，以及他们为什么希望我连任。整场活动由之前在州议会工作的进步派人士汤姆·史密斯主持。现场来了很多人，中午时分达到了150余人。那天的佛蒙特州春光明媚。

佛蒙特州劳联-产联领袖罗恩·皮克林也来到了现场，代表两万名公会成员与退休人员。出席者中还有众议员博比·斯塔尔，他是众议院农业委员会主席，也是州议会中家庭农场主的主要代言人，以及前参议员萨莉·康拉德，她是妇女和穷人的最坚定维护者之一。残疾越战老兵斯坦·拉法莱姆发表了一篇直击要害的演讲，他也是我组织的"老兵大会"的一位成员。塞拉俱乐部①的内德·法奎尔谈论的主题是环保者群体，米拉·法基拉纳德讲的是低收入者群体，爱丽丝·库克·巴塞特则谈到了老年人的问题。我们聆听了威尔·拉普的演讲，他经营着一家园艺用品店，是一位具有环保意识的成功的小生意人。进步主义参议员利兹·雷迪回忆了她与苏珊·斯威策的几次交锋。彼得·克拉维尔是我任市长时的经济发展部门主管，作为进步派的他现在是连任第三届的伯灵顿市市长，他谈到了我任市长期间的作为。

这些人——他们中许多都是我私底下的朋友——代表了这么多年来我们通过努力争取而逐步建立起来的进步党联盟：工人、家庭农场主、妇女维护者、低收入者、老兵、老年人、环保主义者和小生意人。他们共同代表了佛蒙特州的绝大多数人。我们也将共同赢下这场选举。

---

① 或译作山岳协会、山峦俱乐部、山脉社等，美国的一个环保组织，由著名的环保主义者约翰·缪尔于1892年在加利福尼亚的旧金山创办。

我是前一天晚上写好宣布竞选的演讲稿的。如往常一样，在演讲时我的声音嘶哑紧张，中途不得不好几次停下来喝口水。演讲中，我试图表述这场选举的中心议题。演讲的开头是这样的：

> 六年前，我请求佛蒙特的人们做一件在我州历史上绝无先例的事，即使在整个美利坚合众国都已有40年未曾发生过。这件事就是让一位独立人士被选入国会——这个人既不隶属于共和党，也不隶属于民主党。
>
> 我第一次竞选国会议员时，我请求佛蒙特人推选我进入华盛顿国会的理由是，这样我就能为那些没有财力参加每人500美元的竞选筹资活动的人们争取利益——那时我的对手前不久刚刚搞了那种活动；以及为那些没有财力雇用报酬高昂的游说者在华盛顿帮他们维护利益的人们。我做出的正是这一承诺，我也做到了这一承诺。
>
> 我请求佛蒙特人推选我进入国会，使我可以在一位共和党总统犯错之时站出来与他对峙，对于民主党总统亦是如此；可以在一个民主党控制的国会犯错之时站出来与其对峙，对于共和党控制的国会亦是如此。而我也正是这么做的。
>
> 最重要的是，我请求佛蒙特人推选我进入国会，使我可以为公平而战——这个说法我们现在已经不怎么听说了。为属于工人家庭和中产阶级的公平而战——自1973年以来，这两类群体中80%都经历了生活水平的下降，往好里说也至少是经济停滞——与此同时，处于顶层的人们却从未像现在这样过得好。
>
> 20世纪80年代，这个国家顶层1%的财富拥有者独揽了全

部金融财富增长量的三分之二。底下80%的人们在1989年拥有的真实金融财富竟然比1983年的还少——而且这种趋势还在持续着。当今，美国很可悲地成为整个发达世界财富分配最不公平的国家。

公平。一种让所有人——而不仅仅是最富裕者——都享受繁荣的经济。而这正是我为之奋斗的目标。

接着我描述了之前两年我走遍全州，在佛蒙特各地的一些所见所遇之事。

我讲到在丹维尔遇到一位妇女，她告诉我她和丈夫每周都工作60个小时，为的是攒钱让他们的女儿上得了大学——几个女儿都是成绩优异的高中生。然而无论他们如何拼命工作，他们都不知道这个目标是否真的能实现——考虑到上大学的高昂费用和之后他们将无奈背负的巨大债务。

我讲到我在特洛伊遇到的那位年轻农妇。她和丈夫每天5点钟开始给奶牛挤奶，一周工作七天。然而尽管他们勤勤恳恳，热爱土地，他们却不知道随着牛奶价格暴跌，他们是否还能保住农场。

我讲到我在全州各地遇到的老年人，尽管他们有医疗保险，但还是无力支付处方药的费用。我还讲到他们当中有些人是如何无奈地在让冬日家中暖气充足和花钱购买所需食物这两者间做出选择的。

我讲到那些没有医疗保险，只能从事最底层工作的年轻工人。

我想说的是，我们的经济或许造福了顶层人群，然而它却把许多、许多人远远抛在了后面。

接下来谈的是我作为众议员的主要成就。多年来我的对手们一直在向佛蒙特人强调一点，即我作为一个独立人士无权通过重要法案或是修正案。澄清这一误解是很重要的。事实上，我在影响立法上曾经有过相当重要的作为。

我在推动提高最低收入和通过《东北乳业协议》①中起到了主要作用，后者的订立对于佛蒙特农民而言是至关重要的。我提出的修正案被众议院通过，这一修正案告诉总统，他不能为了帮助墨西哥经济摆脱困境而代表华尔街的投资银行拿500亿美元巨资冒风险。我提出的另一个修正案阻止了一项令人震怒的典型公司福利——美国国防部决定给予洛克希德-马丁公司的董事会成员和首席执行官总共3100万美元的奖金，以奖励它在与另外一家公司的合并②中裁掉了17000名员工。佛蒙特的冬天很冷，非常寒冷，于是我带领房屋委员会阻止了金里奇想要取消燃料扶助计划（LIHEAP）③的企图，差不多恢复了这一计划的全部资助；我们同时还推动通过了一项有关经济适用房的重要修正案。此外，我通过了一项禁止保险公司歧视受虐妇女的法律，并通过修正案规定保健组织（HMO）④和保险公司不可以在产妇和新生儿还不能出院行走的情况下将他们赶出医院。我还批准通过了其他一些成功的修正案和法案。我的重点在于向佛蒙特人证明，一个独立人士也能通过与我们州乃至我们国家息息相关的法律。

然而接下来，或许才说到我想要表达的重中之重。我继续说道：

---

① 由新英格兰地区各州创立的协议，1996年经国会批准，该协议旨在规范各成员州的液态奶批发价格，以及采取其他措施以保护这一地区的乳业发展。
② 洛克希德-马丁公司的前身是洛克希德公司，是美国一家航空航天制造公司，公司于1995年与马丁-玛丽埃塔公司合并，并更名为洛克希德-马丁公司。
③ 即低收入家庭能源扶助计划。
④ 以预付为基础的，处于医生和患者之间的组织，提供或安排其他承包商提供健康保险、自筹经费健康保险、个人或团体保险。

这场选举事关纽特·金里奇、迪克·阿尔米以及共和党是否会继续任职两年，并在此期间通过美国现代历史上最为反动、最为极端的议程——还是我们给他们来个措手不及，告诉他们美国的信念并非贪得无厌、狂妄自大和找人替罪。

这场选举事关金里奇、阿尔米和共和党是否能如愿以偿地大幅度削减医疗保险、医疗救助、教育、环境保护、老兵计划、营养改善、经济适用房以及其他十几个影响数千万美国人的计划——与此同时则给予富人和大公司巨额减税，并打造国防部根本不需要的B-2轰炸机和类似《星球大战》里用的武器。

最后，我以强调一个一再被遗忘的政治道理作结：尽管政治界每天都在上演各种各样的问题与琐细之事，进步派仍然一定要保持愿景——一个一代、一代又一代传承下来的愿景——一个呼唤社会公正，渴望这个国家实现其真正可能性的愿景。

我以这段话结束我的演讲：

我们要击败共和党的议程，阻止共和党人重掌国会、主导白宫，这对于我们国家和我们州都是至关重要的。重要性不言而喻。然而更为重要的是，我们作为进步派和佛蒙特人，应当坚持这么多年来始终激励我们前进的特别愿景。

这一愿景告诉我们，美国作为世界上最为富裕的国家，其中的所有人——而不仅仅是富人——都应当从事体面的工作，享受自己的劳动果实，并获得使他们得以有尊严地生活的福利。这种愿景认为，我们不能继续保持全世界最高的幼年贫困率，而与此同时百万富翁和亿万富翁的人数却节节攀升。这种愿景认为，这个国家的每一个男人、女人和孩子都享有获得医疗服务的公民权利，美国必须和发达世界的其他国家一样，建立全国性的医疗体系和单一给付制的医疗系统。这种愿景认为，生而为人的要义在于优质的终生学习，我们的所有公民，无论收入高低，都应当接受更高等级的教育。

这种愿景认为，我们尊重女性这么多年来不懈坚持的斗争，是否堕胎这一个人抉择的决定权应当属于女性自身——而非纽特·金里奇或是美国政府。这种愿景认为，我们评判他人的标准不应是肤色、性别、形象或是出生在哪个国家——而应是他们的品德，我们永远不会接受性别歧视、种族主义或是恐同症。

这种愿景认为，尊重环境与促进就业增长之间并无矛盾，非但如此，事实上我们对环境恶化的遏制恰恰有助于经济的发展。这种愿景认为，评判一个社会好坏的最终标准在于，我们如何对待最弱势和最易受伤害的人们——儿童、老年人、病人和残疾人。我们不应当为了给予富人和有权之人减税优惠而削减用于帮助弱势群体的计划。

这次宣布竞选活动在伯灵顿获得了空前成功。借此机会我再次见到了许许多多老朋友，感觉棒极了，这些人是我任伯灵顿市长期间的工作人员，都是与我共事多年的人们。能成为由这样一群优秀、得体并且脚踏实地的人组成的联盟中的一分子，我感到受宠若惊。这和华盛顿那种充斥着尔虞我诈的环境实在是天差地别。我为身为佛蒙特人而深感自豪。

然而这种温暖的感动仅仅持续到晚间新闻播报便不复存在了。新闻尖锐地提醒我们,政治是现实的,而人们对现实的感知则往往来源于电视上的描述。正式竞选才刚刚拉开帷幕,选民们正在纷纷形成自己的第一印象。而他们在电视上看到的和实际中发生的事情相去甚远。

我的共和党对手苏珊·斯威策在我发表宣布竞选演说之后迅速召开了新闻发布会。然后新闻上铺天盖地的都是关于她如何针对我对她的攻击(我并没有攻击她——我甚至连提都没提到她)而反唇相讥的。她在全州最大的电视台WCAX-TV上相当成功地利用我们的竞选演说达成其自身目的,这个电视台花了同样的时间来报道我的演说,以及斯威策如何回应我的演说。报道中途,他们觉得有必要提及我在上一场选举中比我的共和党对手多花了20万美元的竞选资金——他们当然"忘记"提到共和党代表我的对手用掉的独立支出,其中就包括付给WCAX的钱。

斯图尔特·"红"马丁(Stuart "Red" Martin)——WCAX的保守派共和党老总已经给斯威策阵营捐出了2000美元,也就是法律规定的最高限额。最近,佛蒙特《七日》①周报的专栏作家彼得·弗雷恩撰文写道马丁曾经说过想要"能捐多少就捐多少……我觉得如果能赶走伯尼·桑德斯就是为公益做了贡献"。从一开始我们就在担心WCAX会如何报道这次竞选。现在我们知道了。我们出师不利。

事实上,我在电视上的启动竞选演说反而变成了支持斯威策的宣传。她的竞选团队的策略正是以当代电视为基础的竞选活动的要义:当你的对手发表了一个演说,要在第一时间予以回应,这样电视报道

---

① 佛蒙特州每周三发行的报纸,在伯灵顿、米德尔伯里、蒙彼利埃等地免费可取。

就会将重心更多地放在你的回应而非原先那个演说上。总的来说，比起简单地报道信息，习惯于插播片段①的电视媒体显然更喜欢来点"矛盾冲突"。当电视台本来就倾向于某一特定观点时，这一招更是格外有用。

无论就竞选还是我的参议员工作而言，我都越来越为电视"新闻"在我们国家的生活中扮演的角色而感到忧心——无论电视台持何种政治倾向。事实简单不过，那就是没有谁——无论是比尔·克林顿、鲍勃·多尔，还是伯尼·桑德斯——能在一个七秒钟的插播片段中讨论什么复杂的议题。电视上"实时新闻"的播送速度之快，使其不可能有对于重要议题的严肃思考。此外，电视对于各种议题的报道篇幅也很不合理。电视新闻总想挖到新的内容，那些精明的新闻秘书便投其所好，施展各种歪曲事实的宣传伎俩，提供摆拍照片——反正能让他们的老板上电视就行。

与此同时，我们国家所面临的深刻和深远的议题却很少在电视上被讨论，因为它们不合规矩。几年前，我曾经和一个电视新闻部门的领导一起参加过一场会议。他描述为了报道一起坠机事件，他们如何费尽人力和财力——凡是灾难新闻他们都是这样大张旗鼓地报道的。有人问到他们的电视网是如何报道储贷丑闻（一场真正的灾难）的，他如是回答："我们没怎么报道。这不是什么好的电视内容。太无聊了。"

每天晚上，电视都给我们奉上色彩缤纷、速度飞快、令人兴奋的新闻报道——然而报道的都是些什么事情呢？到头来，靠电视获取信息的美国人对于他们国家的各种事情究竟是怎么发生、为什么发生的

---

① 指插入电视新闻节目当中的一个和选举有关的录像片段，例如对候选人的介绍、候选人的某段讲话等。

却知之甚少。轻松娱乐？是的。民主知识？没有。

毫无疑问，斯威策那边会忙着为一大堆快速回应做好"定调"。对于佛蒙特这样一个小州而言真是过于复杂的玩意。他们做得比我上几次竞选时好多了。我对这些一无所知，直到看到她的竞选经理带着磁带录音机出现在我的宣布竞选仪式上。现在我已经很清楚他们接下来会采取何种策略了。以后每次我演讲时他们都会在场，几乎就是"挑衅式的"。然而从另一方面来说，究竟哪种攻击策略会在佛蒙特取胜仍然说不准。佛蒙特毕竟不是加利福尼亚或纽约。我不是很肯定佛蒙特人会喜欢观看一场咄咄逼人式的政治竞选。

虽然我的宣布仪式在电视上的报道效果不好，但报纸上对此却给予了热情报道。三家主流纸媒——《伯灵顿自由新闻》、佛蒙特新闻局（代表全州第二和第三大报纸，即《拉特兰先锋报》和《时代守卫者》），以及美联社（包括所有报纸）——都在首页上对此次仪式给予了信息准确的报道，并详细地摘录了我的发言。在印刷物上，斯威策说的那句"伯尼·桑德斯代表的是疲软失败的左翼极端主义意识形态"并未引起像在电视摄像机前的那般效果，尤其是考虑到我的身边全是佛蒙特绝大多数普通百姓的代表。她大肆批评我支持劳动者和中产阶级的诉求，似乎没有意识到大多数佛蒙特人并非如她本人一样是金里奇的忠实拥趸。

我希望可以说自己在正式宣布竞选的那一刻起便斗志昂扬。毕竟，能和这么多老朋友欢聚一堂真是太好了，他们曾经无数次地与我并肩作战。然而即使是这样的相逢也有引我忧思的一面。我由此想到，这场竞选的一个主要难题是我们不仅要让人们参与进来，还应该让他们的参与富有意义。1994年的那次竞选，我们新招到的竞选工作人员人数寥寥。没有人愿意傻坐在办公室里，等待着从高层发来的指令。我们如何建立起一个能够吸引志愿者并且让他们有重要工作可做的体系呢？我们又如何鼓舞人心呢？真是棘手的难题。但我们必须比1994年那次做得更好。

另外一个棘手的难题是我还担任着公职。是的，我知道，你不会同情我的。你会说，现任者拥有各种各样的优势。说得没错。我们有人手，消息灵通，还能够制造新闻，仅仅靠做好本职工作就能实施"玫瑰园策略"①。诚然如此，但身为现任者也有一些严重的不利之处。

我在这场选举中面临的其中一个真正问题，也是我在两年前便深刻意识到的，那就是我不得不大多数时间都待在华盛顿，而我的竞争对手却可以一周七天待在佛蒙特。她经常上当地广播电台的脱口秀，总是在和人群说话，不停受到来自各个小镇的记者的采访。与此同时，我却被困在华盛顿，处理着国会的事务（这毕竟是我的工作）——尽管这些事务并不会在当地新闻中被报道，或是面对各种左右为难的投票决议，由此得罪这个或是那个选区。

但我并不是国会议员中唯一一个需要担心身为现任者的两难处境的。金里奇麾下的"革命派"新人也想要回到家乡。他们遇上了麻烦，都想在自己的选区进行竞选拉票。好消息是今年我们或许可以比上一次选举时更早一点离开国会大厦。

选举日两周后重新计票结束。我领先的票数从14票降至10票。但我仍然当选了伯灵顿的市长，整个美国唯一一个对抗两党制的候选人，也是唯一一个身为社会主义者的市长。

---

① 指美国政治中现任者在竞选中利用自己的地位，宣传自己的政纲，改善自己的公众形象的手段。玫瑰园指美国白宫。

1981年4月，我在市政厅面对浩浩荡荡的人群宣布就职。我对自己的就职演说十分满意，演说中我将当地议题放到更宽广的全国乃至全世界的语境下讨论。当地电台全程直播，这也是所有人记忆中头一回在广播里听到市长的演讲直播。事后，一位记者问我索要演讲稿，我就从自己黄色封面的拍纸本上撕下写着潦草笔记的那几页给了她。真是太糟糕了。真希望我现在还留着那场演讲的稿子。

全城陷入疯狂之中，各行各业一片震惊。市医院的主任后来写道，他听到广播新闻时正驾车驶过一座桥，当时差点没开着车子冲到桥下去。当地的银行家们原计划在选举完第二天开一个会，现在正忙着商讨该如何和新市长打交道。有谁知道这人吗？佛蒙特州的民主党副州长给我打来电话。"别做任何冲动的事。"她说。

某种程度上，我一夜成名。当地媒体欣喜若狂：这场选举成了佛蒙特近几年来最大的政治新闻。其轰动效应甚至超越了佛蒙特州，《纽约时报》、《波士顿环球报》以及其他许多全国性的报纸都特别登载了关于这位"社会主义者市长"的新闻。菲尔·多纳休邀请我上他的脱口秀节目，聊上整整一个小时。但我拒绝了，因为我并不想成为美国社会主义运动的代言人。之后又是全国广播公司邀请简和我飞往芝加哥，在《今日秀》节目上接受多纳休的十分钟采访，这次我接受了邀请。接着又是加拿大电视台和英国广播公司。还有人告诉我，甚至连中国广播都报道了我。

《杜恩斯比利》[①]的作者加里·特鲁多来到伯灵顿与我共进餐。彼时恰逢社会党和弗朗索瓦·密特朗在法国初掌权。这次见面后不久，《杜恩斯比利》的一幅漫画上就出现了这样一句话："法国与伯

---

① 一部政治讽刺漫画。

灵顿步调一致。"接踵而来的还有各种T恤衫，上面以不同式样印着"伯灵顿人民共和国"这几个字。总而言之，对于一个在上次竞选公职时仅拿到了6%选票的人来说，这一切都让他有点飘飘然。

随之而来的一个危机是我得赶紧置办几套适合市长的衣服。那个时候，我连一套西装都没有，只有一两套灯芯绒运动夹克衫和几条领带。尽管我无意于成为全美穿着最考究的市长，甚至都没打算经常系领带，然而我想稍微注意一下形象总不是坏事。一夜之间，我衣柜里的衣服增加了一倍。

更加要紧的是，我得选出这届政府的组成人员。根据伯灵顿获得的特许状，市长有权任命一位市检察官、书记员、财政专员、治安官和其他一些职位的官员。我需要找到能干老练并与我政见一致的人。除却这一当务之急，重中之重的任务则是改造我们城市的政府。

我们将如何实现竞选时所许下的承诺呢？我们将如何给伯灵顿的政治带来民主，让市政府向全体民众开放呢？我们将如何打破对于递减式财产税的依赖呢？我们将如何保护环境，阻止没有必要的道路建设呢？我们将如何解决低收入和工薪阶层社区的诉求呢？我们将如何让女性加入向来由老男孩社交圈①控制的市政府？我们能为这个城市的儿童、青少年以及老年人做些什么？我们如何才能公平地对待城市的工作者——不仅仅是给予他们体面的工资和工作条件，更要让他们更多地参与他们所在部门的决策过程？我们将如何使伯灵顿成为一个所有人都能接触艺术的城市，让艺术不再是有钱人的专属？最关键的是，我们在十三人的市议会中只有两位支持者，而在指挥伯灵顿政府大部分部门的各个委员会中几乎都没有支持者，这种情况下我们要如

---

① Old boys' network，指毕业于私立男校的校友之间建立的社交与商务关系网络。

何实现如上这些目标呢?

我和我的"影子内阁"组织了一系列工作小组,着手解决这些问题。最关键的是,我们敞开市政厅大门,邀请所有感兴趣的人来这里建言献策,共谋最佳的前进之路。反响喜人,来自不同行业的几百位民众参加了各种各样的会议,他们当中许多人都提出了了不起的想法。

从这些工作小组当中产生了若干个市长委员会:专注于青少年、艺术、妇女、老年人、医疗、税改以及其他议题的委员会。几年来,经过艰苦卓绝的政治斗争,有些委员会逐渐被纳入到市政府体系中,然而在我任市长的最初阶段,它们几乎是以平行政府的形式存在的。

在市政厅工作的那段时间是令人振奋的,但同时也非常紧张。说得更确切点,伯灵顿的市政府里正上演着一场内战。几十年来伯灵顿的市政府都是由保守派民主党控制的,他们和他们的共和党同盟自然不会拱手将权力相让。市政委员会(当时是这个叫法)共包括八位民主党人、三位共和党人和两位我的支持者——特里·布里修斯和莎蒂·怀特。

特里年仅27岁,是美国第一位当选公职的市民党(Citizen Party)候选人。特里还在米德尔布里学院上学的时候我便认识他了,当时他加入了自由联盟党,在我1976年参加州长竞选的时候帮助过我。特里竞选市政委员时,和我的市长竞选基本上是独立进行的,他是一位坚定的社会主义者,天生就是我的同盟,而且至今仍是佛蒙特进步主义运动的领袖。在市政委员会连任五届之后,特里当选为州议会的议员,现在已是第四届任期。

79岁的莎蒂·怀特同样击败了民主党派,成为一位女市政委员。不过她有着和特里截然不同的经历。莎蒂很多年来一直是州议会的民主党众议员，然而她特立独行，愿意代表她的工薪阶层选民发声，于是民主党把她踢了出去。然而莎蒂笑到了最后。她作为独立人士赢得了市政委员会委员的席位，重归政坛，一雪前耻。从她在市政委员会任职期间到现在，始终有巨大的压力催逼她重回民主党阵营，但她却毫不动摇地坚持做我的同盟和好友。

在我作为市长的第一场正式会议上，市政委员会解雇了我的秘书，她是我此前唯一有权利聘用的一个人。他们声称我没有依照正确的流程聘用她。（不久后他们允许我再次聘用了她。）两个月后的这一天，我正式宣布作为市长所任命的政府职位人选，然而市政委员会全盘否决了我的任命。情况相当荒谬：我虽然身为政府首长，然而真正掌管政府的却是我不久前刚在一场艰难的选举中击败的对手，以及一群不遗余力反对我的政治目标的人。我们在每一项主要决策上都遭到了挫败。投票结果也总是千篇一律：11：2，八位民主党人和三位共和党人站在一边，特里和莎蒂站在另一边。

民主党的策略并不复杂：他们打算缚住我的双手，让我没法做成任何事情，然后便可声称我无所作为，借此夺回市长之位。

那么我们又有什么策略呢？第一，凡是可以不需要市议会支持的事，我们都将尽市长之所能全力而为。第二，我们要揭露当地民主党和共和党人的真面目——只会蓄意阻挠，几乎没有积极想法的雇佣政客。第三，也是最重要的，我们要在伯灵顿建立起一个第三党，以此在下一次选举中击败他们。

第一届市长任期中，我发现伯灵顿这个城市在保险单上浪费了相当多的钱。年复一年，当地的公司对市里各种生意的定价都远远高于市场价格。我因此提出了一个激进社会主义的概念，即"竞争性"出价，这一想法的实施为伯灵顿节省下了上万美元。我们让世人看到，

"激进派"并不意味着就会挥霍纳税人的钱。事实恰恰相反。我们当中许多人都信奉政府应当在我们的社区生活中扮演重要角色这一观点,我们完全有必要向他们展示,我们的政府可以是"斤斤计较"、节省成本的。政府没有理由浪费纳税人的钱。

我们还在全市最贫困的社区成功创办了"少年棒球联合会"计划,也是从那里我们启动了植树计划,这一计划后来扩展到全市范围,改造了伯灵顿一个又一个街区。我们举办了大受欢迎的夏日音乐会系列活动,吸引了几千名群众来到美丽的滨水公园,聆听美妙绝伦的音乐,欣赏尚普兰湖上的日落景色。我们还做了其他许多事,而所有这些活动的资金都是靠我们一点一点筹措起来的。

随着时间的推移,我们开始认清一点:唯有进步党人被选入市政委员会,我们才能在伯灵顿实施有效的政策——而这样做意味着要创造一个新的政治实体。最初我们把它叫作"独立联盟",后来更名为"进步党联盟"。这个联盟只在伯灵顿存在。尽管它不是州法律约束下的政党(因为它不是全州范围的),但它在伯灵顿的确是像一个州政党那样运作的。

1981至1982年的那个冬天,我们从伯灵顿市的各个区招募参与1982年3月竞选的市政委员会委员的候选人。佛蒙特大学的心理学教授里克·穆斯提是第一区的候选人;IBM的年轻员工佐伊·布赖纳是第二区的候选人;佛蒙特州的心理健康工作者加里·德克洛里斯代表第三区;简·沃森代表第四区;长期从事社区工作的活动家琼·博谢曼代表第五区;佛蒙特大学英语教授,同时也是这本书合著者的赫克·古特曼代表第六区。

佛蒙特的冬天相当寒冷,时常大雪纷飞,冰霜封冻。说实话,在零下几度的冰天雪地里挨家挨户地敲门拉票真不是什么好差事。但我们正是这样做的。我们每位候选人无一例外地全力投入竞选,几乎叩响了各自选区里每一户人家的门。只要有可能,我都会随他们一同前往。不说别的,我们至少干劲十足。这次竞选的主题再清楚不过。首先,我们的候选人秉持进步党的政纲;其次,他们对抗的是民主党和共和党,这两者一直在阻挠市长履行其职责。

市政委员会选举的选民投票率创下历史新高,1982年3月2日选举日当晚,我们狂欢庆祝。第一区——胜利。第二区——胜利。第三区——胜利。第四区——败北。第五区——进步党和民主党之间还要进行一次决胜选举,因为两个党的候选人都没有获得超过40%的选票。共和党败北。第六区——进步党和共和党之间再进行决胜选举。民主党败北。

如果有些人认为我在一年前的市长选举中是侥幸获胜的话,现在的结果则是毋庸置疑了。一场政治革命席卷了伯灵顿,民众得以发声,声音嘹亮,清楚无误。伯灵顿市民以异常高的投票率告诉民主党和共和党:他们想要变革——真真正正的变革。进步党人当仁不让。

不出我们所料,民主党和共和党在第五区和第六区的决胜选举中联起手来。共和党在第五区支持民主党,而民主党则在第六区支持共和党。尽管我们的候选人琼和赫克竭尽全力,他们两人都还是输了。

于是,我们未能在十三人的委员会中获得多数党地位(在我任市长的八年间我们从未在这一点上成功过)。但是有了里克、佐伊、加里的投票,再加上莎蒂和特里的,我们现在至少拥有了否决权。我们可以阻挠民主党或是共和党的任何一项提案。他们别无选择,只得与我们合作。一种新的权力平衡建立起来,我们终于可以向前迈进了。

市政委员会一下子步入光明之中,他们决定接受我对若干市政府职位的任命,这使我当市长的日子顿时好过起来。做了一年市长之后，我终于有了自己的政府。我的那些顾问终于不用再作为志愿者，围在我家厨房桌子边起草预算案了。现在我们可以光明正大地在市政厅工作了，他们也将获得工作报酬。

我得以任命第一流的财政分析专家乔纳森·利奥波德为财政专员。乔纳森彻底改造了整个市财政运作体系，为伯灵顿节省下数目可观的资金。我的早期任命名单包括：巴尔·斯威纳菲尔特担任助理财政专员，彼得·克拉维尔任人事主管，吉姆·邓恩任助理市检察官，吉姆·雷德任书记员，大卫·克拉维尔任治安官，史蒂夫·古德肯任市工程师。

桑德斯政府和进步党联盟在各个阵线上都积极进取，敢作敢为。我们无疑是相当激进的市政府。财产税是佛蒙特州教育和市政服务的主要资金来源，然而我们的财产税是递减式的，因为它不是基于个人缴税能力来征收的。许多老年人和工薪阶层所交的财产税一直（至今仍是）远远高于他们那有限的收入所允许的水平。连续七年来，我都没有提高过伯灵顿户主的一般财产税税率。与此同时，我努力争取实现更趋向累进式的征税形式。

虽然我在这场奋斗中拥有市民们的有力支持，但州议会并不支持我。在佛蒙特州，市政当局要修订章程必须得到州议会的批准。州议会一次又一次拒绝批准伯灵顿市民投票同意的（有时候还是压倒性的同意）进步主义章程修订。真是让人心灰意冷，这也是促使我在1986年竞选州长的原因之一。但这个后面再说。

尽量阻力重重，我们还是成了佛蒙特州第一个建立起财产税补充税种的市政府。在和许多餐厅店主苦苦抗争之后，我们实施了1%的食宿税。我们还通过了一个税收分类体系，从而将商业和工业产权的课税率提高到现在的120%。在诉诸法庭的斗争之后，我们终于让市里的公用事业公司为他们在建设公用设施时把街道拆得面目全非而支付了损失赔偿费。在与一家有线电视公司进行激烈较量，并尝试创立市政府自己的电视系统之后，我们最终从电视公司那里获得了数目可观的税收，并使他们降低了向老年观众收取的费用。

市里的两个免税大户——佛蒙特大学和医疗中心医院——成功地规避了大多数的变革。不过，我们还是大大提高了他们支付给警察和消防队的费用。由于我们与州长和州议会是对立的，我们没法如愿拿到伯灵顿南部属于市政府的机场所缴纳的税收。但是我们接管了机场的大型停车场，并派我们自己的警力来负责机场的安保工作，从而增加了我们的现金收益。

无需赘言，我们的管理与改革远不止着力于累进式税收政策和高效政府建设。我们还着力于让民众参与到政治过程中来，并着眼于社区、赋权于民、娱乐休闲和振奋人心之事。譬如，市长妇女委员会——后来很快更名为伯灵顿妇女委员会——把代表不同职业与政治倾向的妇女组织聚合在一起，委员会当中有基金的女权主义同性恋者，也有保守派的商界女性。妇女委员会提出的多项立法动议远远走在了时代的前面，包括反对家暴、主张对警察开设特殊训练；她们所做的关于"相对价值"的研究使许多市政府女性雇员获得了收入的增长；她们还筹集资金开展了一项相当成功的计划，该计划致力于为从事男性主导，传统上少有女性参与的职业（例如建筑行业）的低收入女性提供培训。

我们的青少年工作办公室由简·奥米拉·迪里斯科尔领导，她后来成了我的妻子——一开始她只是作为志愿者，后来成了有工资的雇员。简创立了由市政府提供经费的儿童关爱中心，以及青少年中心。每个大人都冲着青少年大喊大叫，让他们别惹麻烦，别碰毒品。我们则为他们提供了一个社会化的空间,以及享受音乐与舞蹈的机会。简创办了低龄儿童课后活动计划、一份青少年报纸、青少年剧院计划、青年就业计划、夏日花园计划以及一档由公共频道播送的电视秀节目。她还创立了一个了不起的"铲雪行动"服务计划,号召年轻人为老年人和残疾人铲雪。

我们启动了一系列让艺术走上街头的文化活动。爵士音乐节——免费入场的演奏会、在公交车上表演音乐。布鲁斯音乐节。雷鬼音乐节。乡村音乐节。传统爵士(chew-chew)音乐节。夏日公园的免费演唱会。12月31日晚上举行跨年音乐会,现场来了几千名观众。几乎所有这些活动直到今日还在继续着。

在令我难忘的一个晚上,艾伦·金斯伯格[①]现身伯灵顿市政厅参加诗歌朗诵会,和伯灵顿的小学生们一起朗诵学生们创作的诗歌。或许是全美最为人所知的激进派作者诺姆·乔姆斯基[②]也曾在市政厅对着满堂听众演讲。斯特兹·特克尔[③]在一次工人权利庆祝活动上与我们共聚一堂。艾比·霍夫曼[④]、戴夫·德林杰[⑤]与我曾共同在一个专门委员会会议上发言,那天晚上实际上非常有趣。艾拉·菲茨杰拉德[⑥]给我们带来了一场爵士音乐节。伯灵顿正在成为全美最令人激动和富有文化活力的小城之一。

我对这些委员会的工作仅仅是一笔带过,不难看出它们的各项计

[①] 艾伦·金斯伯格(1926—1997),美国诗人,"垮掉的一代"中的领袖诗人,也是反越战激进分子。
[②] 诺姆·乔姆斯基(1928—),美国著名语言学家,其《生成语法》一书被认为是20世纪理论语言学研究中最伟大的贡献。
[③] 斯特兹·特克尔(1912—2008),美国作家、社会学家及广播员。
[④] 艾比·霍夫曼(1936—1989),美国著名反文化人物,"雅皮士"浪潮的领军人。
[⑤] 戴夫·德林杰(1915—2004),美国政治活动家。
[⑥] 艾拉·菲茨杰拉德(1917—1996),美国黑人爵士乐歌手。

划都进展顺畅。然而这些委员会的诞生却是经历了艰辛的政治斗争，交织着血泪与汗水。几乎每一项资金支持都是由充斥着辱骂和恶意的激烈争论换来的。一切都离不开党派纷争。没有什么是轻易得到的。

我还记得一位老人在给报纸编辑寄去的信里写道："我对这个社会主义一无所知，但桑德斯在翻修路面的工作上做得很不错。"我领导的政府始终牢记一个事实，那就是尽管开拓市政府的服务范围和建立新的政策是重要且让人满足的，然而我们千万不能忘了做好基础工作。在这一方面，我们比共和党还要共和党。

我们扩大并改善了警察部门，而且开始付给警员们一笔最低生活工资。不无讽刺的是，支持我改善警察部门的一位主要同盟竟然是托尼·波默洛，他是警察委员会的主席，也是全州最富有的人之一。（1981年我参与竞选时就曾大力反对托尼那灾难性的在滨水区建高层公寓的地产项目。）托尼在警察事务上和我坚定地站在统一战线上，以至于他失去了民主党和共和党的支持，还要靠进步党的投票才得以再次当选委员会主席。

我们升级了消防部门使用的价格不菲的救援卡车和消防设备。我们将街道部门和水务部门合二为一，打造成效率大大提高的公共工程部门，并新任命了更有能力的部门领导。我们筹划并实施了主要街道的翻修计划。我们购买了一整组铲雪车，并制订了一个新的更有效率的铲雪计划。我们还任命了有能力的原公司经理来管理政府部门。

我们创立了佛蒙特州历史上规模和耗资最大的环境改善计划：一个总投入达5200万美元的从城市到州再到整个联邦的项目，旨在重建下水道系统，升级我们的污水厂，遏制尚普兰湖的污染问题。我们关掉了不利于环境的垃圾填埋场，成功阻挠了一项燃烧垃圾的方案，这一提议一旦实施，势必带来环境和财政上的双重灾难。

我们启动了全面彻底的滨水区美化计划。前任市长对那个灾难性的在市中心滨水区修建高层公寓的项目是持支持态度的。在经过了大量的公众讨论和激烈争论之后，我们终于有了一个相当成功的、满足民众需求的滨水区，沿湖有几个公园、一条九英里长的自行车道和一个社区船库。今天，人们可以骑着自行车从伯灵顿的一端到另一端。在这四个滨湖公园中的任何一个游泳都是免费的。我们还建起了一些相当不错的运动设施。

我们还在经济适用房方面发展了一些相当具有创新性的想法。我们克服了当地一部分房地产商的反对，成为美国第一个资助社区土地信托房的城市。有了伯灵顿社区土地信托之后，工薪阶层便能以低于商品房市场上的价格购买属于自己的房子。如此购得的房屋将永远都保持廉价，因为购房者必须同意不按市场价格转售房屋，他们所获得的投资收益只能是合理而有限的。

通过与一个租客组织以及几个非营利房屋组织联手，我们成功阻止了全州最大的受补贴地产北门地产被转而开发成昂贵的高档公寓。靠着参议员莱希帮我争取到的联邦拨款，以及其他一些资金来源，我们成功地将这一房产改造成了共享式的住房工程——由此为中等收入的人们节省下了336套房子。我们还通过其他各种机制，建起了许多套经济适用房。

我们还改善了住在伯灵顿公共房屋中的低收入人群的生活条件。每年我都能为伯灵顿房屋管理局任命一位新成员。第三年年底，我们终于在管理局中取得了多数党地位，得以任命一位能力出众的新主管，麦克·麦克纳马拉，此人大幅度改善了低收入者和老年人的市政公住房条件。

尽管我们顺利通过了全州最大刀阔斧的租客权利维护法案，我们在主要的支持租客的提案——租金管控上并未获得成功。1982年，房东组织在这一议题的全市投票上以压倒性优势击败了我们。他们筹集了一大笔钱，雇了一位顾问，在政治手段上将我们比了下去。

1983年，我们和当地商人汤姆·拉辛领导的一个公民委员会合作，设法让美国职业棒球小联盟①来到伯灵顿。在与一位同时拥有某个2A东区联盟球队和辛辛那提红人队的老板反反复复商讨之后，职棒小联盟终于在时隔30年之后重新回到了伯灵顿。我们和伯灵顿大学达成协议，决定使用他们的操场，然后佛蒙特红人队②取得了空前成功。光是在第一年里，他们就吸引了超过12万球迷观赛。球队接连三年捧回了东区联盟的冠军，而且不可思议地成了当时的传奇小联盟球队之一。佛蒙特红人队的球员中，至少有五六个后来都成了大联盟球队的球员，包括卡尔·丹尼尔斯、保罗·奥尼尔、克里斯·萨博、杰夫·蒙哥马利和杰夫·特雷德伟。

我恰巧觉得伯灵顿是全国最美丽的城市之一。但是事实上，不少城市都有漂亮的滨水区、干净的街道和可靠的警署，甚至也会有职业棒球小联盟球队。然而有多少人口4万的城市会有自己的外交政策呢？我们正好就有。

你或许还记得，我并不是上世纪80年代唯一一个当选的美国政客。还有另外一个人，那就是罗纳德·里根。许多伯灵顿市民，包括我本人在内，都支持尼加拉瓜的桑地诺主义者③政府。里根总统却不

---

① 美国职业棒球小联盟始创于1868年，在参与城市、球队经费和比赛水平上都比美国职业棒球大联盟低一个等级，但各个球队往往也很受其属地球迷的欢迎。小联盟按照实力分为六级，由高到低依次为：3A、2A、高阶1A、1A、短期1A和新人联盟。
② 1984—1987年的一支职业棒球小联盟球队，属于东区联盟。
③ 即桑地诺民族解放阵线政权，成立于1961年，进行反对萨摩查独裁政权的游击斗争。桑地诺（1893—1934）是尼加拉瓜反美游击队领导人，被视作尼加拉瓜的民族英雄。

支持。我们因此而反对他，表达我们的不满。

在里根档案室的某一角落——或是别的什么存放文件的地方——一定放着伯灵顿市长就这一问题写给他的信。还有来自伯灵顿市政委员会写给他的官方声明，这是经过了历时漫长和情绪激动的公众听证会之后的结果。"别再向尼加拉瓜的人民作战了！把我们纳税人的钱用在救济饥贫者和给无房者提供住房上吧。别再杀戮尼加拉瓜的无辜百姓了。"

我们进步主义运动中许多人对于尼加拉瓜议题都是持激烈意见的。这场与尼加拉瓜的战争不仅仅是有违公法和道德的，同时也是在肆无忌惮地浪费纳税人的钱。身为市长，我希望联邦政府给予我们建造经济适用房和发展经济的资金。我不想看到纳税人的钱拨给中情局，用来打一场令人发指的战争。对我们而言，这是一个事关我市的议题，尽管市政委员会大多数民主党和共和党人并不同意这一点。

1985年，我受尼加拉瓜政府的邀请来到马那瓜[①]，参加桑地诺革命七周年的纪念活动。在场所有人中——信不信由你——我竟然是级别最高的美国官员。竞争并不算激烈。我记得另外只有一位美国官员，是来自加州伯克利一所地方教育委员会的成员。

这次尼加拉瓜之行让我受到了深深的震动。我和其他"国外要人"一道，被介绍给周年纪念活动上聚集的数万名群众。我永远不会忘记，在那密密麻麻的巨大人群的最前排，是几十个坐在轮椅上的被截肢者——年轻的士兵，很多才十几岁，就这样在战争中失去了双腿，而这场战争正是由美国政府出资强加在他们头上的。

我在这次行程中见到了尼加拉瓜的总统丹尼尔·奥尔特加，以及

[①] 尼加拉瓜首都。

尼加拉瓜政府其他一些官员。我还同一些反对派人士见了面，包括杰米·查罗莫——名为《报纸》①的反对派报纸的主编。教父米格尔·德埃斯科托，时任尼加拉瓜的外交部部长。我是在马那瓜的一家小教堂里遇见他的，当时他正躺在床上，因为美国支持反抗军而绝食抗议。

  这次旅程还有一层特殊的意义，因为随我同行的是一位来自我们当地报纸，也是全州最大的报纸《伯灵顿自由新闻》的记者。这位名叫唐·梅尔文的记者平时负责的是市政厅新闻报道。他得知我要去尼加拉瓜后，便想方设法地说服了他的主编上司，让他们相信如果他的工作就是跟着市长跑的话，他这次就得随我一同去往尼加拉瓜。唐每晚都从尼加拉瓜发回一则新闻报道，次日就会登上报纸的头版头条。我们的关系始终只限于公事方面，因此我一直都不知道他究竟写了些什么，直到我回到伯灵顿。原来他相当出色地描述了所见所闻，他的那些文章有力地还击了企业媒体②信口编织的关于尼加拉瓜的许多谎言和歪曲说法。

  那次旅程中最为动人的经历发生在我来到那里的第一天。当天抵达马那瓜后不久，我们乘上一架小型飞机，前往大西洋沿岸小城卡贝萨斯港。在我离开伯灵顿之前，伯灵顿已经同意与卡贝萨斯港建立姐妹城市关系。我到那里去是为了与当地官员会晤，商讨具体细节。这个小城很大一部分人口都是米斯基托③印第安人，当时那里的人们刚刚得知一个消息：一些重返他们在里约可可河④沿岸老家的当地人被杀害了，被害者的尸体正在运回卡贝萨斯港的路上。

---

① 原文为西班牙语"La Prensa"。
② 指那些按资本主义规则运作的庞大新闻组织，其规则就是为投资者、股东和广告商谋取最大利益。
③ 居住在尼加拉瓜、洪都拉斯等地的中美洲印第安人。
④ 位于洪都拉斯南部、尼加拉瓜北部的一条河流，沿岸居住着米斯基托印第安人。

18个小时之前,唐和我还在伯灵顿共进早餐。而现在,还是同一天,我们却在尼加拉瓜某个位于大西洋沿岸的印第安村庄里,听着那些把亲人的尸体领回村里的人们的哀号恸哭声——这一天真是漫长得不可思议,给我留下了难以忘怀的记忆。

与卡贝萨斯港结成姐妹城市的计划深受欢迎,直到现在两个城市仍然保持着这一关系。这一计划催生出佛蒙特和尼加拉瓜人民之间的许多往来旅行,由此也衍生出不少友谊来。伯灵顿的人民为他们提供了大量的物资援助,包括医疗设备、学校设备和其他当地急需的东西。作为回报,我们得以了解了一个勇敢的民族,以及一种与我们截然不同的文化。

1988年5月28日,简和我结婚了。婚礼在伯灵顿北沙滩的一个滨水公园举行——不是那里还会是哪儿呢?现场来了许多人。

第二天,我们开始了安静而浪漫的蜜月之旅。我们去了苏联的雅罗斯拉夫尔,与另外十个伯灵顿人一起。此行目的是最终确定我们和那个城市的姐妹城市关系。相信我,这个蜜月过得挺不同寻常的。

如卡贝萨斯港计划一样,与雅罗斯拉夫尔的姐妹城市计划也相当成功。这两个计划各自获得了伯灵顿不同选民群体的支持。卡贝萨斯港那个计划吸引的主要是左翼活动家,他们从一开始就积极投入其中,因为他们支持桑地诺革命,反对美国干涉中美洲事务。雅罗斯拉夫尔计划则获得了基础更为广泛的支持,其中就包括伯灵顿市的许多商界人士。

1987年,列宁格勒青年合唱团在我市最大的场所——纪念大会堂奉上了一场美妙无比的音乐会。特别打动观众们的是看到从列宁格勒远道而来的年轻人,与来自佛蒙特州各地的高中生们站在一起表演。作为一项交换计划的一部分,许多苏联学生来到伯灵顿高中参观，我们在这期间也尽了地主之谊。

简和我在1989年去了古巴。我本来是想见见卡斯特罗的，然而未能如愿。但我还是见到了哈瓦那①的市长和其他一些官员。

伯灵顿之所以有自己的外交政策，是因为我们作为进步主义者，懂得所有人都生活在同一个世界里。我们懂得，正如发生在我们城市以外的行为会影响到我们一般，我们也可以影响全国乃至全世界的发展。如果尼加拉瓜的孩子们正因为美国的政策而饱受苦难，我们理应试图改变这种政策。如果美国的孩子们正因为联邦政府在军队上投入了过多的开支而忍饥挨饿，我们同样理应努力改变这一现状。

作为伯灵顿的市长和草根民主的身体力行者，我认为不管是地方的、州的，还是全国的抑或国际的议题，它们之间并没有明确的分界线。联邦政府削减教育支出怎么能不算是地方议题呢？它必然会影响到我们的公立学校。环境恶化怎么能不算是地方议题呢？它会影响到我们的饮用水质量和身体健康。战争与和平怎么能不算是地方议题呢？上阵作战、战死沙场的是我们当地的年轻人。归根结底，如果我们要复兴这个国家的民主体制，地方政府就必须扮演更加强有力、更加胸怀天下的角色。

现在回想起我当伯灵顿市长的那八年，心中便会涌起巨大的满足感。我们向世人证明了，善良的人们是可以联合起来，共同对抗势力强大的特殊利益团体，为社会改变而抗争并且成功的。我们向世人证明了，只要敞开市政厅的大门，并且准备好为普通百姓的利益而奋斗，他们自然会走进来与你一起奋斗。

但有一点需要加以澄清：我们成功背后的一个主要原因是，我们

---

① 古巴共和国的首都和最大城市。

是极其辛苦地工作着的。为了不被淘汰，我们不得不这样做。年复一年。没错，我们的运动中涌现出许多才思敏捷的人，给我们带来了不计其数的创意金点子。没错，我们推出的候选人讨人喜欢、善于表达，我们所招募的人当中很多成了相当出色的行政官员。然而除非你做好了走上街头、挨家挨户敲门，并且始终与选民保持联系的准备，你是不会成功的。

我们并未做成我们一开始立志要做的所有事，我们承认我们有过的一些失误。然而没有谁——哪怕是我们的死敌——能够指责我们是只会空想的激进主义者。我们在每一场竞选中做得都比对手好。可得记住，伯灵顿是年年选举的，每一次选举市政委员会的一半成员都要改选一次。工程浩大。

1983年，代表商界声音的市日报《伯灵顿自由新闻》号召民主党和共和党两党把全部力量集中在一位候选人上，以期击败我的连任竞选。可我还在这里，一年接着一年，告诉人们两个主要政党之间实际上并没有那么大的差别，在这点上，《伯灵顿自由新闻》是同意我的。

然而这两个政党并没有在1983年联合竞选。相反，它们各自选出了自己的候选人。佛蒙特州的众议院领袖朱迪·斯蒂凡尼代表民主党参选；地方教育委员会主席吉姆·吉尔森代表共和党参选。选举之夜，结果出来：桑德斯52%，斯蒂凡尼31%，吉尔森17%。同时，市政委员会的两名进步党成员也成功连任。

1979年，进步主义运动尚未活跃于伯灵顿之时，7000人参与了市长选举的投票。1981年，我初次当选那次，参与人数上升到了9300——增加了30%。1983年，我再次当选时，共有13320人投票，人数几乎比1979年翻了一番。伯灵顿市民看到了一个为他们争取利益的地方政府，于是许许多多的人都出来支持这个政府。在这场三足鼎立的角逐中，我在低收入和工薪阶层选区获得了将近70%的选票，我们的市政委员候选人也赢得了压倒性的胜利。

有意思的是，随着伯灵顿人越来越多地关注3月份的当地选举，他们在11月份全国选举中的投票率也大大提高了。1984年，有18129位伯灵顿人在总统选举中投票，比1980年增加了23%。在全国选举中，市民们一边倒地投给了民主党。

1985年，我参加第三任期竞选，主要对手是前佛蒙特副州长，民主党人布莱恩·伯恩斯。共和党候选人是市议会成员黛安·加拉格尔。那次选举中，我获得了55%的票数，伯恩斯是31%，加拉格尔是12%。

1987年，我宣布参加第四任期竞选，这一次我声明，如果获胜，这将是我最后两年任市长。那次选举中，民主党和共和党终于后知后觉地听取了《伯灵顿自由新闻》早在1983年就给他们提出的忠告。他们把希望放在一个候选人身上——市议会的民主党人保罗·拉斐特。无需多言，对付团结起来的两党孰非易事，何况保罗的竞选表现还相当不错。他是在民主党一次争议激烈的党团会议上被提名为候选人的，当时有接近1000人——这个出席人数相当庞大——参加了那次会议。民主党被逐出市长办公室已有六年之久，民主党人迫不及待地想要夺回市政厅。因此，当我们最终以54%：46%击败拉斐特时，喜悦之情不言而喻。

尽管当时的一场民调显示我仍然拥有相当高的支持率，而且也没有真正构成威胁的对手，但我还是在1989年4月离开了市政府。八年足矣。当月月底，我最后一次作为伯灵顿市长参加了市政委员会的会议。令我十分欣慰的是，这次会议的气氛比我第一次参加时和谐了许多。民主党、共和党和进步党共同送了我一张制作精美的报纸新闻拼贴画，记录了我在任期间的一些大事件。

同样令我十分欣慰的是，接替我出任市长的将是彼得·克拉维尔，进步党人。彼得在我的市政府工作多年，最近期的职务是经济发展办公室主管，工作相当出色。彼得击败了民主党和共和党共同支持的一位候选人，成为市长。我很放心地把伯灵顿市交给了他。

现在整个竞选筹资的局面真是丑恶透顶。过去，我曾经苦苦为竞选财政改革而斗争，希望能够限制在一次选举中花费的资金，并且强调公共资助和个人小额捐款在选举筹资中的地位。普通的美国人应当有机会赢得选举，获胜的不应仅仅是富人们和他们的代表者。如果能再度当选，我将加紧在这一方面的改革努力。

不无讽刺的是，苏珊·斯威策恰恰在筹资的问题上攻击我。她批评我没有列出每一笔200美元以下的捐款。（联邦选举委员会的法律规定只有金额大于等于200美元的捐款者才需要登记。）她还在新闻发布会和新闻稿上指出，我的很大一部分资助都来自佛蒙特州以外。这一招无非是想把我与全国性的左翼极端分子阴谋团体联系在一起。

多年来，佛蒙特的共和党人始终愤怒于我竟然能筹得资金且在竞选中表现强劲。他们和我一样都了解，如果没有充足的金钱资源，想要赢下一场竞选几乎等同于天方夜谭。1988年那次，如果我能拥有和我的共和党对手彼得·史密斯同样的财力，我很可能就赢了。1990年，尽管我们花费的资金还是比不过史密斯，但我们筹得的钱已足够发起一次强有力的竞选了——最后我们赢了。1992年和1994年，我在花费上没有再输给对手。

作为国会中唯一一位无党派人士，我在筹资上会遇到独特的阻碍，我的竞选团队不得不付出巨大的努力才能克服这些阻碍。不同于民主党或共和党人,我无法从某个政党那里获得任何资金。我也无法像民主党和共和党那样利用协同竞选获利。我的竞选没有来自政党组织的支持,它们会给竞选者提供人力、民调、宣传品以及各种杂务服务,代寄信件、提供选民名单,等等。此外,作为进步主义者,我一直坚决拒绝来自大亨利益集团的任何资助。在我的整个政治生涯中,我没有从任何一家公司的政治行动委员会那里拿过一分钱。(银行委员会的52个成员中,包括我在内,只有2人从未接受过与公司金融界有关的利益集团的政治行动委员会资金。)

更重要的是,绝大多数给我捐款的人都没有很多钱,无法大笔大笔地撒钱。一场又一场的竞选中,我从佛蒙特州获得的个人捐款笔数都比我的对手要多,但捐款总数额却比他们的少。我们平均单笔竞选捐款少于30美元,而共和党对手的平均单笔捐款数则会高出很多。比方说,斯威策就从全州一些最有钱的人手里收来了许多1000美元一张的支票,更不用说她在500美元一盘菜的筹资宴会上筹得的30000美元了,迪克·阿尔米也出席了那次宴会。

那么,我们以前是如何筹得资金,这次竞选中又该做些什么呢?很简单。我们发挥自己的长处。尽管我们平均单笔竞选捐款的金额有限,但我们却能从整个佛蒙特州乃至全国的中产阶层和工薪阶层那里获得无数笔捐款。这次竞选我们希望获得20000笔左右的个人捐款——多得不可思议。身为国会里唯一一位无党派人士和一位进步主义者,我在竞选中受惠于全国各个州的工薪阶层。如果共和党人觉得我为此感到羞赧,他们可以继续这么认为。我很自豪拥有这种支持。

向这么多人募集资金需要做大量的工作和记录。我们需要记下每一笔捐款,确保我们的银行存款准确无误。我们需要在竞选期间多次填写交给联邦选举委员会的报告,并且确保它们准确无误。在上两次竞选中，蒂内克、杰罗姆·拉塞尔和萨拉·博查德自愿承担了这些繁重的工作。他们做得相当出色。

然而我们在佛蒙特筹集的钱，永远都不可能和斯威策那样势力强大的共和党人相提并论。很简单的算数问题。假如有400个有钱人给她捐款，每人平均捐500美元，斯威策能在佛蒙特州筹得20万美元。我们从来没有筹到过这么多钱，将来也不可能。当你获得的平均捐款数额低于35美元，当几千位捐款者都是尽其所能地给你寄来10美元或20美元的支票时，你是不可能得到那样的巨额的。如果要像他们一样拿到20万美元，就得有6000笔平均为35美元的捐款，更不用说如果真的要从这么多地方募得巨资，相关成本和人力就得大大增加。

尽管我不会接受美国大公司的政治行动委员给的钱，但我却欣然接受来自那些努力谋求改善普通人生活的组织的政治行动委员的捐款。这些年来，我的竞选都收到了来自各种组织的政治行动委员会给予的资金支持，这些组织涉及劳工、环境、妇女、老年人、人权和儿童需求。这场竞选中依然延续了这一点。

大家对于竞选资金的相关问题普遍很无知，这实在令人沮丧。对手们因为我接受了政治行动委员会的钱而称我为"伪善者"。他们说，我怎么可以既拿着政治行动委员会的钱，又宣称自己为反对"特殊利益集团"而战呢？政治行动委员会本身不就是"特殊利益集团"吗？所有政治行动委员会的捐款不都一个样吗？某个政治行动委员会代表谁，有什么关系吗？

这类问题以令人作呕的频率一遍遍地出现在媒体上，反映出提问者缺乏对于金钱在政治中作用的理解。那么就让我开诚布公地说清楚吧。我不相信劳动者是一个特殊利益集团。我不相信忍饥挨饿的孩子是一个特殊利益集团。我不相信维护妇女支配自己身体的权利属于特殊利益。我也不相信保护环境属于特殊利益。

相信我。华盛顿的问题、美国政治的症结，不在于普通百姓拥有了过大的权力和影响力，不在于低收入家庭的孩子获得了过多的关注，不在于富人和大公司的需求受到了忽视。

那些才从逆境中挣扎出来的人们知道，问题在于代表这个国家最富裕阶层的集团能够决定性地影响立法过程，从而使公共政策反映的都是少数特权精英的利益，而非普罗大众的诉求。如果你连这一简单事实都不了解，那你对于美国政治的真正情况就是连最起码的认识都没有。

在这次竞选中，我的对手已经得到全国共和党给予她15.3万美元资助的许诺，这些钱将直接来自美国最富裕的一些人。目前她已经收到——并且毫无疑问将继续收到——许多数额庞大的捐款，它们来自美国最大的一些公司，以及代表几十亿美元公司利益的集团。她正从佛蒙特州最富裕的一些人手中获得大量资助。这次竞选一开头她就暗示说，她不想在允许花费的资金数额上受到限制。

最后结论。假如大众——包括媒体在内——无法理解一个大部分资助都来自代表劳动者和中产阶级的组织和个人的候选人，和一个大部分资助都来自有钱人和大公司的候选人之间有什么区别，那么他们对于国会的现状可谓知之甚少。我将尽己所能，阻止有钱人和公司利益集团收买这场选举。

第三章 前路漫漫

1986年，我作为无党派人士竞选州长。当时还是我任伯灵顿市长的第三届任期。我之所以参选，是因为州议会一再拒绝给予伯灵顿和其他社区改革它们递减式财产税体系的民主权利。我们投票支持选举，然而尽管州议会和州长表面上说着"放权于地方政府"，却拒绝准许我们修改城市章程和实施进步性的立法。他们直接宣布我们的改革措施无效。我们在伯灵顿证明了基层民主是行得通的。然而在州政府，他们却百般阻挠我们的努力，还试图扼杀我们的改革势头。

我参选州长还有一个原因，那就是我担心如果我们不能把范围扩大到单个城市之外的话，"伯灵顿革命"将会举步维艰。全州民众都认同进步主义政治，希望参与选举活动。我们需要新的动力，需要在佛蒙特州的乡村和城市区域之间建立起政治上的联系。

1984年，前民主党副州长玛德琳·库宁当选本州历史上第一位女州长，她在1986年寻求连任。现任副州长彼得·史密斯是共和党的候选人。库宁是一位自由主义者，在妇女议题和环境问题上态度强硬。然而我们两人有着严重的意见分歧，不仅仅是在"放权于地方政府"的议题和佛蒙特是否需要打破对财产税的依赖等问题上，还围绕着医疗、儿童保健、公共事业费、穷人的需求，以及让劳动者参与政治过程等等问题。总之，我就这样走上了竞选佛蒙特历史上第一位无党派州长的道路。这次竞选近乎以灾难告终，差点就毁掉了我的政治生涯。

我们最大的战略失误在于把竞选办公室的所在地从伯灵顿挪到了蒙彼利埃①，我们在那里固然也拥有强有力的支持基础，然而这些支持者大多缺乏经验。我当时希望实实在在地把我的市长工作和在竞选办公室的工作划分开来，并让新一批进步主义活动家担负起领导角色。我也希望借此让佛蒙特人感受到，我们的努力是在全州范围内进行的，而不仅仅是从伯灵顿的进步主义者圈子辐射出去的。

然而事与愿违。我们来自佛蒙特中部②的活动家们聪明、勤奋、敬业，但他们缺少组织竞选的日常经验。此外，更重要的是，与库宁的竞争困难重重。自由主义者愤怒于我竟然和一位女民主党人相争，一些环保主义者也是同样的态度。

竞选进行到一半时，我们资金断绝，在民调上也毫无起色，在这种情况下我们的竞选经理辞职了。不管是支持者中还是媒体领域都弥漫着一种越来越强烈的感觉，那就是我应当也必将会退出选举。那真是我整个政治生涯中的最低点。何去何从呢？

我并没有退出选举。在经历了深刻反思和多方面筹划之后，剩下的竞选班子费力地迁回了伯灵顿，重新组织起来。这场竞选的工作重新回到了从前几次市长竞选起就与我共事的人手中。

简和我乘飞机去了加利福尼亚，我在洛杉矶和旧金山发表演说。

---

① 佛蒙特州首府。
② 蒙彼利埃位于佛蒙特州中部。

在谢莉、利奥·弗鲁姆金夫妇和彼得·卡梅霍等人的多方帮助下，我们筹到了6000美元。不算很多钱，但却是及时雨。我们在佛蒙特的筹资也逐渐有了起色。

一些曾经与我在市政厅共事的人决定利用业余时间帮我一把。我一周40个小时待在市政厅，40个小时忙于竞选。漫长的一周。简、市财政专员乔纳森·利奥波德和苏·特雷纳以及其他几人率先全身心投入竞选当中。与他们一起工作的还有杰夫·韦弗，这位来自佛蒙特的圣奥尔本斯小镇①的年轻人因为抗议种族歧视而被波士顿大学勒令退学。接下来八年中的大部分时间里，杰夫都将与我共事。

我们的竞选慢慢重现希望。我参加了不少论辩，有些是电视上的，发挥得很不错。我们举行了气氛热烈的集会。尽管在民调中我远远落后于另外两人——按照一般观点，这种情况下第三党候选人通常会自行退出——但我们始终鼓足干劲，直到选举日那天。

库宁获得了48%的选票，史密斯是37%，我则是14.5%。我们输得很惨，但是如果讲实话，我们当时的感觉并不赖。我们提出了应当关注的议题，赢得了全州各地许多工薪阶层人们的支持，还从濒临政治生命终结的困境中起死回生。本来很可能会败得更惨。

1988年，参议院罗伯特·斯塔福德在任职16年之后退休，共和党众议员吉姆（詹姆斯）·杰福兹竞选这一空缺席位。佛蒙特州在美国众议院的唯一一个席位空了出来，我决定争取到它。1986年在与库宁对阵的州长角逐中位居第二的彼得·史密斯是共和党的候选人，保罗·波里尔在赢下一场难分上下的三方初选之后代表民主党参选。

在许多方面，这场国会竞选对我在全州范围内的政治生涯而言都

---

① 位于佛蒙特州富兰克林县的一个小镇。

是一个转折点。竞选刚开始时，我是作为一个"拆台者"参与的。（哦，我真喜欢这个词，尽管它暗示着两党制的神圣不可动摇性。）我从民主党那里拿走的选票会不会恰好使共和党渔翁得利？然而就在选举日前夕，发生了一件趣事。我压根就不是拆台者。民主党才是。

回过头来看，1988年的那场竞选真是挺有趣的。史密斯是一位温和的共和党人，他因为推动创立了佛蒙特州的社区大学系统而受到赞誉。波里尔是佛蒙特众议院的多数党领袖，是一位温和偏自由派的民主党人。他以前是一位教师，被公认为是正派且脚踏实地的人。还有就是我。

佛蒙特是个小州，史密斯、波里尔和我互相之间都十分了解。事实上，我们还都很喜欢彼此。那场选举正是佛蒙特政治应该有的样子。我们三人在政见上有鲜明的分歧，但我们的竞选是讲究风度、紧扣议题的。论辩时都是很有礼貌的，没有负面广告，没有要"毁掉"另一个人的欲望。各位，不觉得这种风气是久远之事了吗？

那年秋天，哈里·里森纳和《60分钟》节目组来到佛蒙特，为我和这次竞选拍摄专题。他们听说有一位无党派人士，还是一位民主社会主义者，竟然有望赢得国会选举。这期节目拍得很好。他们在这里期间，我举行了有关佛蒙特中部一个农场的农业议题的新闻发布会。作为全州最重要纸媒组织的美联社没有出席——这逐渐成为他们的惯例。

当你是一个和媒体打交道的政客时，日子一定不会好过。如果媒体歪曲你的形象，你很难声讨正义。能向谁吐苦水呢？摄像机是他们的。新闻也是他们印发的。你能对此做些什么呢？

终于，我得此机会声讨正义，这也是我一生中唯一的一次。《60分钟》节目组围着我打转，我终于可以把美联社的所作所为公之于众了。我作为政客的愿望实现了。

"来吧伙计们,"我告诉同事们,"我们这就去拜访美联社,跟他们聊聊什么是公平的新闻报道。"10分钟之后,我就走在了蒙彼利埃的美联社办公室的楼梯上,后面跟着《60分钟》节目组的摄像机和麦克风。这一次我变成了发问的人。"好吧,你们为什么从来不报道我的新闻发布会呢?你们有时间报道共和党,有时间报道民主党,为什么就没时间报道无党派呢?"这些话美联社在此之前也都听过,只是这次面对的是《60分钟》的摄像机,美联社不得不处于守势。真是妙不可言。

那天下午我大呼过瘾。当然,后来我还是遭到了报复。你永远不可能打败媒体的。在我1990年当选国会议员之后,美联社的社长亲自前往华盛顿做了一个历时长久的系列报道,讨论我是否适合当众议员。猜猜他最后得出了什么结论?

但这一切都结束了,已是覆水难收,不值得耿耿于怀。美联社和我如今成了朋友,我们之间现在是真正的职业上的关系。是吗?是吗?你好。你好。

尽管史密斯在竞选花费上远远超过了我,但我们竞选团队的筹资工作已经做得相当出色。遗憾的是,我们在选举日前一周用完了选举资金,不得不把我们的电视广告撤下来。简和我讨论了之后,来到银行,把我们的全部积蓄——10000美元拿了出来,交给电视台。

选举日前一天晚上,我在州首府蒙彼利埃偶遇史密斯,当时我们都在那里为竞选拉票。我们拥抱了彼此,祝贺对方在竞选中表现良好。选举日当晚,我们的心情可谓起伏跌宕,如坐过山车一般。结果首先从伯灵顿和附近小镇传来,这一片是我的常胜之地。我们领先了十个百分点。接着,随着夜渐深,我们的领先优势降至五个点。接着是难分伯仲。最后,落后三个点。然后就停在了这个结果上,时间一小时一小时地过去。三个点。凌晨1点,我给史密斯打了电话,承认败选。最终结果:史密斯是41%,桑德斯38%,波里尔19%。我永远不会再被称作"拆台者"了。

无需赘言,《60分钟》并没有播出关于伯尼·桑德斯的简介。这就是美国。胜者为王。谁想要看到关于一个差一点成了众议员的人的报道呢?

撇开我自己的竞选不说,1988年对我的政治生涯而言也是相当有意思的一年,因为我成了一位民主党人——尽管只是一夜限定。也是在这一年,杰西·杰克逊①发起了一场激动人心且颇具战略重要性的战斗,角逐民主党的总统候选人之位。在佛蒙特的进步主义运动内部,关于我们应该在杰克逊的斗争中扮演什么角色,也有着不同的意见。尽管几乎人人都觉得他的这一竞选很了不起,但有些进步主义者认为我们不该插手此事,因为杰克逊是在民主党内发起竞选。另一方面,佛蒙特几位坚定的进步主义者,例如艾伦·大卫·弗里德曼、丽兹·布鲁姆、克里斯·伍德和其他几人共同开启了彩虹联盟②运动的佛蒙特篇章,通过他们的辛勤努力,有效推动了杰克逊的事业。在经历了好一番论辩之后,伯灵顿进步主义联盟决定支持杰克逊。

彩虹联盟为杰克逊在全州范围内赢得了重要支持。在佛蒙特中部,他们为他在蒙彼利埃的露面召集了一大群人。伯灵顿和齐坦丹县镇的进步主义者们也全力推动,我更是在杰克逊来到伯灵顿时与他一

---

① 杰西·杰克逊(1941—),美国民权活动家、浸礼会牧师、政治家。他在1984年和1988年两度竞选民主党总统候选人资格,是"彩虹/PUSH"组织的创始人。
② 全国彩虹联盟,后与"PUSH"(People United to Save Humanity,即"联合人民拯救人性")合并为"彩虹/PUSH"组织,均由杰西·杰克逊创立,组织追求社会正义、民权和政治行动主义。

同为竞选拉票。在那个佛蒙特民主党选举会议举行的晚上——这个会议是没有约束性的，全州每个城镇都同时举行——我第一次也是最后一次参加了民主党内的正式会议。（当时在佛蒙特，初选过程是完全开放的，谁都可以暂时从属于某个政党。）我和其他许多进步主义者一起，出席了在伯灵顿举行的民主党党内选举会议。

我作为伯灵顿市长为杰克逊的提名致辞。同样住在伯灵顿市的州长玛德琳·库宁为杜卡基斯的提名致辞。因为进步党取代民主党成了伯灵顿的第一大党，并非在场的所有人都热情欢迎我的出席。事实上，好些老派的民主党人在我发表演说时站起来背过身去，默示抗议。当我走回自己的座位时，观众席中有个女人上来甩了我一个耳光。真是激动人心的夜晚。顺便说一句，杰克逊以压倒性优势赢下了伯灵顿的党内选举会议。他也赢下了全州。

1989年春天，我担任伯灵顿市长的任期结束了。我没了工作，于是开始找一份新工作。与某些前官员不同，我并没有收到许多名校伸出的橄榄枝。事实上，我压根没有收到任何工作邀请。看起来，我的特殊技能并不是很有市场。我有点着慌，只好给美国的每一所大学都写了求职信，希望获得演讲方面的工作，或是一份教职。我还幻想着成为一位同时在多家报刊上发表文章的专栏作家。

1989年秋天，我开始在哈佛大学肯尼迪政府学院的政策研究所任教。他们开设了一个很不错的项目，让现实生活中的真实政客（不少都是在上一次竞选中落败的人）走进校园，让学生们感受现实中的政治。我教的是第三党政治，来听课的学生很多。简也在肯尼迪学院教书，我们的两个孩子，卡瑞娜和大卫，都在当地的公立学校上学。那个秋天，我踢足球的次数比之前20年的总和还多，我还迷上了开在哈佛广场的"好面包"①店里的肉桂葡萄干小圆面包。我知道许多保守派人士为哈佛而担忧。他们把它视为进步主义思想的堡垒，以及进步主义革命的智囊团。相信我，他们大可不必担心。哈佛大学有许多引人赞叹的优点，但革命并不会从那里开始。

次年春天，我去了纽约州克林顿市的汉密尔顿学院。那里的社会学教授丹尼斯·吉尔伯特安排我在他的系里教一学期。我教一门政治学和一门城市议题。丹尼斯由此成了我非常好的朋友，至今仍是我们政治家庭中的一分子。我另外还通过纽约州立大学的宾厄姆顿分校的一个卫星站教授成人课程。

1990年5月，我不得不对自己的未来做出决定。我有三个选择。第一就是几乎任何一个神志健全的人类都会选择的做法——离开政坛。在过去的二十年里，我有八年都在当市长，期间参与了十次我的名字出现在选票纸上的选举，并且在另外的五六场选举中积极奔走。是时候让佛蒙特民众、我自己和我的家庭休息一下了——我可以重操旧业，制作激进派教育录像，这是我在当选市长前乐此不疲的事业。制作录像、唱片和磁带的想法对我很有吸引力。我喜欢这个工作，它很可能也会给我带来一份不错的收入。我也可以教书、做演讲、写书——与我的妻子和四个孩子共度美好时光。总而言之，这一选择实在是非常诱人。

我的第二个选择是竞选州长。1990年，库宁州长决定不再寻求第四任期。前州长理查德·斯内林成了头号候选人，一些民主党人也考虑参与竞选。在进步主义运动内部，人们很有兴趣让我角逐州长之位。现实是不管是当时还是现在，人们对于发生在州层面的政界大

---

① Au Bon Pain，一家经营咖啡、面包的连锁快餐店。

事的兴趣，都要远远超过发生在那个叫作华盛顿特区的遥远地方的事情。一场"桑德斯当州长"的竞选活动，势必极大地激励人心，从而将进步主义联盟的不同小组聚集起来，大大提高全州的政治自觉性，还很有可能最终在三方竞选中获胜。这一选择是我和其他进步主义者所慎重考虑的。

竞选州长的消极面在于，用约吉·贝拉[①]的话来说，就是再一次地感受昨日重现。如果掌权集团在我当市长时就已经如失控般地针对我，那么要是我当了州长，对他们的利害影响自然更大，到时候他们会做什么呢？毫无疑问，我们会面对巨大的政治和经济上的反对力量，我们当中有些人怀疑，我们在整个州拥有的政治结构与力量，是否足以对抗这样的攻势。

如果我赢得选举，我们可以想见，控制立法的民主党和共和党人必然会全力反对我所提出的各种进步主义提议。我有可能在我们的关键立法议题上获得稍微多一点的赞成票吗？

还有来自大亨利益集团的巨大阻力。如果我们要求富人和佛蒙特的大公司缴纳公平税额的话，他们有些会不会干脆离开佛蒙特，把佛蒙特的工人们丢到街上不管了呢？我们为建立覆盖所有佛蒙特人的全州健康保险计划而奋斗，但是保险公司和医疗体系会不会阻挠我们的努力，削减医疗服务呢？华尔街会不会降低我们的债券评级，从而让我们陷入金融危机之中呢？我们能不能通过保守派的媒体喉舌传播我们的观点呢？最重要的，我们所拥有的政治组织强大到能够保持支持者的士气和奋斗状态了吗？我们能不能长久坚持住，还是他们在两年后就会把我们赶走呢？

[①] 约吉·贝拉（1925—2015），前纽约洋基传奇巨星，10次助洋基赢得世界大赛冠军。

还有一个实际的考量：我不太可能在一场三方角逐中拿下50%的选票。而佛蒙特州的宪法规定，如果没有候选人获得超过50%的选票，则由州议会来选出州长。虽说如果州议会没有让得票最多的候选人当选的话肯定会闹得争议纷纷，但这仍然是可能发生的。州议会的很多共和党和民主党人永远都不会把票投给伯尼·桑德斯。

我的第三个也是最后一个选择是与彼得·史密斯竞争议员之位，再一次。尽管要打败一位在任者殊非易事，但我在上一次竞选中仅以3.5%之差遗憾败北。考虑到民主党在1988年那次位列第三且远远落后，不太可能会有强劲的民主党对手参与这次竞选。这样我就有可能拿走波里尔此前得到的那份19%。此外，现在愈演愈烈的存贷危机——这一危机到头来会耗掉纳税人数千亿美元——已经揭示了国会两党在多大程度上代表富人特殊利益团体的利益，同时也证明了我多年来说的都是对的。

我应该竞选州长吗？还是应该竞选国会议员呢？在与全州上下的进步主义者反复商讨之后，同时也伴随着媒体的诸多猜测，我最终决定再次出击，与史密斯对决。

如果说1988年那场国会选举是友好、积极且紧扣议题的，那么1990年的那场则是恰恰相反。那是佛蒙特历史上最为艰难的竞选之一。一点都不好玩。

然而有几个对我有利的关键点。首先，史密斯投票赞成1990年的"预算协调法案"，法案提议大幅度削减医疗保险支出。当时他不得不做出艰难的抉择，而他最后的选择是错误的。我强烈反对这一法案，它在佛蒙特也很不受欢迎。原本，佛蒙特的老年选民不是坚定地支持共和党，就是坚定地支持民主党，并不一定待见一位激进主义的无党派人士。然而在史密斯投票给那个法案之后，我在老年人中的支持率开始上升。

其次，1990那年的国会会议旷日持久，没完没了。史密斯在整场选举期间的大部分时间都被困在华盛顿，然而我却不用再像1988年那次一样，肩负同时身为市长和候选人的双重责任，我可以所有时间都待在佛蒙特为竞选拉票。我不用再把一半的时间花在治理城市上了。这一点是显而易见的优势，我因此能够遍访全州，接触选民。

再次，全国步枪协会如今和史密斯反目成仇。1988年全国步枪协会对史密斯和波里尔都持支持态度，唯独反对我一人。在那次竞选中我相当清楚地表明，尽管我反对《布雷迪法案》①（因为我认为枪支等待期这个问题可以在州层面上解决），但我赞成禁止某些攻击性武器，对于这些武器的禁止显然属于全国性议题。而史密斯和波里尔两人的立场却都和全国步枪协会一样，反对枪支管控。

任职几个月后，史密斯突然宣布他现在转而赞成禁止攻击性武器。全国步枪协会以及佛蒙特运动界的其他一些团体对于他的这一大转变十分愤怒，感觉遭到了背叛，于是决意要让他下台。尽管全国步枪协会从未支持过我，也没有给过我一分钱的赞助，但他们在1988年反对史密斯的活动无疑帮助了我的竞选（我还应该加上一句：1992、1994和1996年，全国步枪协会都是全力反对我的）。

第四，正如我所预料的，没有强劲的民主党对手参加竞选。只有佛蒙特大学的一位教授多洛蕾斯·桑多瓦尔发起了势单力薄的竞选，民主党内给她的支持也是寥寥。

第五，许多佛蒙特人认为史密斯对布什总统态度无礼、背信弃义，后者曾经亲自飞到佛蒙特来力挺他。那一次，在伯灵顿一场盛大

---

① 于1993年11月30日生效，该法案从联邦层面对美国的枪支购买作了限制，要求公民在购买枪支前需等待五天。

的民主党筹资活动上，史密斯当着站在他边上的总统的面，宣布自己不同意布什的观点，而是支持对富人加重税收。在佛蒙特，人人都知道这从第一天起就是我所持的立场，因此很多共和党人觉得史密斯这样说是在投机取巧，认为他不应该让布什难堪，毕竟他是多年来第一位亲自来到佛蒙特的在任总统。共和党对史密斯的支持也开始变得不冷不热起来。

最后，佛蒙特和整个美国的政治气候都在悄然转变。20世纪80年代的过剩问题日益突出，而且不仅仅体现在存贷危机上。富人越来越富，中产阶级日益萎缩，新创造出来的工作岗位都是低收入的，佛蒙特人对目前的政治现状越来越不满。尝试打破两党制的想法逐渐变得诱人起来。在这一背景下，我作为无党派候选人也开始有了吸引力。

整场竞选中，民调显示的结果始终旗鼓相当，史密斯以微弱优势领先，然而在史密斯投票赞成预算法案和医保预算削减之后，势头转向了我们这里。选举日前几周，我们的支持率上升了四至六个百分点。史密斯乱了阵脚，然后犯下了他在此次竞选中的头号失误：他听信华盛顿顾问的话，推出了佛蒙特人所见过的最为负面的几则电视广告。其中一则广告中，他对我说过的一句话断章取义，称我在听约翰·F. 肯尼迪的就职演说时感到"内心作呕"。还有一则广告把我和菲德尔·卡斯特罗相提并论，分别放在屏幕左右两侧。

选举前一周，已经迅速成长为民调专家的丹尼斯·吉尔伯特轻车熟路地组织了一场快速的跟踪式民调。我们没有"复杂的套路"，也没有善于钻营者在华盛顿帮我们搞民调，所以能够立刻把调查信息制成表格。事实上，丹尼斯和我两人在从免费为我们服务的电话银行那边获得了原始数据之后，在我的车里亲自计算了一部分结果。民调证实了我们在街头巷尾感受到的民情是正确的：史密斯的广告适得其反，我们成了大赢家。佛蒙特民众的确不喜欢龌龊的负面广告。

我们势不可当，这点显而易见。无论走到哪儿，迎接我的都是热烈拥来的支持。当我走在街上时，人们会按响喇叭，从车里探出身子喊道："给他们点颜色看看，伯尼！""让他们尝尝厉害！"我们的办公室经理海斯特·麦金尼不停应答着从全州各地打来的支持电话。我们的竞选口号是"在佛蒙特创造历史"。这正是我们将要做的——所有人都知道。

选举之夜气氛愉悦。电视台报道着我们在一个又一个州的胜利，此时我脑海中浮现的是两年前那次，我们在一开始领先然而最后惨败的情景。我最害怕的事情就是开了庆功会，以为胜券在握，然而最终输了。所以我选择和家人和一些亲近的朋友一起，待在家里等待漫漫长夜过去。

但1990年毕竟不是1988年的重演。我们在整个州的支持率高得惊人，赢下了14个县当中的13个。最后的结果是桑德斯56%，史密斯40%，桑多瓦尔3%。当我们最终走去庆功时，已有1000多人等在了纪念大会堂的底层，把那儿挤得水泄不通。现场一片混乱。我好不容易才挤到了讲台那里。

我难以描状当时的感受。我们一路走来，经历了难以想象的考验。如此多了不起的人，从佛蒙特州的四面八方聚集过来，他们的共同努力使我们的胜利成为可能。回首20年前，我初出茅庐，竞选州议员之位，仅仅获得了2%的选票。现在当我走上讲台准备发表胜利演说时，我已经当选了来自佛蒙特州的众议员，成为40年来首位进入国会的无党派人士。一时几乎觉得不可思议。

所有人都精疲力竭，然而胜利带来的兴奋劲儿使我们接连许多天都如在云端。我们需要拜访全州各地的许许多多人,向他们表示感谢,还要打成千上万个电话。全国各地的各家电台、电视台和报纸都要来采访我。我成了名符其实的新鲜人物:整个国会中唯一一位无党派人士,还是一位社会主义者。不管"社会主义者"这一说法对于媒体而言意味着什么,至少肯定是新鲜稀奇、与众不同的。一时间,我登上了媒体的名利天堂,上了好几个脱口秀节目,其中一个就是泰德·科佩尔的《夜线》。刚刚当选参议员的保罗·威尔逊,以及国会中首位黑人共和党议员加里·弗兰克斯当晚也在。我是在伯灵顿的美国广播公司分部录制这个节目的,这也是我第一次盯着什么都没有的摄像机回答问题。这种感觉让人挺不自在的。不久之后,我又来到了拉里·金的电台节目现场。金和我回忆起了布鲁克林,我们俩都是在那里长大的。

不管是无党派还是右翼共和党人,作为国会新人我都得立即开始处理日常琐事。我直奔华盛顿,投入到新的工作中。首先,我得熟悉一下一位国会议员的年度预算——大约87.7万美元,以及如何将这些资金分配到人员、邮寄品、办公室一般开支等项目上的法定方针。我要和其他新议员一起,通过从一个箱子里抽出一个数字来决定去某个众议院办公大楼的某间办公室工作——包括雷伯恩大楼、坎农大楼或是朗沃斯大楼。我抽到的是坎农大楼第五层的办公室。巧的是,几十年前,一位来自加利福尼亚的年轻的激进派众议员理查德·尼克松也曾在这间办公室工作。只是不知道他把当年那些录音磁带藏在哪里了。

每次要投票前15分钟,各个大楼里就会响起铃声,然后就是乘电梯下去,穿过大厅,最后还要穿过街道来到国会大厦。碰上要投好几次票的一天,光是从办公室到国会大厦的来回路程就要花上一个钟头。倒也有助于保持体形。条件最好的办公室(在雷伯恩大楼)是离国会大厦最近的。无需赘言，新人们肯定是不会被分到那里的。

下一轮事务是组织选区的国会办公室，同时还要组建起一支有能力的人员团队，安装电话，摸索出在这些贵得离谱的电脑系统当中哪一个最符合我的要求，以及向总行政服务部门申请配置家具（我们继承了彼得·史密斯留下的一些旧桌子）。伯灵顿是佛蒙特州最大的城市，我决定将主要的选区办公室设在那里。但是我在竞选期间曾经许诺本宁顿的人们，一旦当选也会在那里设立办公室——本宁顿位于州的最南端，那里的人总觉得佛蒙特政府不把他们当一回事。于是我们说到做到。

除非你是一个地地道道的政治狂人，想要连晚上睡觉都在办公室里，以此作为某种奇怪的政治宣言（1995年有几位共和党新人就是这么干的），你总得有个住的地方。简和我想住在国会山，这样就能走着去上班了。我们找到一套离办公室五个街区的公寓，结果那个太大也太贵了。后来我们租了一套离办公室只隔了一个街区的经济型小公寓。

既然当上了众议员，我就得定下未来两年的目标，决定我实际能够做成哪些事。这个议程设定中的重要一环就是正确选择加入哪几个委员会。这其中涉及大量的政治伎俩。

同时顾全所有这些事情，对于任何一位众议员来说都是难事。但是导致难上加难的情况是，你背后没有政党组织的支持，而且你还是你那个州唯一一位代表（佛蒙特、阿拉斯加、特拉华、蒙大纳、北达科他、南达科他和怀俄明是七个在众议院中只有一名代表的州）。佛蒙特的资深参议员帕特里克·莱希好心地让我在过渡时期使用他的办公室，于是我便开始着手对付眼下这些事了。

简成了我的"特别助手"（尽管是没有报酬的），杰夫·韦弗依次为几位员工领头人做入职指导，浏览筛选几百份简历，还要对通过初选的求职者进行面试。有一位名叫乔治·斯特凡诺波洛斯①，当时还是迪克·格普哈特②的助手，他告诉我们不少在国会工作的门道，对我们帮助良多。之后他成长为政界之星。

为了领导华盛顿的办公室，我请来了道格·鲍彻，他之前是大学讲师，著有环境方面的书，在外交政策和拉丁美洲议题上知识极为渊博。国会山的政界宿将卢珊·维尔曼出任我们的办公室经理，约翰·弗兰科和杰夫·韦弗负责立法方面的工作。一位相当出色的名叫凯蒂·克拉克的年轻女性负责电话事务，然后没过几年她就成了我们的立法部门主管。曾多次为杰西·杰克逊的竞选活动效劳的卡罗琳·卡兹丁主管经济议题以及我们与工会组织的关系。

至于佛蒙特那个办公室的人员团队，我聘请"农村佛蒙特"③组织的创始人和主管人安东尼·波利那出任地区主管。当务之急是挽救佛蒙特数量不断缩减的家庭乳牛场，而安东尼无疑是农业议题方面最为博识的专家之一。他在环境问题上懂得也很多。这次竞选的管理者之一蕾切尔·莱文出任我们的办公室经理。（20年前，蕾切尔的母亲露丝曾是自由联盟党的成员，我还记得蕾切尔一两岁时的模样。）多年来一直活跃于伯灵顿市政府的吉姆·舒马赫在这次竞选中非常出色地担任了现场主管，现在成了我们的济贫工作主管。丽兹·吉布斯-威斯特则负责行程安排和一般性办公室事务管理。

在佛蒙特，我们组建了一个颇具实力的办公室，工作的重中之重

---

① 美国记者、政客，1993—1996年担任克林顿总统的资深顾问。
② 民主党人，1977—2005年担任来自密苏里州的美国众议员，1989—1995年担任众议院多数党领袖，1995—2003年担任众议院少数党领袖。
③ 创立于1985年的佛蒙特地方组织，旨在实现自给自足、建立在对土地的敬畏之上的地方食物体系，支撑和形成充满活力的健康的农村经济和农村社区。

放在了为选民提供服务上。无论我和我的团队或将实现如何高远的目标，我都希望佛蒙特的老年人、退伍老兵和劳动者们明白，如果他们在取得联邦政府理应给予他们的权益时遇到了困难，我们的办公室都会为他们排忧解难。尽管选民服务算不上引人兴趣的议题，我们办公室却始终兢兢业业地对待这一问题，我们每年都会回应数千位选民的关切。多年为贫困人群担任律师的丽莎·巴蕾特，为组织佛蒙特的这一办公室做出了了不起的工作。近年来，大卫·温斯坦的工作表现也相当出色。

一开始，我打算打破国会先例，不聘用任何媒体秘书。我为什么要付钱让某人替我跟记者说话呢？这是在浪费纳税人的钱来满足个人的虚荣心。我自己来做就行。错矣！六个月后，我聘用了德比·布克钦，他之前是《拉特兰先锋报》的撰稿人。后来，原先在佛蒙特北部做电台工作的蒂娜·维塞尔替代了德比，与我共事了好几年。

12月的时候，简和我从一个朋友那里借了点钱（我们当时真是一点钱都没有了），去墨西哥旅行了一个星期。远离了政治纷扰，我终于能够静静思考一下，我的办公室究竟该把工作重点放在什么上面，以及我们怎样才能做到最有效率。

我初来华盛顿的那几周里，一个美妙的惊喜是那里的进步主义者群体为我热烈举行了一场"欢迎来华盛顿"的聚会。这场聚会上，杰西·杰克逊和拉尔夫·纳德担任主要讲话人，大约500人拥入东部市场参加聚会。显而易见，这些参与者中许多人都不仅仅把我视作来自佛蒙特的众议员。在全国各地，对于传统政治和两党制体系的不满之声日益高涨，这次的聚会人数之多正反映了这点。

直到近期，众议院的领导者们都会为新上任者举办一次代表两党的介绍课程，地点一般是在哈佛。课程目的在于向新人们提供有关国会运作的标准化信息，以及来自经济、社会议题和外交政策领域的顶级智囊的专业观点。尽管我们应当在某些时候、某些地点倾听针锋相对的不同意见，然而介绍课程却并非这样的场合。我个人曾经在课上听到某些受雇于里根政府的知名学者的观点，令我十分反感。我来国会不是为了聆听供给经济学的优点的。其他成员尽管政见不一，但也都和我一样对此不以为然。具有讽刺意味的是，最终竟是纽特·金里奇在1994年暂停了这一两党介绍课程。他做得很对。

不过，介绍课程的确让我对于国会议员的身份有了初次感受。从安德鲁斯空军基地乘军用飞机前往波士顿，由军队运送我的行李，下飞机后去酒店的路上由当地警车护送我们的大巴，警车上的灯一闪一闪。这种经历让我多少有点飘飘然。

虽然介绍课程中的专家讲话让我收获甚少（除了其中少数几个论点），但借此机会我得以与我们这期学员（第102届国会新成员）结下了友谊，包括尼尔·阿伯克龙比（夏威夷）、玛克辛·沃特斯（加利福尼亚）、彼得·彼得逊（佛罗里达）、吉姆·巴克斯（佛罗里达）、比尔·杰佛逊（路易斯安那）、罗莎·德劳罗（康涅狄格）、切特·爱德华兹（得克萨斯）、吉姆·莫兰（弗吉尼亚）、巴德·克莱默（亚拉巴马）、蒂姆·罗默（印第安纳）、埃莉诺·霍姆斯·诺顿（华盛顿）、科林·彼得逊（明尼苏达）和约翰·考克斯（伊利诺斯）。尽管我与大多数议员朋友的友情——无论是当时还是现在——都是基于共同的政见，但我也逐渐喜欢上了一些与我在政治立场上鲜少有共同之处的成员。

作为介绍课程的一部分，新人们获邀来到白宫，与布什总统及夫人、副总统奎尔及夫人见面。总统和夫人对我和简都很亲切友好，他们对于我的胜利故事似乎早有耳闻。简与布什夫人交谈良久，后者说了句话，大意为"哦，你丈夫击败了那个对总统无礼的人"。想想啊。另一方面，丹·奎尔和玛里琳·奎尔却打定主意不示友好。还有——或许你会想知道——宴会的食物糟透了。

　　这段时间我考虑最多的就是将会被安排到哪几个委员会，以及我的资历问题。我是40年以来的第一位无党派议员。他们会怎么对待我呢？分到哪个委员会是根据党派来安排的，但我不属于任何一个政党。会有哪怕一个委员要我吗？在国会，你工作的年数越多，你在委员会权力结构中的位置就越高。我能够在连任后往上爬吗？还是永远都只能待在等级阶梯的最低端——说到底，是不是永远不可能成为主席，或是取得高位呢？

　　在竞选的时候，我曾经公开声明会谋求进入民主党党团，但仍然保持无党派的身份。我和一些党团领导人说过这个想法，他们对此并非不为所动。遗憾的是，不是所有民主党人都同意我这样做。来自得克萨斯的查理·斯登霍姆带头反对，他是偏保守的"蓝狗"①民主党团体的领袖。他认为接纳一个社会主义者进党团会引起家乡选区人民的不满。

　　斯登霍姆开始散发一份文件，上面记录了我对民主党不太客气的一些评论。说实话，我对于他所做的研究质量很是惊讶（这是我第一次接触到律商联讯②）——引用的话都是准确无误的。这些年来，我一直都在不遗余力地批评民主党，批评他们在维护美国工人家庭利益的斗争上始终不冷不热。虽然党内的开明人士愿意支持我进入党团，保守派却拒不让步。在这个节骨眼上，我同民主党发言人汤姆·福利

---
① 即"蓝狗联盟"，成立于1994年的第104届国会，是由美国国会中偏保守的民主党人组成的党团。
② 一个法律、法规、税务和商业资讯服务商，创立于1977年，总部设于美国俄亥俄州。

和多数党领袖迪克·格普哈特商量后决定采取折中办法，直到今日仍是这样：我不加入民主党党团，但是在委员会分配和资历问题上，我将被当作民主党人对待，作为这一届新人中的最低层次成员。

新人们有权选取一个"主要"和"次要"的委员会。我选择了银行和社区发展委员会（相当主要）以及政府运作委员会。我之所以这样选择，是因为这两个委员会的主席都是进步主义民主党人，更重要的是，这两个委员会的管辖领域和我的关注点恰好是重合的。存贷危机是我在竞选演说中重点强调的议题：我认为不应该让工人群众为政府对企业的救助买单，立法机构应当通过保护他们的法律。此外，作为前任市长，我还关心经济适用房的建设、社区发展计划的维系，以及其他城镇进步主义行动的发展。所有这些都属于银行委员会的管辖领域，这一委员会的主席亨利·冈萨雷斯也是国会中立场最坚定的进步主义者之一。

政府运作委员会负责监督联邦政府的所有部门和机构。它有权判定一个部门或机构是否未充分尽职及其原因。它还拥有广泛的调查职权。时任政府运作委员会主席的是来自密歇根的约翰·科尼尔斯，我在做伯灵顿市长时曾经和他同台演讲。我十分敬重长久以来都作为进步主义者活动着的约翰，很期待未来与他共事。

大多数美国人都不知道国会成员的座次安排。我在来之前也不知道。在参议院，每位议员都有自己的一张桌子，共和党人和民主党人分坐房间两边。我以为众议院也是这样的，还在想他们是不是得为我新设一块区域。然而众议院议员是没有固定座位的，我们想坐哪儿就坐哪儿。通常来说，民主党会对着发言人的座位坐在左边，共和党则坐在右边。我有时和来自伊利诺斯的那帮议员一起坐在民主党这边。

民主党和共和党各自有一个"衣帽间"，就在议员席边上。我用的是民主党那个。你可以在里面打电话，塞下一个三明治，看会儿电视，还可以在凌晨2点，睡意席卷而又不想走回办公室睡觉的时候倒到躺椅上睡一会儿。

  国会大厦和众议院办公大楼的墙上都贴着各位国会成员的房间和电话号码一览表。问题来了：你怎么区分民主党人、共和党人，以及无党派人士呢？答案：民主党人的名字是罗马字体，共和党人是斜体，而我，独一无二地，是小号大写字母。我的当选也给有线卫星公共事务电视网（C-Span）[①]造成了问题。他们不得不在他们的国会记录图表上增加一条新的线。现在，有线卫星公共事务电视网在记录众议院的投票时，图上有一条线代表民主党，一条线代表共和党，还有一条线代表无党派。老家的每个人都对我说："伯尼，我们永远都知道你投了什么。"我可真幸运。

---

① C-Span是"Cable-Satellite Public Affairs Network"的缩写，是美国一家提供公共服务的非营利媒体公司，由美国有线电视业界联合创立于1977年。

第四章 胜利的微笑

1996年8月2日，众议院终于得到机会对提高最低工资进行投票，结果是压倒性地通过了这项提议。

一个又一个月以来，美国众议院都在处理破坏性和反动性的立法——削减医疗保险、医疗救助和教育预算；阉割重要的环境法案；限制女性在堕胎和惩戒儿童上的选择——现在终于通过了一项能够改善数百万亟待帮助的美国人的生活的立法。

我几乎是从来到国会的第一天起开始争取提高最低工资的。1993年，我提出了一项立即将最低工资提高到5.5美元每小时并随物价浮动的法案。整个众议院中当时只有另外一个人提出了相似的立法：来自明尼苏达州的马蒂·萨博。

当你作为众议员拿着每年13.3万美元的收入时，很容易忘记现实生活的面貌。当你是29位身价百万的参议员之一时，很容易忘记低收入工人们的处境。当你流连于乡村俱乐部，与那些让你看上去像个最低工资工人的贵人为伍时，很容易忘记大多数普通人不会舍得在一顿午饭上花50美元。

但是事实上,有1200万美国工人每小时赚不到5.15美元,或是每年赚不到10712美元。而且注意了,这些低收入者并不都是中产阶层家庭那些想出来赚点零花钱的青少年。他们当中四分之三都是成年人,大多数是为了解决自己和家人温饱问题的女性。这些人往往同时打两三份工,因为一周工作40个小时的工作是很难找到的;他们不得不走路去上班,或是等待好久都不来的公交车,因为他们没法凑出钱来买一辆车子;他们晚上睡在紧急避难所或是直接露宿,因为他们付不起房租。

就购买力而言,现在的全国最低工资比20年前还要低26%。假如最低工资从1968年起一直与通货膨胀保持同步的话,现在就应该是6.45美元每小时。国会两次通过增加最低工资的法律——1996年7月1日增加到4.7美元,1997年7月1日增加到5.15美元——这是远远不够的,但至少也是向前迈进了一步。此外,数百万挣的只比最低工资稍微高一点的劳动者——5美元或是6美元一小时——也会获得工资上的大幅提升。

自20世纪30年代最低工资法实施以来,大部分商界企业和它们在国会中的代言人都始终强烈反对提高最低工资。高管们每年拿着几百万美元的收入,然而他们却反对给只挣8840美元的同胞增加2000美元的收入。他们动用说客阻挠立法——这些说客来自美国商会、全国独立企业联盟和全国制造商协会。真是可悲。

众议院议席上的论辩套路无非是老调重弹。同样的老一套谎言。同样的老一套废话。同样的老一套的空洞无物的叫嚣争吵。这时候迪克·阿尔米、纽特·金里奇,以及其他一些从美国企业和富人们那里拿了几百万捐款的人突然开始深切关注起低收入劳动者的福祉。提高最低工资只会伤害穷人,而不是帮助他们——他们说道,两只手一边戏剧性地绞动着。他们为低收入劳动者的窘困感到如此悲伤，以至于几乎抑制不住眼中的泪水。由美国企业资助的右翼智囊团得出了同样的结论——依据的是"科学化"搜集的实证数据：提高最低工资会导致工作机会的减少。公司将不会再招聘年轻劳动者。

就是这一帮议员，前不久才通过法律让几百万穷人享受不到福利，让政府大幅度削减食品救济券①发放和经济适用房数量，所以请原谅，看到他们此时突然对低收入劳动者表现出如此关切，我难免觉得有点虚情假意。他们的夸张表演几乎带有喜剧色彩。阿尔米发誓要使出浑身解数对抗最低工资的提高。他的确是这么做的。共和党领导层尽可能久地拖延投票。众议院共和党会议主席约翰·博纳扬言，提高最低工资的法律一旦通过他就自杀。但他没有。到了关键时候，共和党的尊严又在哪儿呢？

但是今年的论辩中还有一个前所未有的更令人忧心的方面。1989年，乔治·布什总统签署提高最低工资的法律时，大多数共和党人，包括纽特·金里奇在内，都是持支持态度的。那次算是不错的两党合作。然而现如今，1996年论辩的初期阶段，差不多没有一个共和党人支持提高最低工资，这一转变体现国会已经以可观的速度和程度偏向了右翼。更令人难以置信的是，现在有相当大一部分的共和党人希望彻底废除最低工资的概念，以赋予美国工人接受每小时3美元工资的"自由"。这在当年还只是一小撮狂热分子的痴人说梦，现在却已经悄然成为共和党内的主流思想。

丛林法则，适者生存。雇主想要给工人们尽可能低的工资，而走投无路的工人们连再低的工资都没法拒绝。可不是吗，这就是"市场

---

① 政府免费发给或是低价卖给低收入者的粮券，以维持他们的最低生活标准。

的魔力",带给我们这种魔力的是那些一年赚着13.3万美元的人。真是文明社会啊。

数百万美国劳动者的工资都不足以维持温饱。雪上加霜的是,这些低收入工作偏偏还享有数额巨大的公司福利,而这些钱都是出自纳税人的。在快餐连锁店、杂货商店和服务业的雇主只给雇员们每小时4.5到5美元工资的情况下,这些雇员为了吃饭、交房租和养育孩子,一般都需要额外的资助。这些劳动者通过政府计划获得医疗保险、食物券、住房补贴和其他资源。

我在1993年提出最低工资提案时,仅能确保50个人与我共同发起这项提案,他们几乎清一色是进步主义民主党人。没有一位共和党人在提案上署名。克林顿总统也持反对意见,这是我在白宫的总统办公室与他会面时发现的。克林顿时常与国会的民主党和共和党领导层面谈。一次电话会谈中,我建议他或许可以见一见"无党派党团"的领袖。他人很好,排出了15分钟来见我。我待了半个钟头。

我们的讨论围绕三个议题。第一,我尝试在提高最低工资的问题上取得他的支持。他表示自己并非不同意这个想法,但目前他提出的医疗卫生法案还处于论辩阶段尚未通过,因此没办法两头都做。第二,我对于他在媒体上受到的无情攻击表示了同情。一周七天,他和克林顿夫人每天都被拉什·林博和其他右翼分子攻击得体无完肤。我建议他思考一下公司对媒体的掌控这个颇为严肃的问题,以及如果可以的话,我们能够对此做些什么。最后,我请求他支持《东北乳业协议》,这一协议将会极大地助益佛蒙特的奶农们。因为牛奶采购价格低,佛蒙特的奶农们正在成批地放弃本行。该协议获得了新英格兰地区六个州的一致支持,它将允许东北地区自主为当地奶农生产的牛奶设定合理的价格。克林顿理解这一理念,暗示说他并非不同意。

尽管提高最低工资的议题刻不容缓，而且民主党很重要的一部分选民都生活在水深火热之中，然而1993年民主党对于提高最低工资却没有做任何讨论。现在到了1996年，总统大选在即，民主党也厌倦了始终在共和党的议题上处于被动守势，于是他们终于承认了这是一个很好的政治议题：民调显示超过80%的人支持提高最低工资。民主党正确地认识到，拉拢低收入劳动者会促进他们对抗金里奇和鲍勃·多尔的竞选，也能为他们代表劳动者诉求的催泪事迹添上一笔。

平心而论，在民主党决定推进这一议题之后，他们做得的确相当出色。众议院多数党领袖迪克·格普哈特组织了一场别开生面的新闻发布会，现场请低收入劳动者发表观点。劳动者能在国会大厦里有个发声平台，这是不常见的，着实令人振奋。发言的还有泰德·肯尼迪、保罗·威尔斯通、其他一些参议员和我们众议院中的若干人。

从那时起，民主党领导人就把这个议题放到了政党议程的中心位置。有些成员在早上的国会晨会（one minutes）时间提出这一议题进行讨论，共同努力，集思广益，以使这一立法与共和党领导层提出的其他各种提案挂起钩来。这一次，他们全力投入，决心将一项立法推进到底。

自从金里奇坐上发言人之位以来，共和党内部向来团结，这次却罕见地出现了不一致的成员。6位来自北部州的共和党人不想向自己选区的中低收入者解释，他们为什么不愿意支持早就该实施的提高最低工资，这样无疑会得罪选民。于是他们背弃了金里奇，转而支持这一立法。不久之后，另外14位共和党人也准备拒绝支持本党，还有更多人等待着采取相同立场。最终，众议院的多数人都支持了提高最低工资——金里奇和阿尔米气急败坏，一面用脚乱踢着一面大声尖叫，他们不得不要求投票表决。

表决时的论辩实在让人大开眼界，事实上，共和党的论点是少得可怜的工资有助于美国发展，因为它们使本国保持竞争力。对于工人而言，这种"竞争"当然意味着竞次①：效仿中国的工资水平，有时甚至低至20美分一小时。

然而那次的争论重点是古德林提出的修正案，这一修正案将使年营利额低于或等于50万美元的企业免于最低工资的规定。一旦实施，将会剥夺大约1050万份工作的新应聘者的最低工资保护。更重要的是，修正案将会为最终取消最低工资这一概念铺平道路。取消对小企业的最低工资要求的这一提案最终以229票反对比196票赞成的微弱差距被否决。有189位共和党人投了赞成票。

这场论辩中，共和党唯一一个站得住脚的论点是质问民主党既然如此关心低收入劳动者的处境，那么为什么不在两年前他们是两院多数党那时通过提高最低收入的法律。这我同意，于是我借着来自科罗拉多的共和党人斯科特·麦金尼斯的问题阐述了自己的观点。

虽然共和党关于最低工资的小幅度提高都会导致工作机会流失的观点是大错特错，但他们的论点中暗藏了一个更为重要的议题。当前时期的主要危机并非失业问题，而是工薪阶层工资水平的急剧下降。尽管失业率仍然居高不下——而且要远高于所谓的"官方"数据——更为严峻的问题是美国工人的实际工资在过去的20年里减少了16%。1973年，美国工人的每周平均工资是445美元。20年之后，他们每周的工资按实际美元价值换算则只有373美元。

这一情况对于低收入工人和没有大学文凭的工人而言尤为严重。在过去的15年中，从事入门级别工作的男性高中毕业者的真实工资

---

① 竞次一词指以剥夺本国劳动阶层的各种劳动保障、人为压低他们的工资、放任自然环境的损害为代价，取得竞争中价格优势的一种手段。

减少了整整30%，年轻女性的工资则减少了18%。20世纪80年代期间，美国新增的工作机会有四分之三左右都只有贫困线收入水平的工资，很多都是临时性的或是兼职工作。

"福利改革"进一步加剧了这一危机。当数百万贫穷的工人失去了安全网的保护，不得不与其他低收入者竞争以求生存之时，工资会有什么变化？当原先靠社会福利救济的人们不得不通过工作获取福利[①]之时，会对公职人员和他们的工资等级产生什么影响？

最低工资法案以354票赞成比72票反对的结果通过。有意思的是，最后有160位共和党人投了赞成票，而就在几个月之前他们中没有一人是持支持态度的。很多人都觉得这种前后转变颇为奇怪。事实上，这种结果对于一项重要的政治变数而言是可以预料的。

反动的力量在暗地里是最为起劲的，因为躲开了公众的监视。当议题的论辩被摆到台面上——在此例中就是众议院议员席上——进行时，特殊利益集团、富人们和他们在国会中的"代表人"之间的密切联系就面临着见光的危险，于是反对的力量往往会有所忌惮，选择屈服而非顽抗。

强制投票表决，公众便能看到他们的代表者们究竟持何种立场，这时公共利益往往就能胜出。1995年9月我提出一项修正案，寻求取消洛克希德-马丁航空航天公司令人震怒的奖金发放计划[②]时，结果正是这样，使我喜出望外。

伯灵顿的最大雇主之一就是马丁·玛丽埃塔公司。当这家国防承包商与洛克希德合并为洛克希德-马丁公司时，我对于这一商业交易

[①] 工作福利计划（workfare programme），即要求享受社会福利者通过从事工作或接受职业培训而获得福利。
[②] 见第49页。

的影响格外敏感——它意味着要裁掉17000位美国工人。因为做出了解雇如此多员工的"艰难决定",合并后的新公司高管决定给予自己9100万美元的高管奖金。9100万美元,用来奖励消灭了17000份工作。

这笔奖金的主要接受者中包括公司的首席执行官诺姆·奥古斯汀(820万美元),田纳西州前州长和现在的总统竞选人拉马尔·亚历山大(23.6万美元),国防部前部长梅尔·莱尔德(160万美元),退役将军和参谋长联席会议前成员约翰·维赛(37.2万美元)。

发9100万美元奖金奖励高官们裁掉17000位员工,本来已经令人不齿。更离谱的是,我的立法主管比尔·古尔德发现这笔巨款有整整三分之一,也就是3100万,是来自美国国防部的,名目为"重组费用"。我得知联邦政府这一离谱的馈赠之后,立刻起草了一项修正案,以阻止国防部支付这笔奖金。想象一下:被迫下岗的工人们向政府交税,到头来竟是为了让解雇他们的混蛋中饱私囊。比尔将这一修正案称为"裁员回报"①。

在众议院提出法案时,我以为势必会有一场恶战。然而让我意外的是,约翰·穆尔沙表示民主党将支持这一法案,他是国防拨款委员会的民主党领袖,因而也就是负责民主党在这一提案上的策略的人。他与军事拨款委员会的共和党主席交流了意见,后者二话不说就签署了修正案,最后口头表决,顺利通过。

这无疑是富有争议的一项立法——挑战美国企业,尤其是富人们因为剥夺工人工作而获得丰厚奖金的权利——却得到了两个政党的一致支持。事实是没有人愿意在众议院上,尤其是对着选民,为政府把

---

① "裁员回报",1994年五角大楼出台的一项新政策。国防承包商合并后,国家会给企业支付一笔重组费。

纳税人的钱给予刚刚才让几千名美国工人丢了工作的高管（他们本来已经年入百万了）的做法辩护。

在政界，你如果不持续学习，很快便会不进则退。这次成功就让我学到了一些有关政治过程和国防部流出的"公司福利"之河的经验。凭借这些经验，以及我的团队的出色工作，我们在后来取得了一次真正不同凡响的重要胜利。

我们在多方探寻后得知，国防部给予洛克希德-马丁公司高管的奖金，仅仅是政府给国防工业的巨大公司福利中的冰山一角。克林顿政府的国防部部长威廉·佩里推行了一项新政，即国防部向经历合并的公司支付"重组费用"。在这个政策下，联邦政府为了鼓励国防业中的合并现象而给了公司大笔巨款。表面上的目标是追求公司的"高效"，却毫不顾及这些合并会带来的必然结果，即数千名美国工人的失业。

此外，没有一丝证据表明，减少国防业的公司数目和竞争程度能够为纳税人省下一分钱。洛克希德-马丁公司已经掌控了32%的国防业，份额之大令人担忧。大公司集中化程度的提高并不会减轻我们的税负，国防部也不会因此就能以更低的价格买到产品。

不管怎么说，这都是政府对经济的非正常干预。我支持工业政策的概念，政府应该通过这些政策，与私人部门合力创造薪酬可观的工作岗位。我不认为政府应当为解雇上万名工人的行为提供激励。

在研究这一议题的过程中，我们得知光是洛克希德-马丁一家公司就预计能得到近10亿美元的"重组费用"。另外一家公司更是已经得到了2亿美元，此外还有32家公司正在申请补贴"重组"的钱。无需赘言，尽管这其中涉及巨额资金，但这一议题并未受到国会或媒体的较多关注。

我们针对这一议题组建了一个相当有意思的左翼联盟。来自新泽西的代表克里斯·史密斯是一位保守派共和党人，我和他仅是点头之交。他最出名的立场是作为国会中最激烈反对堕胎权利的议员之一。但这次洛克希德-马丁在他的选区关掉了一个工厂，这个工厂原来有3000名工人。史密斯认为这次关工厂正是因为受到了国防部财政补贴的激励。在我提出终止这一激励的修正案后，史密斯立即附议。于是就有了桑德斯-史密斯修正案。来自明尼苏达的温和派民主党人大卫·明奇，来自俄勒冈的进步派人士彼得·德法西奥，还有其他几人，也都签上名字成为最初的共同发起人。之后，修正案在众议院上讨论的时候，获得了各方的广泛支持。

和上次一样，拨款委员会下属的国防分委员会的民主党领导约翰·穆尔沙和共和党领导人未曾多言便接受了修正案。没有人想要反对如此合情合理的修正案——至少不会在众议院上反对——尤其是当这一提案还拥有三个政党的支持时。没有人想向选民解释，为什么用纳税人的钱去解雇工人会是有利于美国的好事。

唯一的争论点是这项修正案该叫什么名字。是叫桑德斯-史密斯修正案呢，还是史密斯-桑德斯修正案？史密斯撰写的提案版本和我的相差不大，但我的版本立场更为坚决。但这是共和党掌控的众议院，而史密斯正是共和党人。最后我们同意采用我的版本，但是名字叫"史密斯-桑德斯修正案"。法案引起了广泛关注。《旧金山时报》发文称这项立法是国防工业的"重大失败"。当然，法案在众议院通过还只是开头第一步，接下来还得经过协商委员会[①]和参议院这两关。第二天，让我欣喜的是，我的办公室收到了四位参议员打来的

[①] 由美国众议院和参议院共同组成的委员会，职能是解决某一具体法案上的争端。

电话，要求我提供关于修正案的信息。芭芭拉·博克瑟，约翰·麦凯恩、查克·格拉斯利和汤姆·哈金。两位共和党人和两位民主党人——好兆头。

通过推进这项修正案，我接触到了一直以来不为人们所知且显然从未在众议院被讨论过的重要议题。在我看来，我做了一位无党派议员所应该做的事情。我逐渐明白了，我在国会的重要职能之一就是提出其他人由于各种原因选择视而不见的那些议题。仅仅是转换一下论辩的框架，便能够带来翻天覆地的影响。

说实话，我并不害怕大亨利益集团——或是医疗产业界，或是军事工业界，或是华尔街和美国银行家协会。把国防部补贴公司合并和解雇上万名工人这一令人震怒的行为公之于众，正是我当选为议员的应尽之责。

尽管如此，当总的《国防授权法案》在众议院上被讨论时，我还是投了反对票，即使这一法案包含了《史密斯-桑德斯修正案》。有时候很难向不熟悉国会的人们解释这种行为。简单来说，我的确着力于起草——幸运的话或可通过——好的修正案，以此来改善每一个法案。但当最终的法案被讨论时，我仍然会权衡利弊，有时候即使一个法案中包含了我提出来的修正案，我最后还是会投反对票。这个例子中的法案包含了给军队的过多资金——比总统当时提出的多100亿，况且他当时说的都已经够多了。

苏珊·斯威策新递交给联邦选举委员会的报告近日公之于众。洛克希德-马丁公司为她的竞选捐助了一万美元——法律规定的最高限额。真是令人震惊。

太多事要做。时间太少。周五，结束了在国会的一周斗争，我从华盛顿飞到康涅狄格州的哈特福德①，菲尔·菲耶尔蒙特在那里接我，然后我们驱车前往佛蒙特南部的伯瑞特波罗举行我的第二次竞选宣告活动。这一次和伯灵顿的活动很相似，但我们有了来自温德姆县②的演说者。市政厅里座无虚席，来了有六七十个人。好兆头。此外，媒体的报道也很好。

伯瑞特波罗活动的高潮是一位名叫阿卡莎·方托的年轻高中生上台演讲，她的演说激动人心。我听得太入迷了，都不在意她喧宾夺主，成了活动的主角。

初见这位女生是她在去年来到由我的办公室资助的佛蒙特青年会议上时。会议集合了来自十所高中的学生，请他们谈一谈他们认为国会应当处理的议题。学生们的展示非常棒，有不少还需要事先做大量的研究。聆听学生声音的想法来自于蒂姆·基普，他是我的私人朋友，在伯瑞特波罗联合高中教社会研究。阿卡莎就是他的学生，她这次演讲的主旨简单却深刻：为了维护民主，年轻人必须积极地参与到政治过程中。没有了他们，民主将无法维系。她的演讲铿锵有力，触动人心。

我在佛蒙特各地活动时，总是尽力安排机会到学校里去做演讲。在过去的五年时间里，我在州里几乎每一所高中和许多小学都演讲过。让年轻人有机会同他们的议员交流，表达他们的关切与意见是很重要的。这些学生中有很多人对于政治以及政府与他们生活的关系都知之甚少。老师们告诉我，许多孩子在和他们的议员面对面交谈之后，对于政治过程的兴趣都大大增加了，变化之大令他们惊讶。

参议院少数党领袖、民主党人彼得·舒姆林在伯瑞特波罗的会议

---
① 康涅狄格州的首府。
② 位于康涅狄格州。

为我的竞选资格背书。此前彼得从未公开表示过他对我的支持态度，但他现在意识到参与击败金里奇议程的重要性。那天晚上我住在蒂姆·基普与其妻子凯西·凯勒的家里，这个伯瑞特波罗的家长久以来都是我的第二个家。第二天是星期六，菲尔和我一早便驱车前往本宁顿，参加另一场竞选开场宣言活动。本宁顿和伯瑞特波罗是佛蒙特南部的两个主要城镇，彼此之间只隔了一座猪背山，相距仅40英里，但这两个镇却迥然不同，犹如白天与黑夜。伯瑞特波罗是全州最前卫的城镇，而本宁顿则是彻底的工人阶层城镇。

本宁顿会议的到场人数还是很可观的，尤其是考虑到在这样一个美丽的春日，佛蒙特人大多不喜欢待在室内。佛蒙特漫长的冬天方才过去，在一个迷人的春日参加室内会议可不是什么诱人的事情。这次活动的高潮是马克·桑特利的讲话，他是美国联合汽车工会（UAW）在约翰逊控制公司①的本宁顿电池厂的分会前任主席。

1993年8月的一个星期天，我曾经和联合汽车工会的成员一起走上街头，参加"本宁顿战役"②游行。就在第二天，工人们得知约翰逊控制公司要把他们的工厂给关了，把生产线转移到墨西哥去，269位有着不错报酬的工会工人因此失去了工作。马克努力让工厂留在佛蒙特的英勇行为失败了。我的办公室帮助失业工人拿到了北美自由贸易协定规定的一些额外补助金。马克不仅是一位受人尊敬的工人领导人，同时还是狩猎者群体中的活跃分子；他和我一样认为狩猎者不需要配备AK-47来杀鹿。我十分感谢他的支持。

下一站，拉特兰。政治竞选活动中的惊喜总是层出不穷。这一次

---

① 又名江森自控，世界500强跨国公司，总部设在美国，主要经营汽车零部件，如电池、电子零件等。
② 本宁顿战役发生在1777年8月16日，是美国独立战争期间美国民兵保卫本宁顿的军用物资仓库的战役。

是一位老兵，杰弗里·哈奇，他发表了一场精彩演说。在这之前我与他素不相识。哈奇心直口快，表意明确。"我是共和党人、老兵，我支持伯尼·桑德斯，因为他在老兵议题上做得很好。"拉特兰的活动上，几个演讲都非常棒，但到场的人数很少。

接下来是圣约翰斯堡，这一天的第三站也是最后一站。圣约翰斯堡是东北王国的"首府"，也是整个佛蒙特最为粗犷、贫穷，但某种程度上也是最美的地方。我们在东北王国的激进主义支持者基本清一色是工薪阶层：低收入支持者、家庭农场主、退伍老兵。两对夫妇——鲍勃和凯·珀金斯夫妇以及马文·明克勒和玛丽·斯特罗尔夫妇——主持这次活动。来了不少老年人，但总的人数还是很少。来自拉伊盖特①的农妇珍妮·尼尔森是我在这个州最喜欢的人之一，她发表了精彩演说。珍妮和她的丈夫比尔两人有一个美丽的农场，尼尔森家族的几代人都经营着这个农场。与其他许多佛蒙特的农民一样，他俩劳作的时间长得惊人，同时还在为保住土地而艰难斗争着。珍妮是进步主义家庭农场组织"农村佛蒙特"的领导人之一，她讲到了这些年来我们是如何共同推进一些拯救家庭农场的计划的。

那个周末，菲尔和我跑了500英里的里程。每一英里都是值得的。在伯瑞特波罗、本宁顿、拉特兰和圣约翰斯堡的竞选开场活动把我们的支持者们召集在一起，新闻对此的报道总体上也是相当良好的。但是这些活动的重要性还体现在，它们从深层的情感层面上让我重新明白了为什么要成为一名议员，以及能拥有这些了不起的人们的应援是何等幸运的事。感受到这些人对我们工作的支持，我陡然产生了巨大的自豪感，它在我重新回到华盛顿官场状态时给予

---

① 佛蒙特州喀里多尼亚县的一个小镇。

我力量。

1991年1月3日，我和其他434人一起宣誓成为美国国会议员。当天按照惯例，新上任者会在自己的办公室里举行宴会，招待前来祝他们好运的亲朋好友。我们也在办公室举行了宴会。遗憾的是，我没能参加。我当时正在参加会议，试图在会上阻止一场战争。

1990年8月2日，萨达姆·侯赛因入侵科威特，他原本是美国的盟友，拥有美国输送的精良装备。8月9日，布什总统派出的美国军队开始抵达沙特阿拉伯，阻止他们进一步入侵科威特。现在已经到了第二年的1月初，布什寻求国会授权给他向伊拉克全面开战。我反对这项授权。

从海湾危机一开始，我便相信美国能够将萨达姆·侯赛因赶出科威特而不诉诸武力。外交手段、经济抵制、孤立、金融杠杆：我们有诸多扭转其攻势的方式。我之所以反对这场战争，不仅是因为它很可能带来毁灭、葬送生命，也是因为我相信这个星球上的大国，乃至整个联合起来的世界，都可以在不杀戮的前提下解决危机。如果连这件事都非得通过大规模轰炸和杀戮数千人才能解决，那么世界上还有什么危机是能够和平解决的呢？

此外还令我气愤的是，伊拉克的局面转移了人们的注意力，让我们所面对的严肃的国内危机受关注度降低，而这些问题正是我着急想要解决的（有些人可能会说，战争的主要作用之一就是把人们的注意力从国内社会的不公正上转移开）。我们有20%的儿童生活在贫穷中，数百万美国人没有像样的住房，工人们的生活水平一落千丈，我们的医疗体系也需要彻底改革，以保证每个人都享受得起医疗服务。而现在，我们却要几个月都纠缠于与一位不入流的暴君的战争。

第102届国会成立初期，包括罗恩·德勒姆斯和汤姆·佛格莱塔在内的多人在国会中组织了一个反战小组。我们在阻止战争中的总战略该是什么呢？除了流血之外还有什么方式可以把萨达姆·侯赛因赶出科威特呢？我们该如何影响公众意见呢？我们又如何在国会中为我们的立场赢得更多支持票呢？在新国会成立初期，我们召开一次又一次的会议斟酌商讨这些问题。

我在佛蒙特州首府的一场大型发展示威上发表演说。大约有1500人参加了这次活动。在华盛顿，我作为战争倾向的批评者出现在全国媒体上。

1月初我出席的一个会议上，发言者弗利和民主党领导人——格普哈特、博尼奥尔和其他几人谈到了即将到来的投票。彼时民主党在众议院和参议院都是强势的多数党。简而言之，只要民主党领导层想要阻止战争，他们就有足够的票数能够这么做。我的朋友汤姆·安德鲁斯——来自缅因州的国会新人，也是一位反战同仁——问了一个直截了当的问题：民主党领导层是否会在投票上施加党纪压力，并拒绝授予布什宣战的权力？弗利直直地看着汤姆，告诉他民主党不会使用党纪。不过不管是他，还是领导层的其他所有成员，都会投票反对授予总统把我们的军队送上战场的权力，尽管他并不打算强求所有的民主党员都支持这一反对立场。

当时我已然知道战争在所难免。表面上看，民主党掌控了众议院，然而在本国目前所面对的这一最重要议题上，赢的将会是共和党。显然会有很多民主党人加入共和党的阵营，这样一来布什就会得到足够的票数。

1月15日，战争爆发前夕，我在众议院的议员席上讲话："发言人先生，我首先想说的是整个众议院，整个国家中，乃至整个世界中的所有人莫不同意，萨达姆·侯赛因是个恶人，同意他在科威特的所作所为是不合法的、不合道德的、残暴的。然而在我看来，我们时代所面临的任务并非仅仅是发起一场战争，这场战争无疑会导致上万人的死亡，包括美国的年轻人和伊拉克的无辜妇孺；我们时代的真正任务在于探索我们如何才能阻止侵略，如何才能以新的非暴力的方式阻止罪恶。

"如果说世界历史上有过整个世界联合起来对付一个小国的例子的话，那便是这一次。我认为如果我们不能解决这次危机，不能以非暴力方式战胜萨达姆·侯赛因的话，这就是一场严重到可怕的失败，而且是对未来而言相当不祥的失败。如果我们这一次不能成功，我认为未来的这个世界上，等待着我们的孩子的就会是战争，更多、更多的战争。"

我的演说，以及其他许多精彩演说，都无济于事。布什获得了所需的选票。1991年1月17日，美国飞机攻打伊拉克，动用了大量武力。

1991年1月18日，我再次站在众议院议员席上讲话："发言人先生，就在几个月前，整个世界还在庆贺冷战终于结束了，庆贺用在炸弹、坦克和导弹上的数千亿美元终于可以用在改善人类生命而非夺走人类生命上了。

"发言人先生，波斯海湾的这场战争，将会夺走我们几千条生命，耗费数百亿美元，这对本国人民而言无异于一场灾难——对于劳动人民、穷人、老年人和孩子们尤为如是。我预料到，这届国会很快就会被要求拨款用于制造导弹，但是这样就没有钱给无家可归者提供住房了。我预料到，这届国会很快就会被要求拨款用于制造坦克，但是这样就没有钱来发展保证所有人都能获得医疗服务的全国性医疗体系了——事实上，整个发达世界的几乎所有国家都已经有了这种体系。

"我预料到，这届国会很快就会被要求拨款用于制造炸弹，但是这样就没有钱来重振我们国家的工业，从而让我们的劳动者拥有薪酬可观的工作了；没有钱用于教育和孩子们身上——我们有25%的孩子生活在贫困中；没有钱用于保护环境，或是帮助家庭农场主——无论在我的佛蒙特州还是全国各地，都有许多家庭农场主被迫放弃他们的土地。

"发言人先生，我预料到，为了支付这场战争的费用，政府将会进一步削减老年人的医疗保险，甚至还会试图削减社会保险的支付。"

就我个人而言，这是一段很沮丧的时期。我并非和平主义者，我相信在有的情况下，当不诉诸战争就只能在可怕的现状下苟且度日时，战争是合法的。然而，我认为这样的情况其实是很罕见的，远比大多数政府领导人所说的要少。

几千年来，一个集体或是国家都是靠杀戮另一个集体或国家的人来解决问题的，现在，人类应该要多多少少学会以非暴力方式来解决争端了。我曾经大声疾呼地反对越战，反对向尼加拉瓜人民发起的战争，反对美国对格林纳达①和巴拿马的入侵。现在，作为一位美国议员，我投票反对波斯海湾战争。

随着炸弹溅落，美国军队投身战斗，我非常痛苦地学到了关于国会政治的一课。

1月18日，一份决议在众议院上被讨论——由共和党起草、民主

---

① 拉丁美洲岛国，前英国殖民地，位于西印度群岛的向风群岛，由格林纳达岛及附近小岛组成，首都是圣乔治。

党领导层背书的文件。决议请求国会支援我们的作战军队，同时称赞了"总统的努力与领导"。3月5日的一份修正案更是称赞总统"在波斯海湾危机中领导果断、判断英明、决策正确"。我不敢置信。判断英明？这四个字不仅听起来像是20世纪30年代的斯大林式宣传语，而且还直接违背了183位国会成员在不到两个月前通过反对票所表明的看法。

然而既然战争已然开始，美国军队已在舍身作战，我们还是要表达对他们的支持。我已经准备好且乐意这样做。但我觉得这是一回事，而宣称布什总统对波斯海湾形势的判断始终是正确的，而且战争是唯一的办法则完全是另一回事。毕竟，将近一半的国会议员都是反对总统的动武倾向的。发动军队和轰炸机改变了士兵们的处境，但这并不能否认我们认为和平手段优于军事手段的根本观点。我们并没有错，然而决议却让我们不得不违心地承认判断有误。

眼看媒体铺天盖地地颂扬这场战争，辩护其合法性，我们很难再一次投反对票。就在一个星期前，183位议员投票支持继续实行经济制裁，反对诉诸战争。而现在，当我抬头看票数统计牌时，发现每个人都投了赞成票。我还记得把我的投票卡放进机器里的情景——我们的投票方式是先用一张带有磁条的卡片激活投票机器，然后按下赞成或反对的按钮——我当时这样想道："我的国会生涯可真够短的。"我按下了反对按钮。另外只有五人和我一样。投票结果是399∶6。

那场投票的影响深远持久。自此之后的每一场竞选，政治对手都会旧事重提，"战争打到一半时，伯尼·桑德斯竟然都没有投票支持军队"。这是在撒谎，是歪曲事实，但在一个30秒的广播广告里可是重磅炸弹。

我初入国会还不到一个月，却已然开始感到孤独难耐。然而相比于国家正在发生的大事，我个人或是政治方面的感受远没有那么重要。

而正在发生的大事令人不胜惶恐，一定程度上可被称为极权主义的体系正在显示它的威力。即使像我这样长期批评媒体的人，这一次都惊诧于媒体的谄媚嘴脸，以及他们是如何迅速地与总统和国防部的军国主义命令站成一线的。他们的顺从是有回报的。当我回到佛蒙特时，几乎家家户户的房子和每棵树上都挂着黄飘带。媒体成功地制造了弥漫全国的战争气氛。

电视上几乎没有任何关于反战人士的报道。所有报道都受到了严格控制，清一色地一边倒。几年后的一项研究发现，全国橄榄球联盟的主战球员在电视上发表他们对于海湾战争的观点的时间，竟然比所有反战运动的报道时间总和还多。战争初期，杰西·杰克逊在华盛顿领导了一场大型游行，然而媒体对此的报道几乎为零。简而言之，当时对于异议、批评和辩论的审查无处不在。

显然，越南战争给了政府前车之鉴。这一次，媒体不会再为任何反战情绪提供信息。电视上再也不会看到装在运尸袋里回家的美国人。晚间新闻上也不会再放出出现美国军队暴行的照片。当总统在电视上喋喋不休、激情昂扬地发表战争演说时，评论中再听不到任何批评的声音。

还不仅仅是全国的电视，广播、报纸和杂志都是如此。在华盛顿时，我试图从号称自由主义的全国公共广播网那里获取新闻，然而他们也和其他家媒体一个样子。事实上，现在都已经不再假装保持客观了。政府公开宣布审查新闻。媒体没有抗议这种明目张胆地侵犯公众知情权的行为，而是屈服于新闻管制，欣然接受了政府粉饰太平的虚假报道。在国会投票通过授权总统派兵出征之前，民调显示全国民众在美国的军事介入是否明智这一问题上，持肯定和否定意见的人是各占一半。战争进行了三周之后（同时进行的还有一场铺天盖地的媒体运动），绝大多数美国人都是支持态度了。

只有极少数报纸有勇气反对这场战争，其中一家就在我们州。《伯瑞特波罗改革者》报的主编史蒂芬·费伊顶住来自他的某些广告商的批评压力，一周又一周地坚持撰写掷地有声的反战社论。可悲的是，在那个冲动盛行的时期，只有很少的记者拥有他这种勇气。

现在离那场战争已过去了六年，我仍然不知道有多少美国人曾经看到过有关大量伊拉克妇孺死亡的报道，哪怕只是一篇。据估计，大约20万平民死于战争，杀死他们的正是我们的"智能炸弹"。这个数字还不包括战后由于饥饿、水质污染、医疗条件缺乏和基础设施破坏等原因死去的巨大人数。尽管战争时间不久，却给伊拉克的老百姓带来了无数的死亡和深重的苦难。不，我们的"智能炸弹"没法避免"间接伤害"。不，战死的不只是伊拉克的士兵。

总统和国防部宣称这次战争是胜利的：我们达成了目的，而且这场战争中阵亡的美国人很少。然而他们没有告诉我们的是，大约有7万名美国士兵回家时都带着这样那样的病痛，它们被普遍称作"波斯湾综合征"。事实上，战争结束后，国防部欺骗了民众，并试图隐瞒关于这场战争对美国士兵毁灭性影响的几乎所有信息。军方甚至过了五年才肯承认，美国军队当时在海米塞耶（Khamiseyah，音译）小镇引爆一个伊拉克的军需库时，曾经接触过化学战毒剂。直到今天，尽管包括我在内的一些国会议员力争让政府给予这些潜在的阵亡者以充分的治疗和补偿，然而我们还是很难从国防部那里获得真相。

让我说得明白点吧。鉴于这一次政府和媒体在兜售波斯湾危机上大获成功，当下一场战争到来时，显然没法指望他们会有任何不同的表现。既然他们能够以保卫科威特的"自由"为借口获得广泛的公众支持，他们也可以在任何一场战争上故伎重施。毕竟科威特不管是过去还是现在，其实都是一个被埃米尔①这些亿万富翁所控制的国家。科威特的自由程度都还没达到能让妇女投票，甚至连驾驶汽车都是不被允许的。我们派去保卫科威特的基督教和犹太教士兵，在当地都不被允许过圣诞节或光明节②——自由程度不过如此。

尽管那个时期在华盛顿的日子很难过，回到佛蒙特却反而更加难过。我记得佛蒙特国民警卫队的一个部队出征前往波斯海湾时，我为他们送行，现在想起来仍然不堪回首。当时有些人冲着我发出嘘声，在我的政治生涯中这种情况仅有过几次。战争真的是人间异象，我无法理解它对人们造成的心理效应。我尽了最大努力阻止佛蒙特和其他地方的美国年轻人战死沙场，然而我得到的却是人们的嘘声。某天我在机场等待开往华盛顿的航班，一位妇女过来对我说："我的儿子就在那里。我很震惊你竟然不支持他。"事实并非如此，但无论我说什么都无法使她信服。

从乐观的方面来说，那段时期的一次民调结果显示，我的"受欢迎度"排名仍然是很高的。显然，还是有一部分佛蒙特人是敬重我的坚持的，哪怕他们并不赞同我在战争问题上的立场。

那阵子我在国会举步维艰，有一次甚至在一场全国电视直播的华盛顿政治活动上出了洋相。我的妻子当时在佛蒙特观看了这一直播，时至今日，每当提起那个晚上，她还是会不由得面部抽搐，然后摇一摇头。那一次我被邀请在全国新闻俱乐部举办的年度宴会上演讲。这

---

① 某些穆斯林国家的贵族头衔。
② 犹太节日，又称哈努卡节、修殿节等。该节日为纪念犹太人在马加比家族的领导下，从叙利亚塞琉古王朝国王安条克四世手上夺回耶路撒冷，并重新将耶路撒冷第二圣殿献给上帝。

一宴会是国会日历上的一件大事——当然彼时我并不知道——但凡有头有脸的人物都会出席：最高法院大法官、商界要人、显要政客、名人，当然还有华盛顿的各家媒体。四位国会新人受邀演讲，其中就包括我。

但他们想要听到的不仅仅是演讲，他们还希望我们诙谐有趣。这本来应该是一个轻松愉快，保证让每个人都尽兴而归的晚上。这场活动对我而言有三个问题。首先，我不善于在数百位与我毫不相干的陌生人面前表演脱口秀。其次，不久前才爆发了一场我强烈反对的战争，我实在没心情讲什么笑话。再次，这是一场要系黑领带的隆重宴会，而我既没有燕尾服也没有黑领带（而且也从没打算置办一套）。

出于这三个原因及其他一些因素，我打电话给主办方，说我在再三考虑之后决定不出席这次宴会。他们强烈反对。邀请函都已经发出去了，上面把我列作演讲者之一：要是我不去，每个人都会大失所望的。我必须出席，别无选择。

结果就是，我无可奈何地被说服了，只好硬着头皮上阵。那天晚上就是一场灾难。我站在那里，郁郁寡欢，说着压根不好笑的笑话，这些还是我临走前，我们几个在办公室临时拼凑出来的。我这番出丑的演讲通过有线卫星公共事务电视网传回佛蒙特老家，也传到了全国各地。唯一的安慰是另外一位受邀演讲者，参议员保罗·威尔斯通和我一样糟。这是我在那段悲惨时期的一个悲惨夜晚。

昨天，《伯灵顿自由新闻》发文分析了佛蒙特人对芭芭拉·斯内林是否应该继续竞选州长一事的意见。斯内林是我的老朋友了，现在是共和党副州长，她在一个月前患了一场严重中风。这篇文章让我知道《自由新闻》搞了一场民调，既然如此，他们肯定不止问了这一个问题。于是我推测今天的报纸上会有关于国会选举的民调。这让我很是担心，因为民调毫无疑问会显示我们几个竞选人之间的差距在缩小。我们不可能像上次民调预测的那样领先21个百分点。到时斯威策就会开始喋喋不休，搬出所有竞选挑战者都会说的那一套稀松平常的论调："差距在拉近，我们势如破竹，桑德斯的阵营乱了阵脚"。

我厌恶民调。如果你是现任者，知名度较高，你便理所应当要遥遥领先。如果差距缩小了，尽管随着挑战者知名度的提高，这种结果是不可避免的，那么你就是"陷入麻烦"了。无论怎样，一位较为知名的现任者横竖赢不了。然而《自由新闻》民调的奇特之处在于，它让我尤为牵肠挂肚。我甚至会在半夜里醒来，想着这该死的民调。但明天我就要动声带手术了。这是我生平第一次动手术，而我竟然连想都没想它。没做噩梦，也没感到阵阵焦虑。相反，我竟然在离选举还有五个月之久的时候担心着一场愚蠢的民调。

手术的目的是矫正我的声音问题。动手术让我挺害怕的，但我相信医生是胸有成竹的，再说他们似乎认为这只是个小手术。不过说到底，万一他们真出错了，遭殃的还是我自己下半辈子的声音。

动手术的念头已经隐隐纠缠了我几个月，未有停歇。我声音的问题是一年半之前开始的，当时是1994年那场竞选快结束的时候，我得了感冒，嗓子一连哑了好几天。竞选期间，该做什么就做什么，所以我继续发表演讲。最后感冒好了，但是嗓子依然嘶哑。从那时候起，我说话就开始有问题了：声音沙哑还算是好的，有些时候声音尖得破了音，我都没法说完一个句子。

事实证明我对这个声音问题的处理是愚蠢的。我一辈子都是个健康的人：当了八年市长，在国会待了六年，期间我请假的日子加起来不超过五天。得了流感，我还是会去上班。生病不是我生活的一部分。所以当我嗓子嘶哑时，我以为它自己会好的。然而没有。

几个月下来声音还是未有好转，于是我咨询了贝塞斯达①海军医院的一位专家。他告诉我，我的声带上长了一个良性结节，建议我动手术摘掉它。我希望有什么替代性的治疗手段，于是自己尝试了各种非手术疗法：服咽喉含片，不说话让嗓子休息，喝草药茶。虽然我的声音的确比一年前好了一点点，但离正常状态还是差得很远。各路说客——从我妻子到身边好友——纷纷告诉我，我的声音已经成了全州对我的议论重点，甚至有人推测我得了喉癌。

这个状况并未给我带来任何身体上的不适，所以大部分时间我都可以忽视它。但其他人似乎没法做到。上个星期，电台节目的最后一个问题是："那么，伯尼，你的嗓子怎么样了？" 迄今为止，佛蒙特州的每家报纸都刊登了有关这个问题的文章，包括头条新闻。佛蒙特州的喉科专家倒因此博得了眼球。现在，关于我声带的报道已多于我在国会所做的任何一项工作。

一个月前，我回到了贝塞斯达，而后前往乔治城大学的医疗中心。该中心的医生把管子插入我的喉咙，并在监视器上检查我的声带，他也认为手术是无法避免的。翌日，我便在贝塞斯达预约了手术。病人在接受这项手术后需要保持四天的禁言，所以我们把手术定于可能造成的不便最少的一段时间。

面对手术的诸多风险，我自然有所担忧。我们每一个人正是通过声音来与他人交流，无论是妻子，或是孩子，抑或是政治选民。此外，作为活动家和政治家，交谈于我是必需的重要工具。

---

① 马里兰州的一座城市，位于华盛顿特区的东北部，该市设有全国健康研究所和海军医疗中心。

我向上帝祈祷，希望手术不要出现失误。在医生眼里，这似乎不过是个常规的手术，没什么大不了的。他告诉我，他们常做这种手术。我问他："你们的失败率是多少？"他回答道，绝大多数都是成功的。我们走着瞧。

两周后，手术成功。54年里——我的整个人生——我第一次做了手术。我表现极佳。他们告诉我，术后三至五天不要说话，因此我打破了一生的习惯，没有说话。虽然已经过去了近两周，但我依然担心我可能由于说话需求太多而说得过多了。几天前，我不该在区域联合电业工人会议上发表演说。所以我再次变得谨慎起来。我必须非常自律，因为如果嗓子坏了，那就再糟糕不过了，加利福尼亚州州长皮特·威尔逊在接受类似手术后就把嗓子弄坏了。我不想重蹈覆辙：无法控制的嗓音、种种担忧以及接踵而来的手术。

简认为我现在更加放松了，很可能的确如此。不知道从我的口中会蹦出什么样的声音是很让人心烦的。为了掩盖声音嘶哑，我自然而然地提高分贝。有一次，在众议院的发言中，我突然失声，在喝了一位同事递给我的一杯水后才完成了讲话。

因此，在手术后首次走向讲台是一次很奇特的经历。在过去的一年半时间里，我总是对着麦克风大声讲话，但是这一次，当我走上前就一项修正案发表讲话时我感到十分惊讶。我的声音是如此之清晰和平稳，以至于当我开始讲话时我竟然放低了音量，这也是我第一次意识到众议院会议厅的音响系统非常出色。我的声音在厅内回响，完全用不着大声说话。直到此刻，我才意识到声带一直以来承受了多大的压力。

每年伯灵顿的众餐馆会赞助一个名为"青山①火车"的节日,并为此提供丰富菜肴。该节日非常引人瞩目,成千上万对这些珍馐感兴趣的佛蒙特人会前来参加。人群总是会吸引我的竞选者本能,所以我来到这里,和大家握手寒暄。人们一次又一次地告诉我,我的声音听起来很不错,他们很高兴看到我找回了原来的自己。这件事吸引了如此之多的关注,多于我职业生涯中遇到的任何政治问题,这令我十分震惊。但我很欣慰有这么多佛蒙特人关心我的健康。

与此同时,竞选已经有了重大进展。民主党的杰克·朗也将参与进来。朗曾任佛蒙特州环境保护局局长。我和斯威策之间的双方竞争即将变为三方竞争。斯威策对此感到很高兴。她和不少其他人都认为朗的参选将分走我的支持率。但我不太确定。如果他表现出色,他确实会影响到我。如果他没有获得很多选票,那么斯威策可能失去的选票也不会比我少。民主党候选人在1990年仅获得3%的选票,1992年的数据是6%,而到1994年就没有民主党人的身影了。

朗是律师,也曾是佛蒙特州行政官员,他比过去的民主党候选人都更可能取得成功。佛蒙特州前州长迪恩支持他,但也公开宣称他认为朗不会获得超过10%的选票。显然,朗会从我这里分走一些民主党人原来因不喜欢斯威策而投给我的选票。但是,斯威策也将失去一些温和派共和党人的选票,那些觉得她过于保守但永远不会支持我的共和党人。谁知道接下来会发生什么变化呢?

朗正在表明他的"温和派"立场。他说:"我想,如果我决定参选,我无疑会将我自己与桑德斯先生和斯威策女士区别开来。他们分别站在极右和极左这两个极端。没有温和派候选人来代表持温和观点

---
① 佛蒙特州境内有一座山脉名为青山,由南至北延绵250英里。在佛蒙特境内的山通常会被称为青山,尽管有一些在地理上不属于青山山脉。

的佛蒙特人。"

还有另外一个令人烦恼的走势:《伯灵顿自由新闻》发起的一项民调显示,斯威策已经把差距缩小。根据《自由新闻》3月份所做的民调,我以45%的支持率领先于她的26%。而到5月底,我的领先优势已经降为41%：25%。这不是好消息。在目前阶段,在任者的表现理应更加出色。我们尚需努力。

抗争永无休止,此起彼伏。一会儿是富人阶级代表的变化无常,一会儿是国会政治的荒谬行径。比如说,当下,我正在竭力坚持《东北乳业协议》。该协议尝试保护位于佛蒙特州以及整个东北地区的乳牛场。

我出生于布鲁克林,所以在我27岁来到佛蒙特州之前,我对奶牛并无任何了解。而现在,尽管我根本不是农业经济或乳业专家,但我深知保护乳牛场是迫在眉睫的。乳业是我们州经济的一个重要组成部分,它保护着我们的生存环境,也关系着传统的传承。没有这些乳牛场,佛蒙特州还能以许多其他产业为特色,但它就绝不是我们所熟知的"佛蒙特州"了。

这些年来,我几乎对我们州的奶农们产生了情感上的依赖,并且努力地帮助他们解决巨大困难。现在我们州乳牛场的数量已经低于2000了,而且这个数字逐年递减。这样的工作对年轻人来说不具有吸引力,因为每日工作时间长,每周通常工作满七日。所以,乳牛场的职工老龄化现象也就不足为奇了。

大多数人见到可爱的红色谷仓和在牧场里吃草的奶牛们时意识不到田园风光背后的经济。奶农们与城镇地区的工人有许多共同之处。和各个地方的低工资工人一样,很多奶农仅仅依靠食品救济券等针对低收入家庭的政策来生存。奶农们也是任由大公司摆布，处境如同无论是否加入工会的工人一般。农业综合企业掌控着饲料行业，也正在快速接手牛奶生产和加工业务。当下，它甚至想把奶牛饲养纳入公司的生产环节。

数年前，我曾在国会极力反对孟山都公司①使用牛生长激素（BGH）②，因为奶牛被作为生产牛奶的化学工厂来对待。佛蒙特州的奶农们最不需要的就是牛奶价格因更多产量而被进一步拉低，以及对转基因化学制品而非饲草或设备增加更多投入。消费者们最不需要的是使用会导致奶牛生病的兴奋剂生产出的牛奶。但是，市值数万亿美元的孟山都公司在美国食品和药物管理局以及国会有深厚的政治影响力。尽管我为停止使用牛生长激素据理力争，但在国会得到的支持甚微。

新英格兰地区的六个州均已通过制定《东北乳业协议》的法案。简而言之，该协议能够让来自这六个州的代表共同协商奶农们在这一地区内销售牛奶的公平价格。因为这个协议是州际的，所以它必须在美国国会通过。佛蒙特州的两个参议员帕特里克·莱希和詹姆斯·杰福兹与我们几个众议员一样，卖力争取此事，取得了一定的效果。最终，该项法案排除万难在国会得到通过。目前，它正在等待农业部部长丹·格利克曼的最后签署。我和他相识于众议院。他需要判定这项法案是否达到了"促进公众利益"的标准。

《东北乳业协议》的法案已置于他的桌上，我们正等待他来签

---

① 一家跨国农业公司，生产全球知名的草甘膦除草剂，目前也是转基因种子的领先生产商。其前身为化学公司，著名产品包括美军在越战时使用的橙剂、糖精阿斯巴甜和牛生长激素等。
② 牛脑垂体分泌的一种肽类激素，用于调节代谢过程、促进动物生长。研究发现将BGH注入母牛体内可以增加其产奶量。

字。等待。等待。我有些担忧。中西部的众议员错以为该协议会损害他们奶农的利益，故施以强烈的政治反对。反对的声音还来自想购买廉价牛奶的庞大利益集团，譬如巧克力公司、食品加工行业、牛奶加工厂等，因为一旦牛奶价格走低，他们的利润就能增长。我曾在好几个场合向克林顿总统提及此法案。他流露出支持的意向，但政府中有一部分人对此抱有明确反感。我也同他的幕僚长利昂·帕内塔还有格利克曼谈论过此法案。

显而易见，《东北乳业协议》不只关乎农业问题。政治也牵涉其中。总统选举就要举行了。佛蒙特州握有三张选举人选票。威斯康星州、明尼苏达州以及其他中西部州拥有更多选票。我在揣度，克林顿的幕僚们最终是否会选择抛弃我们。格利克曼再次向我保证该协议会被签署。我仍然忧心未消。

现在，在这个极其复杂的立法过程即将收尾之际，一个政治中常见的讽刺情形出现了：我的朋友、同为进步党人的威斯康星州的大卫·奥贝向拨款委员会递交了一项修正案，意在扼杀这一项预期通过的法案。奥贝代表威斯康星州和威斯康星州的人民反对这个协议。但另外一个变化突显了国会政治的奇特：路易斯安那州的保守派人士、金里奇的支持者鲍勃·利文斯顿担任拨款委员会主席。他的工作是促成包括该协议在内的农业拨款法案。共和党领导层非常紧张，因为这项法案包含了太多的妥协和让步，极易告吹。他们想要保持法案的完整性，都到了这个时候，法案里写了些什么都已无关紧要了。

理论来讲，这项协议——允许对东北地区的牛奶价格进行严格的政府调控——与拥护自由市场的保守派人士利文斯顿的主张恰好相反。在另一方面，这又与戴夫·奥贝①的总体观点相一致。戴夫是进步党人，在提倡联邦政府应在保护劳动民众方面长期扮演一个强有力的角色。

　　于我们而言，无比幸运的是，这一战，利文斯顿胜而奥贝败。作为重要农业法案一部分的《东北乳业协议》竟由一位反对政府管理的保守派人士保驾护航，终获胜利。只要能够成功，我们都能接受。

---

① 即前文的大卫·奥贝。

第五章 替罪的国会

在国会度过的前几周特别的压抑和不快。在听过所有听似不错的有关"哲学"和"契约"的智力辩论，读过所有共和党智库提供的书籍、会议资料和立场文件后，着手准备选举的我们在众议院看到的金里奇竞选政治策略可以归结为打击同性恋、打击移民、种族歧视、性别歧视和打击穷人阶级。

毫无新意，老生常谈，无非是将一些陈词滥调略微包装一下。和右翼总是滔滔不绝的废话一样。如果你不对各类社会问题的起因做理性分析，如果你代表有钱有势者而不能满足普通民众的要求，那么通往政治成功的可靠路径就是操纵民众的惧怕和无知，让不同群体互相斗争——使它们成为替罪羊。

曾经有一百年，在南方的白人工人是美国最受剥削的白人工人。他们拿着最低的工资，忍受着最差的工作环境，住宿条件糟糕透顶，孩子在最落后的学校求学，极少数人的孩子才能够上大学。但是，他们又得到了什么？"黑鬼"沦为他们憎恨和鄙视的对象，那些无法投票、在喷泉喝水、共用卫生间、坐在公共汽车或电影院前排的"黑鬼"。

南方的政治、经济、社会和教育体系加强了那些分化，不断增强敌对情绪。最重要的一点是，白人工人被鼓励去鄙视黑人邻居们，保护自己免受他们的伤害，否则就要失去他们仅有的一点东西。而南方的富人们——银行家、生产商、棉花种植园主——则一路笑到银行。

在那段时间里，某些美国历史中最勇敢的人冒着生命危险，与延续种族歧视的体制做抗争。在南方各处的非法集会中（黑人与白人同处一室是违反法律的），这些政治活动家和工会组织者会把黑人工人与白人工人召集到一起，为公正而抗争。他们这么做不仅是因为他们相信公民权和平等机会，更是出于他们意识到只要白人和黑人忙着互斗而不是联合起来对抗他们共同的压迫者，那么永远不会迎来真正的经济和政治转型。

有些事情从未改变。有些抗争从未停止。

当前，共和党人明白，对富人的减税政策，在医疗保险、医疗救助、教育、环境保护等方面的经费削减，以及对北美自由贸易协定、关税及贸易总协定等糟糕的贸易政策的支持，并不意味着稳操胜券。

当然，这无非是富翁和企业所领导的议程，是共和党人拿钱需要兑现的事。但是，成为百万富翁的选民是有限的，共和党人清楚这样的议程不会博得中产阶级和劳动民众的支持，而后两者决定了选举的最终结果。大幅削减公共医疗补助经费和允许企业污染饮用水并非是能够在全世界可见的30秒竞选广告上拿来炫耀的成就。

鉴于他们真正的意识形态——不是用以搪塞公众的诸如"州的权利"或"个人责任"这样的虚伪哲学——反映了享有特权的极小部分人的利益，共和党人同样面临着南方统治精英所忧虑的两难困境：如何说服劳动民众和中产阶级违反自身的最佳利益来投票？或者，同等重要的是，如何让他们干脆放弃投票？此外，如何把注意力从会影响绝大多数民众且使之联合的问题上转移开来？

这是天方夜谭吗？对你来说可能是这样，但我每一天都能见到。这就是"替罪政治"和"制造分裂的议题"①。白人反对黑人和西班牙人。异性恋者反对同性恋者。工人阶级反对穷人阶级和福利受惠者。男人反对女人。本土人反对移民。监狱外的人反对监狱内的囚犯。诸如此类，不胜枚举。

1996年共和党人进行的大量民调使其非常了解数以百万计的美国人所感受到的情理之中的恐惧和焦虑。他们准备斥巨资来利用那些焦虑，离间劳动民众让他们相互对抗，蒙蔽劳动民众这样一个事实：他们得到的不是公平而是富人桌上的残羹剩饭。

最重要的是，共和党的策略旨在防止劳动民众意识到问题的真正核心，防止劳动民众分析体制由谁掌控、谁能从现有的政策中获利，防止劳动民众认真思考现有的政治和经济结构如何能被改变。共和党人让拥有些许权力的阶级与不具有权力的阶级相互斗争。与此同时，几乎没有任何人会留意是谁在暗中操纵。

在过去的20年间，普通美国人因工资降低而延长工作时间。由于实际工资已经下降了16个百分点，数百万劳动民众已精疲力竭，因为相较于20年前，他们现在每年多工作160个小时。

数百万的美国人愤懑道："这何时能终结？为了支付账单我必须多努力工作？在周六和周日加班？做两份工作？做三份工作？我理应有权享有一些休假时间。我理应有权享乐——去看一场电影、去打猎、去垂钓、去阅读、去陪伴我的孩子。"

在全国，许多家庭要靠两份工资才能维系生存的现状，让更热衷

---

① 竞选过程中提出的用以分化对方支持者的社会议题。

在家带孩子的家庭妇女被迫回到工作岗位。数百万的单身人士拼命奋斗以独自养活自己和家庭。

全国各地的美国人都在思忖："我是一个好家长吗？当我的工作不允许我请假时，我能如何为家庭做打算呢？我的老板有过在夜里起身十次给宝宝喂奶的经历吗？他的孩子们从来都不生病吗？我要如何获得像样的、可负担的儿童保育呢？为什么我的父亲当时一人工作就足以养家糊口呢？"

新创造的工作岗位大多为时薪五六美元的低收入工作。大量这类工作为兼职或临时岗位。家长们深知子女只有取得大学文凭才能自给自足，但他们也清楚自己的微薄收入不足以负担大学学费。

数以百万计的美国人表达了困惑："当我们的年薪只有25000美元时，我们如何送子女去每年学费为15000或20000美元的大学接受教育？当我们只能勉强偿还贷款和支付信用卡利息时，我们如何为孩子的教育储蓄？我们无能为力。我们不可能欠债50000美元。我们该何去何从？"

没有医疗保险或是保险额不足的美国人日渐增多。在美国，医疗债务已成为个人破产的主要原因。尽管有国家医疗救助制度，众多年长者仍无力负担所需的处方药。

数以百万计的美国人问道："何人能够每年支付5000美元来获得覆盖范围足够大的医疗保险？何人能够在自负额如此高昂的情况下去看病？当你每年仅挣20000美元时，你在医院一天的开支就能达到3000美元。费用也很有可能高达每日100万美元。让我们祈祷今年家中人人健康。"

对于个体经营者和小型企业主来说，他们缴纳的工资税通常高于个人所得税。他们还需为学校和市政府支付财产税，以及缴纳州税。

缴税。缴税。缴税。

数以百万计的美国人抱怨道:"没有人理解我吗?我负担不起更多的税款了。依靠目前的收入,我只能勉强维持生活。为何政府还不停止使用属于我的一大笔钱?为何政客们总想从我这里搜刮越来越多的税款?"

我们每晚都在电视节目中看到有关恐怖罪行的报道。谋杀,强奸,袭击,抢劫。有一部分罪行绝对是毫无意义的。比如飞车射击,比如孩子们为了一双运动鞋互相残杀,比如家长们对自己的孩子做出不可言说的恶行。

数以百万计的美国人要求一个解释。"我遵守法律。我按规则行事。为何我在沿街信步时要处于恐惧之中?为何我的孩子去上学时安全得不到保障?为何我要在税收上花一大笔钱来为额外警力和服刑者的费用买单?为什么他们不能寻找工作,做正派的公民?为何政府想在我最需要枪支保卫家人的那一刻收走我的枪?"

总而言之,许多美国人都在思索:"这个世界的变化日新月异。我感到困惑,我感到沮丧,我感到愤懑——我对未来感到害怕。"

好吧,放松。纽特·金里奇及其民调员和同僚倾听你们的声音。他们也已准备在众议院议员席行动——勇敢,有力,迅速。

不,国会中不会存在关于你们所提出的问题和担忧是出于何种原因的理性讨论。不会严肃辩论为何中产阶级崩溃,为何贫富差距已扩大至超过任何一个工业化国家,为何三分之二的家庭财富增长流向了最富有的1%人口,或为何这批人拥有的财富已超过底部90%人口的财富总和。

不会严肃辩论为何美国的工资与福利在世界排名中已从第1位跌至第13位,为何大型企业首席执行官的收入几乎是他们企业中工人收入的200倍，或是为何现在我国劳动者的带薪假期和育婴假期少于世界上每一个工业化大国。

不会严肃讨论为何会出现前所未有的贸易赤字，为何我们的工业基础遭遇严重衰退，以及为何随着盈利企业关闭，国内工厂迁移至雇工时薪为20或30美分的国家生产，美国失去了几百万份体面的工作。

不会严肃辩论为何税收政策大幅降低富人阶级和大型企业的税赋而提高中产阶级的税赋，或者为何公司相继要求税收优惠，否则就威胁州政府和地方社区削减工作岗位，然而为公司减税致使个人和房主缴纳更高额的地方税。

不会严肃辩论为何美国的医疗制度是全世界最昂贵且最浪费的，以及为何美国是全世界唯一一个不保障作为公民的医疗权利的大国。

不会有严肃辩论关于为何目前美国在工业化国家中拥有最高的儿童贫困率，以及该状况如何导致美国在大国中拥有最高的人均监禁率，或者为何监狱中三分之二的囚犯是半文盲，或者为何在美国两天内因枪击身亡的人数多于日本一整年的数据。

不。金里奇及其同僚不会探讨上述以及类似的议题。若探讨，则他们可能会召集人们共同寻找有利于绝大多数美国人的对策。试想：黑人和白人，西班牙裔和亚裔，异性恋者和同性恋者，中产阶级和低收入人群，本土美国人和移民齐聚，共创利于大众而非富人阶级的经济制度；共创所有人皆可得到医疗保障而非为保险公司和制药公司提供丰厚利润的医疗制度；共创为教育而非B-2轰炸机设置的联邦基金；共创有利于工人而非富豪和跨国公司的税收制度。人们一道为共同利益努力。纽特·金里奇的噩梦。

不。金里奇，他的同僚，以及赞助企业不能讨论或解决美国普罗大众正面对的实际问题,但他们可以转移大众的注意力。他们可以通过法案,以让他人感到更糟糕的法案让我们部分人获得安慰。他们可以分开中产阶级和穷人阶级,可以按照种族、性别、民族和性取向划分我们所有人。他们可以欺压弱势群体。这是一种可耻且丑陋的政治。但这是赢得选举的那种政治。

我知晓它在佛蒙特州的影响。在阿迪森县①的镇民大会上,一位女性提到:"伯尼,我努力工作但无力负担医疗保险。为何我的孩子没有医疗,而福利受惠者的孩子却享有医疗?这不公平。对此,你将采取何行动?"

我回答道,我会为此抗争,为了这个国家的每一个人能够通过全国性的医疗保险制度获取良好的医疗服务。她随后表示:"不。我并非要求你为我的家庭提供医疗保险。我只希望你能取消福利受惠者的医疗保险。"

类似事件也出现于奥尔良县②的一个节日。一位女性说道:"我在杂货店工作。我感到厌恶。我看到领取食物救济券的人进店购买牛排和我买不起的食品。为此做些努力吧。"

我在全州各地都对类似议论有所耳闻。随着国会逐渐缩减工作以筹备1996年11月份的大选,共和党领导层推行制造分裂的法案,用以分化美国人民,产生内讧,从而为共和党人赢取选票。

1996年7月12日,所谓的《婚姻保护法案》被呈至众议院议员席。该议题对共和党人"有利"。同性恋者在总人口中只占有微小比重,此外,大多数同性恋者不为共和党人投票。利用美国人的同性恋

---

① 位于佛蒙特州查普林山谷下游的一个小镇。
② 位于佛蒙特州东北部的一个小镇。

恐惧症①和对于性的不安全感不失为一种有效、经受时间考验、能赢取选票的策略。

克林顿政府早期曾就军队中的同性恋者进行过完全引发分歧的讨论。尽管数十万男女同性恋者为这个国家的荣誉和尊严服役，许多人也为保卫它而牺牲，但克林顿总统公开讨论此议题的尝试——并且承认已存在的事实——导致了一场骚动。共和党人，以及包括参议员萨姆·纳恩在内的保守派民主党人，"极好"地利用了这个议题，而克林顿则遭受严重的政治挫折。如果抨击同性恋者在过去奏效，为何不重新启用这种方式？

在本国，同性恋恐惧症是一个十分严重的问题——即便在国会内部也是如此。众议员鲍勃·多南（加利福尼亚州代表）在议员席上侃侃而谈，发表恐同的谩骂言论。虽然他的极端见解不合常规，但是他鲜少被共和党领导层批评或管制。去年，共和党多数派领导人迪克·阿尔米在一场新闻发布会中称出柜的众议员巴尼·弗兰克为"基佬巴尼"。他后来装模作样地道了歉。无非是一次"口误"，他解释道。在议员席进行的一场与性取向毫无关联的议题的辩论中，当加利福尼亚州的众议员杜克·坎宁安就军队中的"同性恋者"做一番无端批评时，我非常震惊。我强烈要求其收回言论。随之而来的是他的大喊大叫。"坐下，你这个社会主义者！"他冲我喊道。翌日，在同性恋权益组织召开新闻发布会并谴责其言论后，他道了歉，允诺永远不会在众议院议员席上再次使用"同性恋"这种说法。

此般明目张胆地展现同性恋恐惧症有其政治合理性。多南团队正在争取一个特别的选民群体。抨击同性恋是由基督教联盟所提出的议

---

① 对同性性行为和同性恋者的非理智性恐惧。

程的基石，该联盟在共和党"革命"中影响力极大。在1994年选举期间，该联盟分发了百万份印有以"家庭价值观"为衡量指标的竞选人排行表的宣传单。同性恋，根据定义，是"反家庭"的，因此支持同性恋权利也意味着反家庭。

我又在我的老家佛蒙特州见到惊人的后果。继任我伯灵顿市长之位的彼得·克拉维尔于1992年干了件有胆量的事，他通过了为城镇工人的同居伴侣，包括同性恋情侣在内，提供健康福利的法案。这是导致克拉维尔那年无法竞选连任的原因之一——这可是在伯灵顿，一个自由的城市。

《婚姻保护法案》是对夏威夷州立最高法院支持同性恋者获得法定结婚权利的预期决定做出的先发制人的回应。被提议的联邦法规既让同性恋夫妇无资格获取联邦福利，又允许各州拒绝承认在其他地方法定建立的同性恋婚姻。这项法规由众议员鲍勃·巴尔（佐治亚州代表）提出，他个人有不少与婚姻制度相关的经历。他结过三次婚。这场辩论的代理议长是众议员伊妮德·瓦尔德霍尔兹（犹他州代表），她同样深谙婚姻的复杂。她目前正式控告前夫乔·瓦尔德霍尔兹，后者正在蹲大牢。金里奇先生本人在婚姻方面也没闲着。他在前妻做完癌症手术后与其离婚，并拒绝支付子女赡养费，致使前妻向当地教堂求助。这几位是在辩论中发言的主要的婚姻保卫者。

《婚姻保护法案》获得了每一位共和党人的支持，除了公开同性恋身份的来自威斯康星州的史蒂夫·冈德森。事实上，冈德森，一如巴尼·弗兰克，在辩论中为反对这项荒唐立法陈述了最强有力和最富有感情的论据。来自亚利桑那州的保守派共和党人吉姆·科尔比为该法规投了赞成票。数周后，由于这一赞成票引起了同性恋群体的愤怒，科尔比不得不公开"出柜"。这位在众议院任职12年、生性安静的44岁越战老兵突然向亚利桑那州的选民宣布自己是同性恋者。

在一番装模作样、捶胸顿足的抗议之后,《婚姻保护法案》以342票∶67票通过。118位民主党议员投了赞成票。65位民主党议员和1位无党派议员投了反对票。众议院有许多人都在猜测共和党人会在即将到来的竞选中投放何种电视广告来对阵任何支持同性婚姻的竞选人。克林顿总统同样如此。他签署了这项法案。

1996年8月1日,共和党人将"只说英语"法案递交至众议院。该法案仅为他们反移民战略的一部分,它所利用的是种族偏见和对于移民的无知。无需多言,大多数的反移民偏见并不针对想成为美国公民的英国人、法国人和加拿大人。

不幸的是,众多美国人不能区分合法移民和非法移民,仇外情绪如同有经济问题的国家一般不断加剧。我近期在一件T恤上看到的口号可以用来总结部分人的观点:"如果你不会说英语,就滚出美国吧。"在加利福尼亚州,《时代周刊》报道了一位来自伍德兰希尔斯①的护士,她"在一所10年间经过都平安无事的高中外面被投以石块,并得到反西班牙裔的蔑称"。

"只说英语"法案强制联邦政府在所有官方交流中使用英语。这意味着来自比如拥有大量西班牙或波兰裔居民的地区的国会成员将被禁止使用西班牙语或波兰语与他们的选民交流。选举,税收,以及百万公民所需要的其他信息都只能使用英语。克林顿总统表示,他将否决这项法案,也会禁止它呈向别处——甚至连参议院都不行。但是,这项法案在众议院以259票∶169票得以通过。8位共和党议员,160位民主党议员,还有我,投了反对票。

---

① 旧金山的一个街区。

然而，共和党领导层着力打击的替罪羊并非同性恋者或移民，也并非攻击反歧视行动或制定限制女性堕胎的法案。

共和党议程中的皇冠明珠是他们所谓的福利改革法案。这项法案的打击对象包括穷人阶级、妇女儿童、少数族裔和移民群体，是大获全胜的替罪法案，它会呼吁沮丧和无知的美国人走向布满偏见的道路。

对支付高额税款并斥巨资养活懒于工作的人感到厌倦吗？对付钱让黑人少年终日赋闲在家、生子而自己要拼命工作感到厌倦吗？对为墨西哥人深夜偷渡边境提供激励感到厌倦吗？福利改革为你而来！

这项法案是共和党人一次真正的政治胜利，它也引发了民主党哲学基础显著且根本的改变。

这项被众议院和参议院通过的法案意义深远，因为它结束了60年来联邦政府对社会中最弱成员的保护。美利坚合众国将不再为饥饿和残疾的儿童或穷人阶级提供最低保障，取而代之的将是巨幅缩减的经费，以及将责任转至州政府。

以下是这项"改革"将实际达成的目标：

• 一生中享受福利的最长年限为5年。所有受惠者必须在两年内找到工作，否则就不再享受福利。这些条例的生效不受社区经济状况或工作的可获得性限制。

• 抚养儿童家庭补助计划（AFDC）[①]受惠者中的70%为儿童，其中，无论何时，三分之一为黑人儿童。若全美20%的儿童生活贫困，则"改革"会多帮助100万儿童脱离贫困。

[①] 为解决儿童贫困问题而设立的补助计划。由各州利用联邦政府拨款向有子女但父母失业或无工作能力的家庭或单亲家庭提供帮助。援助以家庭为单位进行。

• 30万残疾儿童不再获得补充性保障收入（SSI）①。该法案大体将残疾的范围缩小为有肺结核、自闭症、严重心理疾病、头部损伤、关节炎、智力缺陷的贫困儿童。

• 提供给合法移民的福利将在6年内缩减230亿美元。按规矩办事、合法来到美国、工作并缴税的移民不再享受医疗救助、补充性保障收入、抚养儿童家庭补助计划等福利，因为他们出生于其他国家。

关于克林顿是否会支持共和党的法案还存在很大的不确定性。有人说克林顿认为不宜对儿童问题过于严苛，所以已经否决了之前两项类似的立法。但由于政府不同意研究该项法规对本国儿童的实际影响，我个人认为克林顿的最终态度仍有转变的可能。显然，政府不愿意进行研究是因为这会证实大量儿童陷于贫困的情况，因此我一直坚信克林顿会默许该法案。果不其然，投票开始前几小时，克林顿召开新闻发布会称，虽然他对该法案持保留意见，但他同意签署。另外他还坚称，这一法案会推动社会进步。

过去几周发生的格外值得注意的事情，尤其在所谓的福利改革方面，是总统乃至国会中多数民主党人的历史性堕落。他们竟然支持大幅削减福利支出，而仅仅5年前，民主党内根本没有人认真考虑过此类立法，更别说会有人支持。

他们的堕落昭示着纽特·金里奇、拉什·林博、美国企业界和极右势力在改变美国政治和社会格局中取得了巨大胜利。同时，这也表明美国再无主要政党为穷人阶级发声了。

这一点毫无疑问。现在"好的政治"意味着欺榨穷人阶级。拉

---

① 是美国非缴费型福利制度中最大的现金福利计划。在全国范围内向最需要帮助的老人、盲人和残疾人提供最低收入保障。

什·林博告诉美国民众:"这个国家的穷人阶级就像最大的猪崽,他们霸占着母猪的乳头……他们获得了这个国家所有的福利。其他人都得取悦他们。"总统和国会听懂了拉什·林博的弦外之音,于是在他们研究过民调结果之后,此法案便实施了。

让人震惊的是这样重大的历史性事件竟然没有前兆。拿民主党来说,60年来,其引以为豪的是始终兢兢业业保护工人阶级和穷人阶级的利益,但其一夜之间便彻底转成了右派,并且接受了尼克松总统在任时必会一口回绝的政策。退回5年前,如果民主党主席和大多数民主党人胆敢支持将食品救济券缩减200亿美元,无情打击合法移民或剥夺儿童的最低经济补贴,他们定会被人耻笑。然而现在这些都变成现实了。民主党的大辩论去哪里了?弹劾总统、示威游行和集体辞职的魄力去哪里了?

他们堕落的速度让人难以置信。1994年,仅仅两年之前,民主党提出了一项福利改革法案,由佐治亚州的众议员内森·迪尔起草组织。这是民主党领导层有史以来支持的最保守的福利法案。(顺便说一下,迪尔先生随后脱离民主党加入了共和党。)

但相较于1996年民主党支持的由田纳西州众议员约翰·泰纳提出的那项福利法案,迪尔法案简直是人文关怀的典范。虽然它有很多不足,但它的基础论调是,如果联邦政府想取消公民福利制度,首先应该提供必要的教育、工作培训和儿童保育服务,帮助人们度过转型期,同时也保护他们的后代。它实际上增加了食品救济券、儿童保育和其他项目的财政支出。虽然我对迪尔法案忧心忡忡,但它能保证联邦政府对贫困儿童及其父母权利和需求的支持,也是当时可能通过的最好的福利法案,所以我最终还是像大部分民主党人一样投了赞成票。

两年时间匆匆过去。金里奇已升为众议院议长，与此同时拉什·林博对待穷人阶级的残暴态度也已经弥散到了两个党派里。如今的民主党倾向支持比迪尔法案更严苛的泰纳法案，后者不仅要求将食品救济券缩减200亿美元，也在大多数领域与共和党的提案相一致。泰纳法案认同贫穷是由穷人阶级引起的这一精彩观点，并提出解决的办法应当是取消政府对最弱人群的援助。虽然共和党认为该法案还不够激进，但它从195位民主党议员手中赢取了159票。最终，98位民主党议员为共和党的这一法案投了赞成票，该法案以328∶101高票通过。值得注意的是，只有极少数白人民主党议员反对泰纳法案——仅有10位。大多数反对票都来自少数族裔成员。

这项法案的通过意味着共和党不仅成功地利用了民众的恐贫心理，也利用了选民的无知。美国人民对政治的疏离与无知的程度让人难以想象。1996年1月，《华盛顿邮报》的调查显示，只有40%的美国人能说出副总统的名字，66%的美国人不知道他们州国会议员的名字，75%的美国人叫不出他们州两个参议员的名字。此外，40%的受访者认为福利或国外援助是联邦政府的单笔最大支出。事实上，当美国给抚养儿童家庭补助计划的预算为140亿美元时——相当于联邦政府预算的1%——国外援助预算比这还要少一些。

因此，数百万美国人都坚信减少福利支出会促进政府的预算平衡，然而他们没有注意到与此同时共和党领导层在6年内为军用开支增加了600亿美元，高于缩减福利节省下来的资金。

共和党人成功地将联邦政府的财政赤字嫁祸给了穷人阶级，掩盖了过去20年大幅宽减富人税赋，将几十亿美元资金投给国防承包商的一系列政策。不仅如此，他们还成功地广而告之：政府不会买怜悯和同情的账。由联邦政府出面并救助那些需要帮助的人将会带来恶劣的后果。

所以联邦政府应当做什么呢？削减福利。削减食品救济券和营养计划。削减经济适用房。削减医疗卫生服务。削减教育机会。削减燃料补助。这些举措不是有害的么？这些举措不自私、不残忍、不有失道德吗？不。加剧饥饿、无家可归和苦难的现状是我们对穷人阶级的帮助。

共和党人对此荒谬观点避而不谈，民主党人为此堕落，美国民众只能自食苦果，因为没有组织强大的反对力量。除了儿童保护基金、天主教主教全国委员会和几个其他组织站出来为儿童和穷人阶级发声外，美国社会几乎是一片死寂。

共和党人敢对穷人阶级下手的另一原因是他们深谙一个再简单不过的社会事实：绝大多数的穷人不缴纳竞选捐款、不参与投票、从不参政。其实，穷人阶级除了做替罪羊，其他时候与当代政治几乎毫无干系。

穷人便成了共和党人理想的靶子。他们在日益艰难的生存中挣扎，身心俱疲，无法组织起来还击。福利受惠者中有70%是儿童，他们既没有选举权，也几乎没有公民权。多好的靶子啊。就像在钓鱼桶里抓鱼，一抓一个准。

这就是美国政治里的"第二十二条军规"[①]：只要低收入人群不投票也不参政，他们就会成为替罪羊。但是只要两个主要政党都继续忽视低收入百姓的问题，穷人阶级就会继续认为政治与其无关，既不投票也不参政，然后当选的政客们就会继续忽视他们的需求。

曾有多少次我敲开低收入保障性住房的房门时，得到的都是一样

---

① 出自美国作家约瑟夫·海勒的小说《第二十二条军规》。书中的"第二十二条军规"规定，只有疯子才能准免飞行，但必须由本人提出申请；同时又规定，凡能意识到飞行有危险而提出免飞申请的，属头脑清醒者，应继续执行飞行任务。它用来指代骗局、圈套以及无法逾越的障碍。

语带自尊的回答:"我不投票。投了有什么用呢?没有人会代表我的利益。"

下面请容我岔开话题,分享一些我的发现。

我在伯灵顿任市长之时,投票率接近之前的两倍。为何?因为我们明确表示会为低收入和中等收入人群奋斗,而且我们也没有食言。很多低收入公民感受到了我们的诚意,便开始支持我们。如果穷人相信选举的确会给他们的生活带来变化,他们会去投票的。

美国的统治阶级太清楚保持低投票率的重要作用了。截至目前,美国是工业化世界里选举投票率最低的国家。1994年,金里奇和他的盟友当政时,全美只有38%的人参与投票。大多数穷人根本与投票无缘。对共和党人而言,那次选举可以用伟大来形容。几乎没有人投票,而富人又为选举捐献了巨额资金。这就是统治阶级喜欢的"民主"。

在第三世界国家,如果政治组织想要抵制他们眼中的非法政府,他们就会组织选民抵制。而在美国,组织选民抵制是不可能的,因为已经有非组织的抵制了。1994年选举时共有62%的人抵制选举。

1993年,克林顿总统签署了《汽车投票法案》,方便低收入人群进行投票登记。人们在申请驾照、福利办公室、失业办公室、公共图书馆和各个政府办公大楼时都可以填写投票登记表。这项法案虽好,但在我们理应走的增添投票途径之路上仅仅前进了一小步。然而,共和党人在看到该法案通过后暴跳如雷,更有一些共和党州长直接拒不实施。多可怕啊!试想,穷人都来投票了,下一步会怎样?

然而,当下一场战争来临,谁会马革裹尸还乡,或缺胳膊断腿成为残疾?又有谁会因为参加了战争而面临失业,沦落街头?必然是那些不参与投票的人的儿女们,而共和党人永远都不希望他们参与投票。

如果美国的投票率达到加拿大或欧洲的水平（70%到80%），美国社会将会发生翻天覆地的变化。最重要的是，如果穷人学会运用他们在选举中的杠杆作用，他们就会意识到民主社会的根本原则，即他们与其他人一样都有权决定这个国家的未来和社会契约的走向。这种权利归属感本身将会改变数百万美国人的生活，并最终改变整个国家。

如果穷人进行投票，政府就不得不更加关注经济不公、医疗卫生、教育和其他一些当下被忽视的议题。至少，类似于最近通过的福利"改革"法案就不会被通过，而其只能成为极右势力一个渺茫的梦想。共和党人也同意我的观点。他们完全明白越来越多的低收入人群选举与参政意味着什么，所以他们千方百计阻止这一切的发生。

削减福利支出、抵制同性恋与移民、增加军用开支以及缩减医疗教育投入还并不是我要面对的全部问题。回到佛蒙特州，我必须把这些棘手的现实问题与选举的筹备工作结合起来。然而在选举这方面，我毫无头绪。

5月21日，我在华盛顿。简告诉我一个坏消息：苏珊·斯威策已经开始做电视宣传了。这是我们始料未及的，所以每个人都惶惶不安起来。佛蒙特州从来没有过5月就开始电视宣传的先例。在过去的三届选举中，我们都是10月才开始做电视宣传的。她的电视宣传是一部制作精良的30秒短片。行话叫作"介绍片"，用来让观众熟悉她的生活和政治主张。宣传片是一家名为"德雷内和威克斯"的共和党传媒公司拍摄的，技术一流。

在思考如何回应这一重要选举进展时，有一件事我们看得很清楚——斯威策如果在电视宣传上出了高价，她一定信心满满能筹到一笔巨资。她能筹到100万美元吗？是来自于正处心积虑要摆脱我的美国企业界吗？以及我该如何应对她无疑会得到的全国步枪协会和其他组织通过"独立开支"名目提供的额外援助？我对斯威策电视宣传的第一反应是我们最好要加速筹资了。我们已经卷入了一场残酷而昂贵的角逐，得尽快行动起来。

我们是提前做电视宣传还是继续等候时机呢？这是个大问题。1994年竞选时，我的对手是共和党人约翰·卡罗尔，他在8月末做电视宣传，而当时我们觉得"为时尚早"，结果没有回应，错失了良机。他整整一个月都在霸屏，而我们无动于衷。这次我自然不想重蹈覆辙，但是离大选还有五个月就考虑做电视宣传又确实稀奇。我们一来不想这么早就开始做电视宣传，二来是我们的资金准备并不充足。

后来我们做的一项"基准"民调大体上回答了我们该如何应对斯威策电视宣传的问题。今年，我有生以来第一次，极不情愿地雇了一家名为"本内特、佩茨和布卢门萨尔"的华盛顿专业民调公司，在佛蒙特选民中就我的优势和劣势做了一次深入调查。对大多数政客来说，此举纯粹流于形式，但对我们来说，尽管已在进步运动中做过多次民调，但这么彻底的调查还尚属首例。这项调查花费了15000美元，在我眼里真算得上一笔巨款了。

我们和民调员一起设计访谈问题，每次访谈要与受访者交谈30分钟。你应该把你的对手可能会用来反驳你的观点全部提出来，看受访者如何回应，这样你就能知道自己的弱势和优势。我们在民调中还增加了一项"激烈角逐"，来反映我们和斯威策的民众支持度。

长话短说，基准民调的结果让我们感到十分欣慰。其实，和戴夫·佩茨一起分析调查结果的顾问们表示他们从来没有见过如此乐观的调查结果——他们已经分析民调结果多年了。根本原因就是佛蒙特人非常了解我。有些佛蒙特人认同我的政见，有些不认同的也都清楚我的立场。无数受访者都认为我对选民坦诚相待，认为我是一位为了自己的信仰而奋斗的人，这让民调员感到非常惊奇。从调查结果来看，几乎没有佛蒙特人认为我是一个十足的政客。

我个人觉得最有意思的是：民调结果显示，斯威策用来与我争辩或攻击我的观点并非我们预想的那样具有左右选民决定的重大影响。在正面交锋的"激烈角逐"中，我们领先斯威策27个百分点。虽然让她自我感觉良好的电视宣传已经播放了两个月，但她的反对率却是出奇的高。

坦白说，即便这些民调员都是该领域的专家，口碑也极好，我仍感觉这次民调的结果好得太不可思议了。但这个结果确实让我坚信了一点：我们还不必着急做电视宣传。我们要节约资源，留到竞选最后真正有用的时候再派上用场。

与此同时，贝克尔民调结果出炉，这是受商界与佛蒙特州最大电视台委托而进行的一项主要的全州性民调。结果显示，我们领先20个百分点，而斯威策的反对率很高。没有人能想通为何斯威策取得的成绩不太理想。即便她在电视广告中投入了80000美元，我的领先优势仍然明显，而斯威策的反对率则持续走高。这甚为异常，但我们并非在抱怨。

我们立即制定了策略，即对这一切保持合理的沉默，尽量不犯愚蠢错误，向最终选举奋力冲刺。斯威策极有可能从其富有的支持者处获得巨额捐款，从而将电视广播广告尽数买下，但我们在这方面力不从心。总体势均力敌，我现在比两三个月前所期望的要更有信心。

竞选伊始我便确定，相较于过往的成绩，我们在三个方面必须有所进步。其一源自于我的一个梦想，那就是在我们的运动中，有1000名懂政治的人手在佛蒙特全州进行游说。假如每人能敲开200

扇门，我们就能敲遍全州的每一扇门进行游说。老实说，这在目前无法做到——我也明白。但这是值得拥有的一个梦想。

许多人不留意电视新闻，不阅读报刊，也不收听广播。他们并不积极参与政治过程——拖车公园①和低收入区域的人们尤其如此。游说旨在通过面对面交流直接把政治理念传递至成千上万佛蒙特人的家门口，若有可能，甚至进入他们的客厅与他们面对面交流。在我看来，世上所有电视广告的效果都逊色于这一种方式：一位既具有聪明才智又平易近人的游说者倾听选民心声并与之探讨议题。民主社会里的竞选运动应包含重要的教育意义，这是我将始终坚持的理念。

数月前，彼得·贝克和阿什莉·穆尔这两位年轻人来到我们的选举办公室谋出路。二者在俄勒冈州的环境保护组织工作时均积累了丰富的游说经验。他们精明能干且精力充沛——正是我想招收的那类人。起初，他俩会前往我们挑选的一个小镇，自个儿挨家挨户敲门。但是一段时间过后，菲尔·菲耶尔蒙特和汤姆·史密斯便有能力组织各个小镇当地的志愿者与彼得和阿什莉同行。

这些游说者会带上竞选用的宣传资料前往社区里的每一户人家。如果家中无人，他们会留下一张传单。如果遇到支持者，他们会给对方一张印有"伯尼96"的车尾贴——这些贴纸开始大量出现在全州各地的轿车上。他们记录草坪标志②的地址——已有1000人表示他们想在草坪上插入标志，这对于距离大选之日还有数月的竞选运动来说是个了不起的成就。他们登记愿意成为志愿者的支持民众，他们注册愿意投票的民众，他们带回我们尝试去回答的来自选民的问题。

---

① 拖车公园里的居民以拖车、活动房屋或房车为家，因为他们的生活低于社会经济标准，而拖车型活动房屋的住宅费用远远低于建筑型房屋住宅的造价。美国的大众文化有这样的概念，即通常住在拖车公园里的人们是穷到支付不起其他任何东西的。
② 竞选中，有些选民会在自家草坪插上标志，表明自己是哪位竞选人的支持者。

这些游说者也请支持者向报纸投稿，因而在社论版上支持我的读者来信数量超过以往。他们甚至会时不时地设法售卖印有"伯尼进入国会"的T恤。还有一项额外收获，我们的部分支持者开始为竞选捐款。这边有人捐5美元，那边有人捐20美元。积少成多。此外，极其重要的是，通过每晚挨家挨户地敲门，我们掌握了民众对于竞选运动和相关议题看法的第一手资料。

昨晚在圣奥尔本斯，四位熟知社区情况的当地志愿者与彼得、阿什莉和另一位工作人员同行：这意味着当晚在一座小城共有七人在游说。这让你真的很有存在感。圣奥尔本斯的民众将会了解桑德斯的竞选运动在他们的镇里举行——而且很棒。今晚，五至六人会前往位于威利斯顿镇①郊区的社区。每一天，各种努力都在另一个城市或城镇延续。在一些较小的城镇里，三至四人就能在一晚上敲遍所有家门。

游说让民众有机会以新的方式和桑德斯的竞选团队互动。尽管我每周都从华盛顿回来，在佛蒙特州花三四天时间尽力走遍州里的每一片区域，但仍有数万民众从未见过我本人。所以，当我们在分发宣传资料、注册选民、派发车尾贴、收集签名以获得竞选提名、募集资金时，我们同样在做一件最重要的事情：与民众直接交谈。倘若你真心希望建立一个运动，你就必须走出去谈论政治。过去我们曾在这方面有所欠缺，但现在我们正不断进步。我对游说成果感到异常兴奋。

截至目前，竞选运动中的高潮可能是菲尔·菲耶尔蒙特于数周前在佛蒙特州首府蒙彼利埃组织的会议。该会议旨在聚集志愿者以商讨他们可在竞选团队中扮演何种角色。75位志愿者到场，学习如何成为起作用的工作人员——出席人数可真多。

---

① 佛蒙特州齐坦丹县的一个小镇。

如何有效地与志愿者们来往是每一个严肃的竞选团队都会面对的挑战之一。如果你给他们安排无价值的或不具挑战性的"没事找事型工作",他们不会再来帮忙。没人喜欢浪费时间。如果你让厌恶打电话的志愿者们去做电话宣传,他们会离开。一个好的竞选团队得以成功之时是将志愿者们与他们会乐享其中和感兴趣的工作相匹配。我们需要人手游说,需要人手维护位于集市和街角的摊位。我们需要志愿者分发宣传单、打宣传电话、在伯灵顿的办公室工作、寄发邮件,以及操作电脑。今年秋天,我们将需要支持者来我们的地区办公室帮忙。我们仍有许多工作尚待处理,而这场会议正是召集志愿者们去完成这些事。

出席的低收入者人数让我既吃惊又欣慰。于他们而言,金里奇的政策并非智力辩论的议题。他们关心的是生死攸关之事,如饭桌上的食物、医疗、教育和医疗救助的保费。当菲尔首次提出会议构想时,我有所顾虑,因为组织这场会议需要做大量工作。但我错了。我们为竞选活动招募了出色的同事。

尽管我们看似吸引了愈来愈多的工人阶级和低收入志愿者,但我们激发的热情和支持不如过去在进步党人中那般,后者历来是我们运动的支柱。我不是在发牢骚。新志愿者们不仅工作勤奋,而且对他们所在的社区了如指掌。

我制定的第二个目标是在佛蒙特州的直接邮寄方面取得进步。作为无党派人士,我在这一方面与其他民主党或共和党候选人相比处于实实在在的劣势地位,因而我们必须大大超越过往表现,这点毋庸置疑。

在你谈论的选民数多达25万时,直接邮寄是很烧钱的做法。在上一场竞选运动中,我们以狩猎者为主要目标寄出了约35000份资料，旨在表明对枪支问题的立场，以驳斥全国步枪协会对我候选资格的强烈反对。以往，共和党人会向州里的每一户人家邮寄广告，民主党人也毫不示弱。他们通常会列出所有费用，州党或全党便可为此买单。而对我们来说，一切开销都得从我的竞选经费里出。

今年我们学聪明了，提前开始邮寄。我们利用直接可获取的资源。众多在佛蒙特州的职业团体必须在州内注册，而这些名单免费对公众开放，往往为电子文件。这帮助我们在8月中旬完成95000份广告的寄送。

我们的行动计划并不复杂。我们邀请不同行业里的知名人士撰写支持信，我们随标准宣传单和回邮信封附上捐款单，我们以大宗邮资邮寄——每封邮件约18美分。我们有了一个振奋人心的发现：这些邮件相当于免费寄送；实际上，其中有些还挣了钱。也就是说，我们能够不动用竞选经费向佛蒙特人寄送大宗邮件。到目前为止，我们已经向医生、律师和州内的每一位教师、护士、理疗师、脊椎按摩师、农民和大学教授寄送了信件。当前，我们正在购买年长者和环保人士的名单。

我们在大宗邮寄方面获得的成功激励我们提出了一个更大胆的计划。我们灵光一现：如果选取一个我们在上届选举中收获不错支持率的区，并向该区的每一户人家寄邮件，会发生什么？我们做了几次试验，效果不错，收到1%的回应，这是抵补支出所必需的。这种寄送方式的优点是我们能够使用"邮政顾客"地址（意思是邮件被寄往每一个住宅地址，而非一位指定收件人），这也是最便宜的做法。其缺点是一部分收到你邮件的人根本不投票。但坦白说，我们不认为这是个问题，因为我们也希望与那些人交流。

因此，总体上，我们邮寄工作的成效比以往要出色得多。我们在与更多人民交流，我们在筹集资金，我们也为竞选运动拉拢更多支持者。我为此感到激动不已。

当你参与一场竞选时，你必须成为各项事务的专家：征集邮件、直接邮寄、邮资、购买交通高峰时段的广播广告、撰写竞选宣传手册并分发、估算打印费用、采购徽章和车尾贴、编写广播稿、剪辑电视广告。相信我，竞选运动不只是发表演说和参与辩论。

我们的第三个目标是在电话宣传上更有成效。是的。我道歉。我们同样参与了让人类反感的活动，即电话游说。通常，大多数国会候选人和政治党派会雇用位于南达科他州或其他更远地区的专业电话营销机构。我认为这类公司的地理位置选择是出于致电者"没有口音"——佛蒙特人不喜欢带有阿拉巴马口音的来电者——和人工成本低廉的考虑。这类公司拥有的数百位员工只需机械化地拨打电话，一遍又一遍地重复背得烂熟的广告词，将结果录入电脑。"是的。不论发生什么，我都打算为琼斯议员投票。"强烈支持者。"不。我对于谁在竞选公职一无所知。今年会有选举吗？"犹疑不决者。

数年来，我们内部也在争论在州内或州外进行电话宣传的利弊。通过一家专业的电话营销公司来致电的明显优势在于他们能够完成任务。你只要付钱，他们就能打5万或10万通电话——你想要支付的任何数量都可以。你也将获得由专业人士制作的清晰整洁的与选民身份信息对应的回复表。

这种方法的劣势在于致电者对于他们所做之事漠不关心。他们不了解佛蒙特州，他们不认识伯尼·桑德斯，他们也不清楚通话期间必定会经历的某些事情。此外，要是行得通，电话宣传对我们的志愿者来说是极好的活动。由住在佛蒙特州海恩斯堡镇①的支持者致电邻居

---

① 佛蒙特州齐坦丹县的一个镇。

并向其介绍竞选运动是非常有效的方式。这一点无法否认。但难点在于无法召集足够多的志愿者来完成所需的庞大通话量。许多人不喜欢给陌生人致电，这可以理解。另外，基于我们的致电者不是专业人士、他们不在电脑上操作等实际情况，部分反馈将变得略微混乱。

在经过不少讨论后，我们再度决定在州内开展电话宣传。我们必须为志愿者们提供已注册的选民名单及电话号码，为办公室订购一批电话——尽我们所能。虽然汤姆·史密斯协调出色，我们也比上一次竞选表现更佳，但我们仍在艰难挣扎。每天晚上我们都只有三四人在进行电话宣传。有人表示会加入，但没有出现。我也不确定我们最终会取得何种成绩。它会胜过上一届竞选时的情况，但仍算不上优异。

你不必成为一个政治天才便能知晓，若你孤军奋战，你能达到的成就会有实际限制。民主党人有他们的政党，共和党人也有他们的政党。作为一个独立于两党制之外发挥作用的无党派人士，我在政治生涯中自始至终都在奋力拼搏，旨在召集人民为了争取社会公正加入到进步主义运动中。

当我首次被选为伯灵顿市长时，我知道，若不为一场强劲、成功的政治运动而努力，进步主义议程将永远不会实行。在与伯灵顿的其他进步党人共事时，我们创立了伯灵顿进步党联盟，它在过去15年实际上一直是该市的一个政党。当时，进步党联盟推选了两任市长、几十位市议员和学校董事会成员，以及四名州议会代表。

在全州级别，我们没有发展为一个正式的第三党。但是，我积极地与众人一道创造一个强有力的佛蒙特州进步运动，这一运动历年来为州议会输送了许多竞选人，同时也参与了其他各种运动。

显然，当我于1991年任职国会时，那边的动态与佛蒙特州的情况相去甚远。我是国会中唯一一位无党派、独立于两党制之外的人士。这在随后两年内①绝不会有任何改变。在国会,有共和党人,有民主党人,还有我——情况正是如此。基于现实,我为自己能扮演何种政治角色而绞尽脑汁。

在国会工作一小段时间后,我决定尝试把最具进步思想的议员召集起来,从而我们能够更有效地争取经济公正。国会中已存在些许核心小组,其中有几个小组工作出色,然而没有一个小组明确为解决美国工人阶级需求的进步议程做斗争。

我意识到,在过去这些年中,国会中最具进步思想的观点是由黑人核心小组②提出的。数十年来,该小组不仅为黑人社区的需要,也为所有种族的中低收入人群的需要而努力,表现优异。

在我担任市长时,我注意到黑人核心小组每年都会提出的"替代预算"。他们在该文件中阐述我们如何通过转移国会的资金优先权为经济适用房、社区和城市发展、医疗卫生服务、教育,以及低收入和中等收入美国人的普遍需求增加经费。他们在"替代预算"中以十分简单有效的方式揭露了国会优先权的道德沦丧。这是绝妙的倡议,它被政治活动家广泛运用于全国各地。实际上,黑人核心小组多年以来正是国会中的进步小组。

但是,国会中的进步人士不全是黑人,在我看来,建立一个包括所有进步人士——白人、黑人、西班牙裔、亚裔、男人与女人——的核心小组是向前迈进的重要一步,因为只有这样我们才能够为争取合理的优先次序并肩作战。

显而易见,黑人核心小组总是将注意力集中于黑人社区的特殊需

---

① 众议员任期两年。
② 一个代表国会中黑人议员的组织,成员仅为非裔美国人。

求，西班牙裔核心小组总是将注意力集中于西班牙裔的特殊需求，妇女核心小组总是将注意力集中于女性的特殊需求。然而，基于意识形态和阶级的基础，一个进步主义核心小组将会设法为努力奋斗以获得体面生活的全体美国人发声。我向一些朋友介绍了建立一个进步主义核心小组的想法。

来自加利福尼亚州的罗恩·德勒姆斯是我最先交谈过的那批人之一。罗恩是美国国会中最伟大的英雄之一。20年来，他一直是为建立一个和平且社会公正的世界而奋斗的主要代言人。他从伯克利地区进入国会，当时他已因反对越战和种族歧视而为人所熟知。年复一年，他前行在为公正而战的道路上。

我也和来自俄勒冈州的彼得·德法西奥有过交谈，他是我于1990年参选时支持我的两位国会议员之一（另一位是巴尼·弗兰克）。当时我与他并不熟识，但自那以后他成为我非常亲密的朋友。他代表俄勒冈州的一个农村地区，那里在许多方面与佛蒙特州相似。我们最终对很多议题持相近观点。彼得在反对企业福利政策、贸易政策和环境政策方面态度尤其强硬。

而后我与莱恩·埃文斯交谈，他是来自伊利诺伊州的越战时期老兵，是国会中在投票记录上最反对里根的议员之一。莱恩因为带头揭露国防部对橙剂事件[①]惨败的掩盖行为，以及在任期内始终作为老兵

[①] "橙剂"是一种落叶剂，主要成分之一是毒性极大的二恶英，因装运容器上的橙色条纹得名。上世纪60至70年代，美国陷入越战泥潭，为了改变被动局面、切断越共游击队的供给，美军决定首先设法清除视觉障碍，使越共军队完全暴露于美军的火力之下。为此，美国空军实施了"牧场行动计划"，在越南大面积使用"橙剂"，使丛林落叶，游击队无法藏身。超过7000万升的"橙剂"在越南制造了50多万"橙剂"畸形儿，并使200多万儿童遭受癌症和其他病痛的折磨。使用过"橙剂"的水源和土壤至今仍未消除污染。除了越南人民，参加越战的美国老兵也深受其害。目前除糖尿病外，美越战老兵所患的病中，已有9种疾病被证实与"橙剂"有直接关系，包括心脏病、前列腺癌、氯痤疮及各种神经系统疾病等。

的主要代言人而获得全国的认可（他也是一位热心肠的房东。我住在他家的地下公寓）。

最后，我向来自加利福尼亚州的玛克辛·沃特斯做了介绍，她与我同时进入国会，在银行业委员会的席位与我相邻。玛克辛因在加利福尼亚州议会发表有影响力的进步派言论，以及作为低收入人群的有力支持者而闻名。她出生于一个低收入住宅区，不曾忘记她的根。

我们五人聚首，成立了进步主义核心小组。这个小组多年来平稳地发展壮大，因此当我们最大的战斗打响时——反对纽特·金里奇及其反动的"与美国的契约"——我们的成员总数已达到52人。我于1991年当选小组主席，此后一直担任该职位。

除了几位创始人，活跃于进步主义核心小组的其他国会议员包括梅杰·欧文斯、莫里斯·欣奇、辛西娅·麦金尼、尼迪亚·维拉斯克斯、林恩·伍尔西、鲍勃·菲尔纳、杰里·纳德勒、埃莉诺·霍姆斯·诺顿、巴尼·弗兰克、马西·卡普图尔和杰西·小杰克逊。

1992年10月，《全国癌症登记法》由布什总统签署，这是我在国会通过的第一项主要法案。实际上，国会还是不时地会按照应有的方式工作的：普通民众为解决一个问题而发现设立一项新立法的需求，而后联系他们选出的代表，最终他们的提议变为法律。这就是《全国癌症登记法》的由来。

在1991年，佛蒙特州的一些妇女为该州极高且显著高于其他州的乳腺癌死亡率而感到担忧。为何如此以及对此能采取什么行动？这些佛蒙特妇女在州内发起一场强有力的教育运动和一次数千人签字支持的请愿活动，由三位罹患乳腺癌的患者领导——与病魔英勇搏斗，最终还是不幸去世的琼·拉特格布，还有帕特里夏·巴尔和弗吉尼亚·索法。她们的请求是建立全国性的癌症登记。

我从这些妇女处获知，美国在统计患癌病人及其居住地、职业、接受的治疗种类和治疗效果等信息上的进展落后于主要大国。显然，如果研究人员希望更好地掌握癌症的成因以及最佳治疗方法，我们需要更多信息。

某些类型的癌症在佛蒙特州比在加利福尼亚州更为盛行意味着什么？环境恶化和癌症之间有何关系？从事某些种类工作的人们是否比其他职业的人们更易得特定类型的癌症？居住在垃圾填埋场或焚化炉附近的人们是否更易患癌？

如果我们有统一的全国性数据，我们能获取更多关于饮食与癌症、生活方式与癌症的联系吗？我们会发现更多某些种类癌症的地理"群"吗？有无可靠的全国性数据关乎某一种手术与其他治疗方法相比的治愈率？

基于每三个美国人中就预计有一人会在一生中患某种癌症的现实情况，上述问题显得非常重要。这个问题是我从佛蒙特妇女和石油、化学和原子能产业工会的成员两处获悉的。该联盟中的工人所从事的工作将他们暴露于众多不健康物质之中，他们也很难从雇主处获知联盟中工人的患癌率与患癌种类。全国各地的工人都面临着同样的困难。

这个议题对我来说尤为重要，因为我长期以来都对预防性医疗措施抱有兴趣。美国每年在医疗卫生上投入一万亿美元，几乎所有经费都用于治疗。相对而言，我们在预防疾病方面投入甚少——不论是癌症、心脏病，还是普通感冒。长期来看，如果我们能更好地掌握疾病的诱因，我们便可以消除许多人间苦楚和巨额费用。

调研后，我们发现全美只有十个州在进行有效的癌症登记。此外，尽管部分全国性统计数据会被国家癌症研究所收录，但90%人口的情况都被忽视。1992年年初，我提出了《癌症登记修正法》。这个法案后来被我的佛蒙特同事、参议员帕特里克·莱希引入参议院。我的工作人员凯蒂·克拉克工作出色，因此我们获得了全国各地的医生和医疗卫生组织的强烈支持。随后，好事接连不断。

《读者文摘》1992年6月刊的头版文章为斯隆·凯特林癌症中心的医生约翰·H.希利所撰写的《美国最需要的抗癌武器》。他提到的武器是什么？是1992年的《癌症登记修正法》的通过。《读者文摘》也在《纽约时报》等报纸上刊登探讨这篇文章的全版广告。我们无法再要求更好的宣传了。不久，对这项法案的支持信开始大量涌入国会大厦。

这项法案一步步通过委员会流程，期间也一直在赢得支持。不幸的是，会期即将结束，我们也许赶不上在众议院议员席为其举行投票表决。如果真是这样，我就得从头来过——假设我再次当选。

会期的最后一晚到来了，国会也即将休会。在立法程序中，至此，法案只有"一致同意"才能通过。没有时间举行辩论或投票了。所能通过的法案必须获得议会中两党领袖的支持，不能有来自任何成员的反对，即便是有人只想看到关于法案的辩论也不可。如果存在任何对"一致同意"的异议，法案就玩完。

凌晨4点，我拼命思考我该如何把法案呈至议员席并确保一致同意。民主党人愿意提出此事，但共和党的议会领袖是来自加利福尼亚州的威廉·丹内迈耶，他是国会中最右翼的议员。他只需说一句"我反对"，这个环节就全结束了。坦白说，如果我单独找丹内迈耶协商，我认为对于法案只会是弊大于利。他和我在大多数事情上意见相左。

在这个节骨眼上拯救了白天①（更确切地说是晚上）的女英雄是来自俄亥俄州的众议员玛丽·罗丝·奥卡。玛丽·罗丝与我一同供职于银行业委员会，她确确实实牵着我的手，带我去了议员席外的共和党办公室，与共和党人探讨这个议题。她本人亲自与丹内迈耶以及其他共和党人沟通，我知道她甚至尝试致电丹内迈耶的妻子（我不记得她是否打通）。总之，会期最后一日上午，该法案以口头表决形式通过，没有异议。我当时昏昏欲睡但欢欣鼓舞。我确信，《癌症登记修正案》是第102届国会的众议院所通过的倒数第二项法案。如今，由于这项法案和大约5000万美元的拨款，几乎美国的每一个州都拥有有效的癌症登记，研究人员也从数据中获取有价值的信息。

1992年，两位共和党人争夺在普选中对付我的机会：一位是蒂姆·菲尔宾，典型的基督教联盟右翼人士；另一位是杰夫·温伯格，保守派，佛蒙特州第二大城市拉特兰的市长。没有强劲的民主党对手加入竞选。卢·扬，一位来自伯瑞特波罗的相对无名的候选人，赢下了民主党初选。

菲尔宾和温伯格各自都有优势。菲尔宾是精力充沛的演说家，他获得了保守派基层的大力支持。而温伯格则是久经沙场的政治家，且作为权势集团候选人将获得富有的利益集团所提供的巨额资金。

菲尔宾在共和党初选中胜出。与他的意识形态相一致，他反对女性的堕胎权，甚至是在乱伦和强奸的情况下。在佛蒙特州，每一个州级公务员都赞成堕胎。这很显然是州内的普遍看法。此外，菲尔宾在种种议题上都脱离了佛蒙特州的共和党权势集团，所以几乎得不到他们的支持。

---

① 指挽救大局。

11月3日,我再次当选佛蒙特州的众议员。选举结果为桑德斯58%,菲尔宾31%,扬8%。

第六章 遍访佛蒙特

上个月，《拉特兰先锋报》刊登了一篇戴安娜·德比撰写的文章，文中详细对比了我和斯威策对堕胎的看法。我的观点是，女性关于是否做堕胎手术的决定是一件私事，这个原则必须适用于所有女性，与收入高低无关。苏珊·斯威策是一个"温和派"共和党人，她也表明支持堕胎。从表面上看，我们的立场相近。但是有一点截然不同：斯威策反对将公共医疗补助经费用于堕胎。她支持女性的堕胎权利，但前提是女性能够负担此费用。因此，我们的理念看似无异，实则存在本质区别。《先锋报》中的那篇文章把这点讲清楚了。

可惜的是，认真且详实分析参选者不同观点的文章少之又少。我们需要更多这种类型的文章，而不是把重点放在关于竞选的闲言碎语上。

目前，我们在竞选运动中感到满意的方面是我们在妇女议题上获得了妇女和妇女组织的鼎力支持——尽管我在与一位女性候选人竞争，而且她还在积极地为维护犯罪受害者的权利而奔走。接连不断的民调显示"性别差异"巨大。我们在女性支持率上的领先优势高达

2 : 1，而在男性支持率上却几乎没有优势。我们也得到全国妇女组织（NOW）、全国堕胎权利行动联盟（NARAL）以及商业和职业妇女协会的支持。斯威策获得全国妇女政治党团的支持，该组织仅支持女候选人。

我的团队多年来在争取妇女权利方面扮演了一个极其强势的角色。我不但持有在妇女议题上获得100%支持率的投票记录，而且为妇女健康问题和反对家庭暴力尽心尽力，并取得了成功。佛蒙特州的妇女都知晓这一切。此外，大多数妇女都理解，当一个政党想要通过宪法修正案来禁止堕胎，并向多数为女性的低收入工人和医保受惠者以及单身母亲和她们的孩子宣战时，这个政党是很难推出真正"支持女性"的竞选人的。

啊呀，我成了《华尔街日报》里一篇主要社论的主角。我很恼火。不仅内容荒谬，给我的配图也糟糕透顶。眼下，为何作为美国企业界喉舌的《华尔街日报》会为老佛蒙特州这个小地方的国会竞选而操心呢？他们没有其他更重大的事情需要担心吗？好吧，真相是他们的确不太关注我，他们是在关心更重要的事情。

在一篇把我称为"这个国家中当选职位最高的社会主义官员"的社论中，《华尔街日报》表达了对于全国民主党和克林顿总统不支持杰克·朗的失望——朗是竞选国会议员的民主党候选人。看到了吗，我们一直都在告诉你们，颇具洞察力的社论作者如是说。那克林顿，那些民主党人，他们都自称"温和派"，但当他们要在一个温和派民主党人和一个社会主义者里做选择时，他们选了谁？

不错。民主党人正在支持一位有望获胜的现任者，是他协助领导了反对金里奇的战役，而不是一个闻所未闻、在民调中支持率仅为6%的候选人。喜出望外。克林顿和他的盟友们可能没那么进步，但他们也不傻。有趣的是，这正是极端右翼的穆尼报纸①《华盛顿时报》于几周前刊登的某篇社论的主题。我琢磨着，难道这预示着共和党将在全国范围内发起宣传"赤色迫害"的广告运动吗？难道我们将要在全美的30秒电视广告上看到克林顿是如何支持一个社会主义者的？

当然，我长期赢得佛蒙特州进步派民主党人的支持，也同谢里尔·里弗斯、利兹·雷迪和迪克·麦考密克等民主党人在州议会的若干重要议题上协作。我们有分歧，但我们认为能够共同为佛蒙特州的最佳利益努力是互利的。

总体而言，《华尔街日报》上出现的内容不足为虑。我估计超过98%的佛蒙特人不阅读该报——多数阅读该报的人无论如何也不会支持我。因此，这篇社论本身没什么意义。但是，这类国家级报刊的关注会成为佛蒙特州政治谈资的焦点。

在这篇报道出现后不久，《华尔街日报》的分析就得到了佛蒙特州媒体的报道，而后我的办公室就接到大量来电，都是关于当下走红的"杰克·朗的故事"："桑德斯何以获得众多佛蒙特州重要民主党人的支持，而民主党人杰克·朗却没有？"（据我所知，州长迪恩是仅有的公开支持朗的重要民主党人。）我在1988、1990、1992和1994年都获得了民主党人的广泛支持，这些事实现已被忘却，所以我们屡屡重新讨论这个问题。

这样的议论未免也太奇怪了。现在有个人自宣布参选以来，还未召开过新闻发布会来表明自己在任何议题上的立场，几乎未筹措到资金，在民调中支持率介于4%和8%之间——然而未解的兴趣点却出乎

---

① 由文鲜明（韩）于1982年创立的右翼报纸。文鲜明，本名文龙明，1954年创立韩国统一教，统一教信徒被称为"穆尼（Moonie）"，源自文鲜明的姓氏（Moon）。

意料地变为为何民主党人不支持他。肤浅见解的循环传播从未停止。一个接一个的故事出现在《伯灵顿自由新闻》等处,这个问题也吸引了州内最大电视台的关注。

WCAX电视台请我对《华尔街日报》的文章发表看法。我对谈论政治八卦并不特别感兴趣。我该对先前十次都无话可说的问题表达什么?但这次我准备好应对此事。如果我能获准在一些实质性问题上简单谈几句——可能会是某些人真正感兴趣的话题,我将给出回应。"要是你们允许我讨论我刚发出的那篇近期新闻稿,"我回复道,"我就来谈谈那篇社论。"我的新闻稿批评了五角大楼的一项政策,即把价值数百万的国防部合约工作外包至海外,而这些工作本该交给美国工人。在国防工业解雇数万美国工人的时代,这个问题值得担忧——尤其是在拥有几个国防工厂的州。记者回电,我们达成协议。电视台得到了我对荒唐可笑的《华尔街日报》社论的回应,我也就实质性问题像样地发表了见解。

我们不但上周出现在《华尔街日报》上,而且也上了《纽约时报》报道。采访"一切适合被刊登的新闻"的《纽约时报》得到了独家内容。该报的谨慎程度堪比其洞察力,致电我以再次确认故事。细节无误。"是的,那是我。是我扮的。我确实是上周在佛蒙特州格洛弗演出的'面包与傀儡'马戏表演后半场的那只老虎。"这不是我第一次被邀请参与大型户外戏剧表演或是庆典活动来扮演一只巨虎的臀部了(这比扮演马屁股好多了)。我对记者讲述了整个故事,随后他在纪事专栏里写了几行。他也准确地引用了我的原话:"至于全国代表大会,桑德斯先生表示:'我是美国国会中最幸运的人。我既不在芝加哥，也不用去圣地亚哥。'"①

此处我插入一则故事，但不是关于我本人的。每年8月，一个激进的剧团会上演为期两天的"面包与傀儡"家庭复活马戏团表演，该剧团从佛蒙特州的基地出发，在全球的街头剧院巡演。两万至三万人会由此来到格洛弗——一个位于佛蒙特州北部的美丽小镇。"面包与傀儡"剧团——由彼得·舒曼创立——是一家政治性很强的公司，其制作精良的作品非常激进。他们尤以巨型面具和戴着面具踩高跷的演员而出名。"面包和傀儡"马戏团的杰出表现让我们佛蒙特人感到自豪。

虽然许多前来观看"面包与傀儡"马戏表演的观众来自其他州，但是佛蒙特州本地观众的规模之巨总令我感到惊讶。在我扮演了虎臀后的一周内，我十几次被人拦下，他们纷纷说到在演出中看见了我。我不确定究竟有多少人听到我脱下老虎服装后发表的关于纽特·金里奇危害的14秒演说（"面包与傀儡"马戏表演不使用电和话筒）。尽管如此，能参演仍然棒极了。

我的儿子利维和我一起参加了活动。利维是齐坦丹县急救食品架②的全职人员，但他一旦有空闲的周末就会陪我在州内走访。我很享受他的陪伴，他不仅基本包揽了开车任务，也助我与人群交流：在我与他们握手时帮我发放徽章和车尾贴。格洛弗民众数量庞大，我们在那边安排了四位助选员。那是个进行竞选运动的好地方。

作为国会议员较为有趣的一面是我能遇见形形色色的民众。离开格洛弗后，利维和我驱车横跨佛蒙特州，沿途景色优美，我们到达位

---

① 桑德斯为国会中唯一一位无党派人士，无需参加民主党以及共和党分别在芝加哥和圣地亚哥举行的全国代表大会。
② 为佛蒙特州最大的提供急救食品直接服务的组织，通过食物救济等缓解饥饿问题，每年服务12000余人。

于本州西北部、美加边界之南的斯旺顿。我总是庆幸自己不但居住在佛蒙特州，而且还在此开展竞选运动。8月，伴随着夕阳西下，沿着佛蒙特州舒适的乡间道路开车可不是苦差事。倘若我从未参与竞选公职，这正是我愿意做的那类事。汽车后备厢里常备有泳衣，对我们来说，在日中中断竞选之行，跳入附近的湖泊或河流也不足为奇。

在斯旺顿的那个周六夜晚，我的任务是向密西斯奎易山谷紧急救援服务中心的成员发表讲话。下午的茫茫人海与晚上由大约40位救援服务中心成员参与的晚宴形成强烈对比，一个是激进的戏剧演出，而另一个是以社区为基础的服务中心。（有趣的是，这让我觉得两者之间的差异只是表层的，深层上却是殊途同归：救援工人和剧团演员都专注于给予，专注于为社区贡献自身力量。）所有救援工人都是志愿者。他们的工作任务艰巨且会导致情感上的创伤。由于89号州际公路从斯旺顿穿过，严重的高速公路交通事故时常发生。这些男人和女人通常是最先到达事发地点的那批人。他们在工作过程中与生死打交道。晚宴席间，他们一个接一个地讲述目击他人身亡时的痛苦和拯救他人生命时的喜悦。

他们是工人阶级中令人印象深刻的一群人——无论男女老少都对他们的社区怀有强烈的自豪感和深情。在这群人当中，我再一次记起为何佛蒙特州是宜居之地：这里有一个组织，其成员服务于这个社区但不取分文，因为他们在乎这个社区。像这样的组织在佛蒙特州内有数百个。

当我奔波于佛蒙特全州各地的乡镇集市、游行、马戏表演、宴会、野餐会和购物中心时，在全国舞台上更为引人瞩目的——以及按照事先安排进行的——事件正在发生。共和党和民主党的全国代表大会在过去数周内举行。

共和党全国代表大会中最值得注意的——我就此召开了记者发布会——是共和党人回避真实面目的程度。他们在电视黄金时段播放了近一周的广告,以抹去近期历史,用虚假形象来掩盖真相。在过去两年内,共和党在国会创造了一项纪录。纽特·金里奇和迪克·阿尔米领导了美国现代史上最保守的一届国会。然而,到了全党代表大会上,这些人以及他们所提倡的议题完全消失了。我在哥伦比亚广播公司、全国广播公司、美国广播公司,以及公共广播公司的平台上找寻信息,无影无踪。咦,它们消失殆尽。

两年前,共和党人曾宣传数百候选人签名支持"与美国的契约"的大幅照片。而今,这个契约不再被提起。纽特·金里奇沦为局外人。迪克·阿尔米几乎不为人关注。这两人所奋斗的近乎得到共和党众议院一致支持的一切均被打入冷宫。就好似共和党两年来的立法活动从未存在过一般。就连大多数代表刚刚在共和党大会上通过的内容也被忽略了。天哪。鲍勃·多尔正巧没有时间看这些。

然而,在舞台中央的是科林·鲍威尔一类的温和派共和党人——他是黑人,支持妇女堕胎,支持枪支控制,支持反歧视行动。虽然在国会的共和党人中仅有5%赞成他的观点,但发表了重要讲话的是他,而非"革命派"的众议院议长纽特·金里奇。主旨发言人是支持堕胎的女性,来自纽约的苏珊·莫利纳里。

正如发言人的选择和大老党①代表大会的整体基调所显露的,当共和党人不得不越过国会委员会和每盘菜1000美元的筹款宴席的狭隘限制,不得不同上千万普通美国民众讲话时,他们选择隐藏自己的真实面目。在五天的电视黄金时段里,共和党人把一个右翼极端分子

---

① 美国共和党的别称。

的政党包装成处于政治谱系中央的党派。

这届代表大会也让我的对手出了风头。斯威策在全国荧屏上投放的90秒广告中说道："这届选举是具有历史意义的。为何？因为我们有机会取代国会中最自由主义的、最脱离现实的议员，伯尼·桑德斯。"据美联社消息："在提及他的名字后，人群爆发出一片嘘声。"我一定是做了什么正确的事情。斯威策在圣地亚哥的露面获得了佛蒙特媒体的竞相报道。

极度令人沮丧的是，在代表大会期间，共和党的支持率在民调中上升了15个百分点——原因不外乎美国民众碰巧每晚都在电视中看到他们。这引发了我们的思考：在这个国家中，如果进步党人能够出现在电视黄金时段中四五晚，能够出现在报纸头版报道中，可能会发生什么，又将会发生什么？如果我们能够展示大多数美国人不熟知的观点，将会发生什么？我们将会突然成为在美国主导的政治力量吗？不会。但数百万美国民众将会对民主社会主义产生更为同情的态度吗？是的。

可以预见，多尔和肯普①在民调中支持率的攀高将是转瞬即逝的。半个月后，民主党人迎来了属于他们的处于聚光灯下的四五天，多尔-肯普激增的支持率蒸发了。此时，克林顿重回两党代表大会召开前的位置——领先15个百分点。

在两党的代表大会中，就共和党和民主党领导层而言有一条相同的基本认识，即允许严肃地探讨美国民众面临的最重要的议题违背其最佳利益。两党都在播放制作精良的电视节目。尽管各有侧重，但两者都完全同意关于美国面临的问题之辩论是他们不会触碰的。

---

① 指杰克·肯普，共和党人，1996年美国副总统候选人。

民主党全国代表大会严格按照事先安排进行，完全是由选票所驱使的。他们在几个民调中获得大力支持的议题上制造情感诉求。75%的民众支持攻击性武器的禁令。因此，他们关注吉姆·布拉迪①的悲剧，支持枪支控制。

克里斯托弗·里夫②是位人气极高的演员，英俊潇洒、口齿伶俐，因而他遭遇的意外和瘫痪③成为民主党全国代表大会的一个焦点。还有吸烟的议题也是重点，尤其是年轻人吸烟。这对健康有严重影响，所以克林顿和戈尔④值得为处理此事获得赞誉——尽管他们在与烟草行业的较量上实际能走多远还尚未见分晓。然而这只是美国医疗危机中的沧海一粟。但在政治上这是相对简单的议题——你以几千烟农的选票来换几百万家长的选票——这一事实使其成为民主党人应对的核心医疗议题。

更值得注意的或许是那些没有被讨论的议题。完全没有关于阶级的讨论，尽管我们是工业化世界中财富和收入分配最不公平的国家，工人的实际工资也持续下滑。没有关于巨额贸易赤字的讨论，也没有关于在中国、墨西哥等第三世界国家的企业投资的讨论，后者使美国民众失去数百万份体面的工作。没有提及一个半数民众不再投票并放弃参与政治过程的民主国家之脆弱。

医疗制度又如何呢？三年前，克林顿和民主党人高举覆盖所有美国人的普及医疗体系的大旗。当时，我不赞同他们提案中的细节内

---

① 即詹姆斯·布拉迪。他于1981年企图暗杀里根时被枪击中，造成终身残疾。该事件后，他成为枪支控制的坚定支持者。
② 美国著名男演员、导演、制片人、编剧、作家和活动家，曾扮演《超人》系列电影（1978年至1987年的四部）中的超人一角。
③ 1995年5月27日，里夫在一场马赛中摔伤颈椎，导致全身瘫痪。
④ 指阿尔·戈尔，克林顿时期的美国副总统。

容，但民主党人至少因着手解决这个对几千万美国人至关重要的议题而值得受到称赞。当前的医疗危机相较三年前的情形已更加糟糕。更多民众没有医疗保险或者保额不足。更多民众因药物愈加私有化而失去一部分可供选择的药品提供商。在代表大会期间，民主党人乐意接受的极限是我们应当在尚待确定的时间，用尚待确定的方法，为儿童提供医疗保险。这是他们所承诺的全部。

在一场关注枪支控制、吸烟以及某位著名影星个人悲剧的代表大会上，大多数美国民众面临的严峻问题被抛诸脑后。绝大多数美国民众排斥共和党内的右翼极端分子。民主党人举办了一场拒绝解决这个国家中产阶级和工薪家庭面对的最重要问题的代表大会。这样看来，多数民众不参与投票并对政治失去兴趣，难道这很奇怪吗？美国面临关于民主可行性的巨大危机，难道这很奇怪吗？

翻阅关于代表大会的新闻报道，实难决断何方更差——是代表的发言还是媒体评论员的"分析"。以大卫·布林克利为例，克林顿总统那乏味冗长、长达一个多小时的提名演讲令其满腹牢骚。试想——当普罗大众在每年的52周里每周看40个小时电视时，布林克利的主要担忧竟然是美国总统、竞选连任候选人就国家的未来发表了一小时有余的演讲。多么深刻的分析。这些评论员给出这类评论也能挣钱。

虽然我赞成罗斯·佩罗对美国贸易政策的批判和对北美自由贸易协定的反对，但是我并非其超级追随者。若不是他有亿万富翁的身份，他并无可能成为一个重要的政治领袖。但我认为当媒体称其半小时的发言为"商业信息广告片"并取笑他的图表使用时，他得到的评价是有失公允的。他试图严肃地探讨这个国家正面临的一部分最重要议题，而不是投放攻击对手的30秒竞选广告。你或许不赞同他的分析或结论，但至少他对美国民众抱有一些尊重。这何错之有？

夏秋时节，佛蒙特州举行了大量游行活动——从州的一端到另一端。幸好对我来说，我热爱游行——我一直有这份热爱，即便是在孩童时期。我尽可能多地参与游行活动。这不仅是参与政治的一种良好方式——因为你可以与许多民众碰面和交流，也可以从中获得不少乐趣。有沿街列队的家长和子女。有高中乐团和军乐队。有笛鼓乐队。有吹奏苏格兰风笛的乐者。有伴随乡村音乐起舞的舞者。有女童子军和各个小联盟。有消防车。有老爷车。有穿着内战时期服装的民众。有开着无篷无门的微型赛车兜风的圣地兄弟会①成员。

从伯瑞特波罗镇到米德尔伯里，到弗金斯，到埃塞克斯章克申，到林顿维尔，到圣约翰斯伯里，到温莎，到伯灵顿，到拉特兰，到斯旺顿，到韦茨菲尔德，到巴尔，到蒙彼利埃，到贝洛斯福尔斯，到布拉德福德，到艾勒斯堡，到斯普林菲尔德，到伍德斯托克，到纽波特，到布兰登，到伊诺斯堡福尔斯，到怀特里弗章克申，再到圣奥尔本斯——我参与了这些地方的所有游行活动，以及数十场其他地区的游行活动。每一次我都乐享其中。

昨天是劳工节②。我一如往常几乎场场不落，参加了在佛蒙特州诺斯菲尔德举办的劳工节游行活动。这是州内最盛大的几场游行之一，也当之无愧地是在这个节日里为工人及其劳动而庆祝的最大型的游行。大约10000人参与其中，或加入游行队伍，或夹道观看。

在过去数年，进步党人和工会活动家为更多的工人和工会参与到劳工节游行活动中而共同努力。仅在几年前，基本没有工会参与其

---

① 一个成立于1870年的组织，最出名的为经营圣地兄弟会儿童医院，任何医生认为可救治的未成年儿童均可在任一圣地兄弟会儿童医院得到免费治疗。
② 美国劳工节（Labor Day），9月第一个星期一。

中。但在昨天，数百位来自佛蒙特州各工会的工人加入了游行。人数看似不多，但佛蒙特不是主要的工会州，这对我们而言已是很高的出席率了。

很高兴看到大批孩童和夫妻参与其中。那便是你如何组织一场运动、培养政治存在的方式：一步一个脚印，不断带动新的个体加入，直到包含足够多的民众来对政治格局产生影响。

在我与他们并肩迈步时，我获得了强烈的团结感，这是所有政治情感中最为重要的。在游行结束后，佛蒙特州邮递员协会在草地上主办了一场烤牛肉晚餐会。我们享用了晚餐，同孩子们踢了足球，度过了美好的时光。

我从沿街列队的数千人当中获得了对我参选的坚定支持。我们的助选员们全速将徽章和车尾贴分发至他们手中。游行活动极好地体现了政治上正在发生何事。诺斯菲尔德民众给予的反响热烈且正面——几乎不存在负面评价。

劳工节的周末不但是游行时间，而且是佛蒙特州最盛大集市的举办时间。整个8月，我一直在全州各地参与乡村集市，与几千位佛蒙特民众交流。除了我现身之外，几乎每一场集市中"桑德斯向国会进发"的摊位都配备了志愿者——我们分发了大量的宣传单和竞选活动用品。集市算是与佛蒙特人交流的最佳场所了。

在佛蒙特州，乡村集市的举办历史早已超过百年。起初，集市为大型农业展销会，为农民提供机会来认识新产品和学习新技术。显然，当今的集市已发生翻天覆地的变化，成为更加商业化、以娱乐为导向的活动，不过农业元素在部分集市中地位稳固。在巴顿集市、拉特兰集市以及其他大部分集市里，男孩与女孩依旧展示着他们最佳的奶牛。4-H俱乐部①们全员出动。崭新的拖拉机和其他农业设备被展出。在查普林山谷集市上，赫克·古特曼因其绝佳的番茄而赢得许多蓝丝带②。

还有公牛拉货比赛、热气球乘坐、撞车比赛③、骑马比赛、小猪赛跑、吐物比赛④、专业摔跤、游行、展览馆、宾果游戏和其他运气游戏等，每个集市的项目各有不同。

州内最为"臭名昭著"的集市是"坦布里奇世界集市"，这是在这个季节最后举办的重要集市。那么，我能对坦布里奇世界集市作何评价呢？就提一句，在众多令人兴奋的活动中有一项是啤酒屋。我认为自己是本州极少数在啤酒屋里面进行竞选运动的政治家之一。不然至少也是在世谈及此事的个别人之一。

今年的坦布里奇世界集市为时下著名的电影明星弗雷德·塔特尔而庆祝，他是当地人。弗雷德现已78岁，在被其邻居、电影导演约翰·奥布赖恩发掘前，他人生中的大部分时光都在坦布里奇挤牛奶中度过。（约翰的父亲鲍勃·奥布赖恩是我的朋友，在20世纪70年代是来自奥兰治县的州议会参议员。）约翰拍摄了一部关于弗雷德以及他参加议员竞选的异常搞笑的（虚构）影片，名为《一个有计划的男人》⑤。该影片在佛蒙特州的影院上映数月，目前正在全国范围内巡

---

① 名字源于head（清醒的头脑）、heart（一片忠心）、hands（能干的双手）和health（一身健康）四个词的首字母。它的使命是让年轻人在青春时期尽可能地发展潜力。许多乡村地区都有4-H俱乐部。
② 蓝丝带给予比赛冠军。
③ 老车互相冲撞，直到剩下最后一辆车能动为止。
④ 如吐西瓜籽、橄榄核等。
⑤ 于1996年上映的讽刺喜剧片，成为佛蒙特州当地备受推崇的经典作品。该影片影射了当地的某些公众人物和政治团体，如参议员帕特里克·莱希和佛蒙特进步党。1998年，弗雷德·塔特尔参与竞选代表佛蒙特州的参议员，在共和党内获得候选人提名，最终被在任者、民主党人莱希打败。

回展映。由于弗雷德被刊登于《纽约时报》头版、出现在《科南·奥布赖恩深夜秀》①中、在华盛顿被国会代表团盛情款待，当地民众对于该如何对待他已是一头雾水。实际上，弗雷德出席了竞选运动的首次国会辩论，是斯威策、朗和我之间的辩论。猜猜谁获得了所有的关注？

州内最大型的集市是在埃塞克斯章克申举办的查普林山谷集市，其在一周多的时间里吸引了接近30万人次（不过显然有一些是重复访客），而本州的总人口还不足60万。这无疑是每年吸引最多佛蒙特人的单个项目。在集市的某几个夜晚，乡村音乐领域的部分最知名乐队在此演出——在人山人海前。这里也为孩童提供各式各样的骑行活动和游戏。

在距离伯灵顿仅5英里的我的家乡举办的集市上，我四处走动、握手，与在任意可以想到的议题上自由地发表意见的民众交流。有趣的是，多数我听闻的内容与国会毫无关系，而是关注高额财产税，这是州级议题。

我们摊位的工作人员全部是志愿者——年长者和留着长发的年轻人，退伍老兵以及和平活动家，工会会员还有女权拥护者——这反映出我们这个联盟的成员具有多样性。我们运动的中心就是宣传摊位，这些志愿者表现突出。

在集市上最活跃的志愿者大概是埃德·沃尔顿，一位残疾的越战老兵。去年，我在一场老兵会议上遇见埃德，那是由我在国会的办公室组织的。埃德生活在距离埃塞克斯章克申大约一小时路程的布里斯托尔，在集市期间住在埃塞克斯的亲戚家。每天早上，他做

---

① 全国广播公司的深夜秀节目，由科南·奥布赖恩主持，1993年至2009年共播出2725期。该节目主打喜剧素材、名人访谈、音乐和喜剧表演。

的第一件事情便是布置摊位，并确定是否整天都有人在此值班。如果没有别人能轮班，埃德就会顶上。有埃德这样的人在支持我的竞选，令我倍感自豪。

当我在集市上随处走动时，我能够感觉到我们获得的支持是有力的。尽管这里是佛蒙特州的另一个地方，但它使我在诺斯菲尔德的劳工节游行活动中体会到的感觉变得更为强烈——我在那里拥有许多好的感觉，事情看起来发展得不错。

任何一个优秀的政治家都会有额外的感知能力。你可以直视民众的眼睛，与他们握手寒暄，在几小时后就能真实觉察到事情在政治上正如何发展。当民众无意中在集市或其他公共场合撞见你时，他们的反应是显而易见的——直接写在了脸上。你就站在他们面前，他们没有时间来掩饰真实情感。如果他们喜欢你和你正在做的事情，他们会冲你微笑，很高兴与你见面。如果他们对你不太有好感，他们就不会与你对视，而是转移目光。有时候民众有失礼貌，明显表示出敌意。但这在佛蒙特州十分罕见。佛蒙特州的多数民众是彬彬有礼的，即便他们不赞成你的观点。

让我来告诉你，这回在那里的感觉与两年前即1994年相比有着天壤之别——当时我在共和党人事大变动①期间只以三个百分点取胜。为何现在会这样？我不知晓。经济更好了。反克林顿的大肆鼓吹消逝了。全国步枪协会平静了。我认为最重要的是民众在担忧金里奇的议程和他所代表的右翼极端主义。我相信民众感谢我愿意为他们站出来，反对共和党人提出的大刀阔斧的削减②。

---

① 1994年中期选举中，在纽特·金里奇领导下的共和党人重新夺回众议院，终结民主党对国会长达40年的控制权。民主党在参议院失去8席，众议院失去54席。之后12年，共和党控制国会众议院及参议院。
② 指在公共服务和福利等方面的支出削减。

我对于事情正在往好的方向发展的感知被一项更为"客观"的衡量方式所证实。近日，州内最大的报纸《伯灵顿自由新闻》刊登了新的民调。结果显示，我获得的支持率为47%，斯威策为24%，朗为8%（其余为仍未决定或者支持其他候选人。本次竞选中共有7位候选人）。这于我们是极佳的民调结果，因为它不但表明我方大幅领先，而且显示我们的支持率在攀高而斯威策则止步不前。尽管47%对于像我这样的知名在任者来说并非佳绩，但24%在竞选已进行到这一阶段时，对于一位成熟的共和党人来说是极差的成绩——尤其是一位在电视广告上投了不少钱的候选人。

　　无论出于何故，斯威策的竞选运动并不成功。彼得·弗雷恩对佛蒙特州的政治局势有敏锐和长期的观察，常发表关于我的评论。他在9月11日发行的《七日》周报上发表了一些评论：

> 　　大老党内最具有政治头脑的必定是某位女士，如苏茜·克里姆奇斯[①]肯定是奥利·伯纳多最糟糕的噩梦。毕竟，众议院议员桑德斯曾经对抗过的三位共和党大佬（彼得·史密斯、蒂姆·菲尔宾和约翰·卡罗尔）都不是女性。啊哈！他们想——解决办法就是让他与一个女人竞争！"伯尼没法对付一个女强人"，他们自鸣得意。苏珊·斯威策具备一切所需的资格，而且还远不止如此。
>
> 　　斯威策与名为"德雷内和威克斯"的顶级政治咨询公司签约。迪克·德雷内为吉姆·杰福兹效力数年……他刚上调了咨询费，因其协助俄罗斯的鲍里斯·叶利钦连任总统而引

---

① 苏茜·克里姆奇斯指苏珊·斯威策。克里姆奇斯（Creamcheese）即奶油乳酪，隐含了作者对她的评价。

发了世纪混乱。消灭国会中唯一一个政治上的局外人,对于这些重量级政治人物来说必定是轻而易举吧?

  计划很简单。尽早走上电视荧屏以在全州范围内打开知名度,并凭此在民调中获得突破。将此突破变为板上钉钉的优势,而后包围对手,一举歼灭。使桑德斯处于守势。抨击他的捐助者。将他刻画为不着边际、与州外左翼极端分子结交的边缘型人物。

  然而在现实生活中,事情不会总是按照你的计划发展。苏茜于6月份在电视上进行的闪电战的确使她在全州建立起知名度。不幸的是,她让大量佛蒙特人逐渐认识她的同时也给他们留下了不好的印象。她的广告过于华而不实,过于纽约范儿。性别差异明显拉大。女性不喜欢她。太厚颜无耻,太出言不逊,太高谈阔论。民调中的突破并未到来。她的反感率反而加倍。哎哟。前方有冰山!①

竞选运动进展顺利。但我们现在最不需要的就是过分自信。距离投票日还有两个月,这对于一场政治选举来说可以漫长得像一辈子。任何事都有可能发生,也很可能会发生。

1993年8月初,比尔·克林顿成为总统已有七个月,我为克林顿预算投了赞成票。该预算以两票优势通过,218票:216票。作为唯一一位为此投赞成票的非民主党人,你可以说我的投票对于这般重要的一项法案得以通过起到了决定性作用(从另一个角度来看,你也可

---

① 泰坦尼克号著名报告。

以说是为此投赞成票的任何一人都投出了取胜的一票)。共和党无人支持此项预算,41位民主党人投了反对票。在参议院,它以一票取胜通过。

临近预算投票表决时,总统及内阁努力争取支持。争夺选票的手段有很多。民主党内的保守派人士希望加大削减社会支出,减少税收增加。进步主义核心小组竭力确保法案尽可能对低收入和中等收入人群负责。我们向行政管理和预算办公室(OMB)主任利昂·帕内塔表达了担忧。我们与发言人汤姆·福利见面,告知他如果民主党领导层向保守派人士让步,削减在儿童福利项目、医疗以及其他需求上的开支,就不要指望得到我们的支持。我们最终也与总统见了面。

尽管这项法案在若干方面是退步的,但这已经是多年来国会投票表决的最为进步的预算法案。它为儿童福利项目增加经费,通过扩大收入所得税的抵税额来减轻贫穷工人的缴税负担,对富人阶级和美国企业界提高税赋。

在我的记忆里,我一直是全国性医疗制度的拥护者。这看起来极其公平公正。当部分美国人有渠道获得世上最佳的医疗时,其他人却因为缺钱而无法走进医生的诊室,我们怎么能称其为文明社会?当富人阶级的儿童和家长获得生存所需的医疗时,没有医疗保险的工人阶级家庭的成员不得不死亡或者白白受苦——抑或无可奈何地为了所需的医疗费用负债,我们怎么能容忍这种局面?这是无法无天的不公正,不能以理性为之辩护。

我在佛蒙特州无论走访至何处,都有民众和我反映医疗问题。老年人告诉我,他们支付昂贵的处方药费是何其困难。年轻人告诉我,他们的工作单位不提供医疗保险。加入工会的工人告诉我,他们的老板在每一次合同谈判中都企图缩减他们所提供的医疗保险补贴。处于各个收入水平层的民众都告诉我，各种各样他们想使用的替代疗法都不包含在他们的保险计划内。

各个收入水平的民众对于药物的非针对性和所获得的医疗质量的担忧都在与日俱增。他们常常不再拥有私人医生，也认为支配他们所得到的医疗服务的，更多的是保健组织的财务需求或管理式医疗的提供者，而不是他们自己的病情。

如今，争取一个全国性医疗制度基本无异于100多年前发生在这个国家的为普及的公共教育而做的奋斗。当时，富裕家庭的孩子接受教育，人生便拥有极大优势。大部分工人阶级和穷人阶级的孩子则没能接受教育。在艰苦抗争过后，我们的社会最终得出了结论，即所有孩子至少有权接受高中教育，与收入无关。将来某一天我们同样会认同所有民众都有权享受医疗服务，与收入无关。

美国仍然是工业化国家中唯一一个没有全国性医疗制度的大国，这一现实应被视为一种国耻。加拿大、英国、法国、德国和斯堪的纳维亚国家都有。在地球上的所有大国中，只有我们不为全民保障医疗服务。

尽管有4000万美国人没有任何医疗保险，还有更多的美国人保额不足，但是我们在医疗方面的人均支出远高于任何一个国家。本国医疗产业的作用不是救死扶伤，不是预防疾病，而是为保险公司、制药公司以及其他高薪专家提供巨额利益，这种情况愈演愈烈。

1991年，即我在国会工作的第一年，我同大卫·希默尔斯坦医生和施特菲·伍尔汉德勒医生共事，为了起草一项法案以设立一个由各州管理、单一支付的全国性医疗制度。大卫和施特菲是夫妻搭档，两位都是国内对全国性医疗最为了解、最为支持的人士。他们在这一问题上撰写了大量专业性和普及性文章，也经常在大众媒体上露面。

施特菲获准来我的办公室实习,她为我起草了一项法案(HR 2530),试图建立一个全国性医疗制度。简单来说,这项法案创造了一个单一支付、无所不包、通用的医疗服务制度,由各州管理。这具有更多优点,相较于当时混杂式的怪异制度——由企业运作的管理式医疗——这出现于克林顿的医疗改革倡议失败后的那个阶段。

这项法案本可以创设一个涵盖每一位美国人的医疗服务制度。它是一个"单一给付"计划——这意味着将只有一个由州管理的保险公司来支付账单,创立一个更加高效的交付系统。美国人的医疗费用中大约有四分之一用于管理成本、账单开具和行政开支。在行政管理开销上,这是加拿大人的两倍,是英国人的四倍!

在提出的单一给付计划之下,任何一个美国人只要出示一张类似于信用卡的医疗卡就能够从他或她选择的医生处获得所需要的一切医疗服务。保险的覆盖范围是可以跟随个人走的①——不与具体的工作或雇主绑定。此外,由于它是由各州管理的,市民对自己的计划有更多掌控权。没有远在华盛顿的政府机构需要为医疗保险负责。尽管来自伊利诺伊州的众议员马蒂·拉索提出了重要的单一给付法案,我的法案也获得了更倾向于让医疗计划由各州而非华盛顿进行管理的那部分人的支持。在这个角度上,我的法案要比拉索的更接近于加拿大的医疗制度。

两年后,比尔·克林顿和希拉里·克林顿把关于医疗的辩论推至本国从未到达过的高度。他们值得称赞。同样为他们赢得赞誉的,是他们宣称所有美国人都有权享受医疗服务。遗憾的是,他们所提出的复杂、折中的法案不是我能支持的。

在整场国会辩论中——一场最终由保险公司们砸了成百上千万美

---

① 当受保人更换工作时,原有的医疗保险政策和保险范围等不改变。

元的"哈里和路易丝"广告①和大规模游说努力而决定的辩论——我们部分议员,在华盛顿州的众议员吉姆·麦克德莫德的领导下,为单一给付制度据理力争。

与此同时,作为一名在州级层面解决医疗问题的拥护者,我同样在佛蒙特州为医疗改革的实施而奋斗。当时在我看来,像佛蒙特这样的小州在医疗方面可以成为全国其他地区的榜样,现在也有如此看法。我也留意到加拿大的全国性医疗制度是在某个省率先执行后才得以推行的。佛蒙特州拥有两家三级重点医院、十一家地区医院、一所医科学校,以及能力突出的医师和医务人员。如果本国有一个州可以迅速并且成功地贯彻单一给付制度,那肯定是佛蒙特州。

1993年,众多医疗改革的支持者开始同心协力为在佛蒙特州推行单一给付制度争取政治支持。我的办公室是那个联盟中的活跃参与者。除了其他活动,我还成立了一个特别工作组来研究适用于佛蒙特州的单一给付模式。在总体上讲述单一给付制度的益处是简单的,难的是具体说明如何在佛蒙特州运作。

为我们的所有民众提供全面的医疗需要花费多少?给付系统的运作机制是什么?我们如何为其提供资金?鲍勃·布兰德以及约翰·佛朗哥在领导这个特别工作组时做了极其细致的工作,引发了许多讨论,前者为服务业员工国际工会②的前医疗分析师,后者为我担任市长和第一年在国会工作期间长时间的同事。他们的结论是,在一个单一给付制度之下,我们能够为佛蒙特州的每一个男人、女人和小孩提

---

① 由美国医疗保险协会赞助的广告运动,花费1400万至2000万美元。1993年9月至1994年9月期间,间歇在电视、广播、报纸等媒体投放广告以反对克林顿提出的医疗计划和国会提出的医疗改革。哈里和路易丝两位演员扮演了广告中的一对居于城郊、40岁左右的夫妻,在片中他们对医疗改革计划中的官僚主义等方面表示绝望,并力劝观看者联系在国会的州议员。
② 一个代表美国和加拿大100多个行业的190万员工的工会。

供医疗服务——不必花费比现在更多的经费。

作为我们的医疗教育运动的一部分，我们在全州各地都举办了座无虚席的镇民大会。有时，谢里尔·里弗斯和迪恩·科伦这类在国会积极争取单一给付计划的州议员会出席这些大会。有时，佛蒙特州的医师，如贾森·凯利医生和利·洛普雷斯蒂医生等单一给付制度的拥护者会出席这些大会。

无需赘言，我们的努力在佛蒙特州和国会没能取得成功。各家保险公司和医疗机构豪掷数千万美元于大量有效的游说和广告运动，以防任何一种形式的实际医疗改革。他们获胜了。

让我们看清楚。这个国家里关于医疗的辩论不是关于医学治疗或者疾病最佳预防方式的辩论。这是关于经济和阶级政治的辩论。我们要么维持一个利益驱动的、主要作用为使某些个人或者机构致富的医疗制度，要么推行一个非营利的、具有成本效益的制度，为所有民众提供作为一种公民权利的优质医疗服务。

只有彻底的政治变革和强大的进步运动的成长才能让美国迎来医疗改革。

尽管我强烈反对克林顿的医疗提案，我依然对他表示敬意，因为他自发提出此议题并且为全体美国人享有某类医疗保险的权利而斗争。但是，在医疗问题加入国会议程的同时，克林顿推出了另一项议题。在这项重要举措上，克林顿完全是错误的——大错特错。他对于北美自由贸易协定的支持是对美国企业界的背叛。这对本国的劳动民众来说完全是个灾难。

考虑下述问题：美国有联邦赤字问题，而且共和党人、克林顿总统和许多民主党人，以及企业媒体将此视为他们的关注焦点。我们反复听闻联邦赤字及其对国家未来的可能影响。他们处理这个问题的方式一向都是压榨低收入和中等收入人群，还有取消当前惠及数千万美国人的项目。

目前，美国正面临严重的贸易赤字问题。实际上，赤字已达到空前的规模。对于大多数共和党人、克林顿总统和许多民主党人，以及企业媒体而言，贸易赤字并未引起恐慌。我们极少听闻关于减少那个赤字的提案。无人提议让美国企业界负责，也无人要求他们重建在国内的制造基地，而不是在中国、墨西哥以及其他贫穷的第三世界国家投资数百亿美元。

美国当前的贸易赤字达到1140亿美元。经济学家告诉我们每10亿美元的投资大约等同于18000份（通常是体面的）工作。看清其中的因果关系吧。我们当前的贸易赤字使我们失去了200万份工作。在过去的20年间，在美国的贸易赤字上涨至超过一万亿的同时，有数百万美国工人被扔上了大街。在那段时间里，我们的工业基地衰败，美国工人的实际工资暴跌。在美国企业界关闭国内工厂，转而在低工资的外国投资的同时，美国的年轻人期待在麦当劳售卖汉堡挣最低工资，没有福利或者晋升机会。

北美自由贸易协定等贸易协定的作用是使美国公司迁移到国外变得更加容易，是迫使我们的工人与第三世界的绝望民众相竞争。但是，我们的工人不可能与像墨西哥人民那样被迫为不可思议的低工资而工作的民众相竞争，我们的工人也不应该被要求这样做。

把像美国这样的现代工业国家的经济与像墨西哥那样的第三世界国家的经济相融合是荒谬的。美国是一个民主社会，而墨西哥在北美自由贸易协定通过时期，总统卡洛斯·萨利纳斯[①]还是通过大规模选

[①] 于1988年至1994年担任墨西哥总统。

举舞弊上台的,把这两个国家的经济相融合是荒谬的。把美国的经济与一个工人无法加入自由工会的国家的经济相融合是荒谬的。这种融合的结果只能是让两国的富人更富,造成大规模经济紊乱,以及伤害墨西哥和美国的工人。这正是当前在发生的事情。

1993年,我和由我的朋友、来自密歇根州的众议员约翰·科尼尔斯率领的国会代表团一同游历墨西哥。这是一次开阔眼界的经历。在墨西哥美资工厂①区域,我参观了德尔科·巴特瑞拥有的一个现代工厂。工人们——几乎全是女性——每小时赚1美元。随后,我们中的几人沿路走了半英里,来到部分工人的家:木棚屋,不通电,无流水。不久以前,美国的工人通过生产相同产品赚取糊口的工资。

在与墨西哥工人的会议中,我们直接倾听他们讲述糟糕透顶的工作环境。一位女性描述了工作场所弥漫的化学品蒸汽。部分工人经历过流产。

我们也去了一个农业地区。在那里,小农场主向我们诉说道,他们认为如果他们必须与美国的农业综合企业竞争,他们将会失去农场,被迫进入城市。他们预测,如果北美自由贸易协定得以通过,将会出现大规模的经济紊乱。

在对北美自由贸易协定进行辩论期间,许多国会成员阐述了美国工人需要在世界经济中变得更具竞争力。他们的雄辩是如此令我印象深刻,以至于我提出了一项法案,该法案将会使总统和国会成员可以与墨西哥同行竞争。我的办公室发现,墨西哥国会议员每年工资约为35410美元。如果美国工人将必须与被迫依靠每小时1美元的工资生活的墨西哥人竞争,我认为国会成员应当以身作则,将他们现为

---

① 由美国人开办,招收墨西哥人为劳工的工厂。

133644美元的工资降至墨西哥议员的水平。我的这项法案没有太多共同提议人。

10月下旬，我的办公室在蒙彼利埃组织了一场反对北美自由贸易协定的大会。约有300位佛蒙特人出席并抗议该协定，他们大多数为工人、农民和环保人士。来自密歇根州的戴夫·博尼奥尔和来自俄亥俄州的马西·卡普图尔发表了主要讲话，前者是众议院中的民主党议员领袖，后者在国会中协助领导反北美自由贸易协定的工作。

在对北美自由贸易协定进行辩论期间，佛蒙特州内的所有社论版都在反对我的立场——一遍又一遍的重演。作为反对北美自由贸易协定的唯一一位州级官员，我被称为"贸易保护主义者"、"思想过时的人"和"大劳工组织的工具"。我的某些政敌甚至暗示我是种族主义者和反墨西哥分子。

然而，对于北美自由贸易协定的媒体支持远不止佛蒙特州。事实上，民调显示国民对于该法案的支持率和反对率平分秋色，但美国的每一家主要报刊都支持北美自由贸易协定。每一家。这样的权力展现和美国企业界维护自身利益时的团结一致令人难以置信。《华盛顿邮报》在一版又一版的社论和一个接一个的专栏里支持北美自由贸易协定——完全不刊登任何反对意见。辩论临近尾声时，该报发表了长篇报道，指出反对北美自由贸易协定的国会成员从工会处获得了多少竞选捐款。不知何故，他们忘记报道支持北美自由贸易协定的成员从美国企业界获得的资金。

在北美自由贸易协定的辩论中，社会阶层的分化显而易见。几乎每一个美国的主要企业都支持它，而反对声则来自工会、许多环保团体、家庭农场组织以及全国各地的劳动民众。站在支持北美自由贸易协定一方的是民主党和共和党内的社团主义成员，包括自由派、温和派和保守派。比尔·克林顿、乔治·布什、吉米·卡特、罗纳尔多·里根、杰里·福特与温和派众议院议长汤姆·福利以及首要右翼分子纽特·金里奇站在同一边。

反对北美自由贸易协定的一方包括如杰西·杰克逊、拉尔夫·纳德等进步派，如罗斯·佩罗等中间派，以及如帕特·布坎南等右翼分子。在众议院，最直言不讳的反对声音来自一个左派和右派联盟。1993年11月17日，北美自由贸易协定在众议院以234票：200票通过。156位民主党议员，43位共和党议员，还有我，投了反对票。有关北美自由贸易协定的辩论是最具政治讽刺意味的事件之一，因为如果乔治·布什在1992年连任，北美自由贸易协定就不会通过。许多为北美自由贸易协定投赞成票的民主党议员之所以这么做，是因为他们想要支持一位民主党总统。

自北美自由贸易协定通过三年以来，结果已非常明了：对墨西哥飞涨的贸易赤字以及26万份工作的裁减。民调结果显示，数量颇为可观的大多数美国民众现下反对北美自由贸易协定，国会成员中的反对人数同样越来越多。

1993年，我投入了大量时间同地毯行业做斗争。什么？地毯行业？请允许我解释：在1992年，一位蒙彼利埃的妇女，琳达·桑兹女士，致电我的办公室。她讲述了一个非同寻常的故事。7年前，她的家中布置了一块新的地毯。此后，她家的空气变得沉闷起来，且伴有浓重的化学气味。没过多久，她和几个孩子就病了，身体颤抖、慢性头痛、头昏眼花、呼吸困难。一家人饱受折磨。

坦白说，我对这个故事有所怀疑。一个国会议员会接到许多稀奇古怪的电话。但是，我的一位工作人员安东尼·波利那在与桑兹女士交谈过后力劝我重视这个问题，因此我拜访了桑兹女士。我这才知道了一个极其严重的室内空气污染问题,以及一种名为"化学物质过敏症"①的紊乱。原来,桑兹女士并不是因某些地毯而生病的唯一例子。在一段时间内,超过6000名顾客致电消费者产品安全委员会以了解有关这个问题的信息,全国有26位州检察官向该机构申请在地毯行业的产品上贴上问题警告标签。地毯行业和该机构面对检察长都敷衍了事。

在调查期间,我在马萨诸塞州遇见一位研究员,罗莎琳德·安德森博士,她设计了一项实验,用小白鼠来检测不同地毯的毒性。许多小白鼠被毒死。

我在佐治亚州北部遇见三位工人,他们在一家生产地毯的工厂里工作,他们告诉我雇工们所遭受的严重健康问题。

我从全国各地治疗因某些地毯而患病的病人的医师处得到消息。比如,多丽丝·拉普医生讲述了她治疗上学儿童的经历:"过去几年我治疗了大量来自美国各地的孩子,他们中很多人在学校铺了新地毯后再也无法上学。"威廉·J.雷医生写道:"在过去的20年间,我和同事治疗了超过20000名对化学物质过敏的病人。这些病人中有不少是因为新地毯散发出的气味而生病的。"此外,小奥布里·沃雷尔医生写道:"我给许多病人看过病,他们都是由于接触家里或者工作场所的有毒地毯而变得对化学物质过敏以及彻底残疾。我感觉源自地毯的化学物质在很多情况下会导致严重疾病。"

我发现,讽刺之至的是,美国环境保护局在几百位员工遭受源于有毒地毯的健康问题后,从他们自己的华盛顿总部移除了逾20000英尺的新地毯。

---

① 一种因长期接触微量化学物质或者现代人类环境的其他物质而引起副作用的慢性疾病。

在我的要求下，政府工作委员会中的环境、能源和自然资源小组委员会主席，众议员迈克·西纳尔召开了一场与地毯相关的健康问题听证会，民众踊跃参与。媒体注意到这个议题，将它广泛报道于报纸、杂志和全国电视台。

我的电话得以从全国各地因地毯而患病的民众的致电中脱身。

在整个过程中，我们与民众恳求消费者产品安全委员会和环境保护局采取措施。这里出现了一个问题。解决它。一次又一次集会。一封又一封信件。什么都没有发生。他们实在太可悲。

最终，在与地毯协会进行大量协商后，检察长、迈克·西纳尔和我与该行业达成了共识。制造商同意在所有地毯上贴一张警告标签，同意在商店柜台放置标签，同意为了生产更加安全的产品承担所需的一大笔研究费用。

1994年，我遭遇了自1981年赢得政治职位以来最艰苦卓绝的竞选运动，险遭淘汰。

当我的保守派共和党对手、州参议员约翰·卡罗尔以表达对日益拉大的贫富差距的担忧来拉开自己的竞选帷幕时，我知道这场竞选会很有看头。为何我总是与国内仅有的想要向富人征税、忧虑收入不平等的共和党人竞争？

卡罗尔的竞选策略是精明的。一夜之间，他从一个保守派变为了温和派，并且让自己的多数竞选运动吸引民主党人。他也从遍布全美的高涨的反现任者、反华盛顿情绪中获益，这也使共和党在40年来第一次成为众议院的多数党。

我也帮了他一把，因为我的竞选运动极其愚蠢——我的政治生涯中最糟糕的一次。我允许卡罗尔来定义我，全然没有向他进攻。他曾是一届完全失败的、毫无成果的、不得人心的州参议会的领袖，而我几乎没有提及他的这段经历。当他在电视上投放华而不实的广告、攻击我和我的执政记录时，我任其播放了一整月，置之不理。另外，我的声音在最后几周让我失望——它使我听起来疲惫不堪、精神不振。我的整场竞选运动过分谨慎且执行得糟糕。

大选之夜，11点，政治评论家认为卡罗尔将获胜。但是我们扭转了历史趋势，我们在通常投共和党人的小乡镇取得的成绩出乎预料。凌晨1点，美联社宣布我是赢家。翌日上午10点，卡罗尔致电向我承认败选。

苏珊·斯威策雇了一位私人侦探来挖我的丑闻。卡锡·里格斯是加利福尼亚州的右翼众议员弗兰克·里格斯的夫人，她以前是警察，现在是律师和著名的大老党私人侦探。她连续在两份斯威策联邦选举委员会（FEC）的财务报告中被列为顾问。

我们首次知晓里格斯是我们接到众议院官员的正式通知，她在调查我的办公室寄出的所有大批量邮件。这并无不妥或者令人惊讶。如果一位国会成员向成百上千的选民寄送邮件，对手有权调查那些邮件。它们也算是一种公开记录，是候选人在一些议题上的立场的表达，值得进行政治审查。

但是，里格斯更进一步。她联系了我的前妻德博拉·梅辛，我们离婚已有25年多。德博拉联系了她的朋友和邻居、曾与我共事的安东尼·波利那，安东尼又联系了我。我和德博拉于是进行了交谈。

显而易见，里格斯期望找到一位心怀不满的前妻来泄露她前夫的秘密。但是这不可能发生在德博拉身上，她再婚已有20多年了。尽管我们不常见对方，但我们仍是好朋友，因此德博拉怒气冲冲地拒绝了里格斯。她的情绪在佛蒙特州各处都得到反映。担任美联社佛蒙特州分社总编许久的克里斯托弗·格拉夫捕捉到了州内的这种情绪，他在9月19日发表了一篇题为《佛蒙特人对政治的公平竞争持有自己的观点》的文章：

> 佛蒙特人，有时拼命抓住信念，期望他们的州是与众不同的，他们有一套独一无二的标准来评判人、地方和提案。"那不是佛蒙特"是常听到的口头禅，变体是"那太不像佛蒙特了"。
>
> 在别处非常合适的事情和方法对佛蒙特州来说似乎并不合适。这可以具体到一个沃尔玛超市，也可以抽象到一位邻居的气质。评判尤为主观，而结论始终可以被深切体会到。
>
> 这在政治上千真万确。在其他州被认为公平和恰当的事情会让佛蒙特人暴怒。竞选广告哪怕是对竞争对手的暗示性指责在佛蒙特州都会被视为诽谤，受到严厉指责，而这类广告在大多数其他州都被认为是积极向上的。
>
> 佛蒙特人正是在此背景下看待苏珊·斯威策雇用私家侦探来调查桑德斯背景的行为。这种行为如今在大多数其他州甚至都不会被提起。这已是惯例。卡锡·里格斯在共和党人的"对手调查员"排行榜中是一颗冉冉升起的新星。
>
> 她称自己拥有的前任警察、法学院毕业生和国会议员妻子的背景使她在政治调查中占据一定优势。此外，在过去这周，她在一次报社的访谈中提到她的调查无所不包。"我的调查非常详尽。我会做一整套彻底的调查，"她表示，"联系前妻不过是我的检查表中的一项内容而已。"
>
> 然而，这显然不列于佛蒙特人的检查表中。在佛蒙特

州，里格斯致电桑德斯前妻的行为被视为出格。这不是公平竞争。这不像佛蒙特。

另外，尤为不像佛蒙特的是斯威策竞选团队的反应。竞选团队的工作人员非但没有与他们自己的调查员确认她是否曾致电桑德斯前妻，反而把举证的压力推给了这位前妻，一个25年来致力于保护隐私的女人。

雇用里格斯的报道于周三见报。斯威策竞选团队在周三晚大部分时间与周四整日都忙于谴责这则报道，称其为无稽之谈，纯粹是道听途说。

该竞选团队坚称，因为桑德斯本人是里格斯致电其前妻这一传闻的唯一来源，所以这值得怀疑。竞选团队发言人周四全天都在声明："这一切都是含沙射影和小道消息。我们希望桑德斯的前妻能出面澄清。"

25年多前与桑德斯离异的来自密得塞斯的德博拉·梅辛在周三不愿与媒体沟通，但在周四再次联系她时，由于斯威策团队质疑该事件，她同意接受采访并透露姓名。

几小时过后，斯威策终于和里格斯沟通，得知确实有过这通电话。斯威策表示她不会宽恕这样的电话。但是，到那时，德博拉·梅辛已被牵扯至聚光灯下。

我的竞选团队总会调查我们的竞争对手的公开记录。但是，不必多言，我们从未雇用一位私人侦探来挖掘丑闻。卡锡·里格斯对于国家政治趋势的评价是令人悲哀的，她这样回应关于我们拒绝调查对手私生活的文章："对桑德斯的说辞嗤之以鼻。'每个人都做调查，'她说，'他可没少干这事。'"

9月的第二个周四是佛蒙特州的初选日。选民们选出愿意为他们群体发声的民主党或共和党代表们。今年，除了共和党的副州长提名人，就没有什么令人兴奋之事了。斯威策在共和党提名中没有对手。朗在民主党提名中没有对手。

部分民主党人主张在选票上另提名我为候选人。他们强烈反对金里奇，也担心朗在选票上的出现会从我这里分走足够多的票数使得斯威策当选。在过去遇到相同情况时，我声明，如果我恰巧获得了民主党提名，我会恭敬谢绝。我是无党派人士，并以此为豪。9月10日，朗获得民主党提名。他的名字出现在选票上，赢得9291票，我收获4037个另提记名。

两年前，当民主党内无人出现在美国国会的初选选票上时，初选成为非常严肃之事。我宣布自己不会接受民主党提名，也绝不会以此身份竞选。共和党候选人约翰·卡罗尔在最后一刻发动了不为人知的另提名竞选运动，成为民主党候选人。所幸，尽管我方无任何动作，我们还是成功赢得了多于他的选票。如果我们没做到，他在选票上将作为共和党和民主党的双重候选人。作为我胜利的结果，1994年的选票上没有民主党人的名字。幸好是这样——我在选举中以3个百分点胜出，否则两党选派会造就卡罗尔的胜利。

在佛蒙特众报纸，甚至在左翼全国性报刊的读者来信中，我有时会被抨击为非真正的无党派人士，因为我几乎总是跟随民主党投票。部分记者以"准民主党人"看待我。有这种想法的人们想错了。我是无党派人士，并不是因为我的观点介于民主党人和共和党人之间。我的目的并非在一半时间支持民主党人而在另一半时间支持共和党人。我是无党派人士，是因为两个主要政党都没有代表这个国家的中产阶级和劳动民众的利益。

在国会，你在投票中有三种选择——赞成，反对，尚在考虑。我通常支持民主党人是因为在所有选择中他们的主张一般都优于共和党人。这就是我在国会所接受的现实。

我兴趣盎然地阅读着某些我在国会的同事是如何在一场竞选运动中只参与两到三场辩论——有时甚至更少。"玫瑰园策略"在佛蒙特州并不适用，它也不该在任何其他地方起作用。如果你希望民众选你连任，你就应当做好准备与你的对手们辩论。在一场典型的竞选运动中，我会在全州各地参与十至十五场辩论。

显然，最重要的辩论是那些会被电视直播或者在全州电台广播的辩论。以往，州内的五家主要电视台，即WCAX、WPTZ、WVNY、WNNE和VT.ETV，都会举办辩论。出人意料的是，这一次，佛蒙特公共电视台（VT.ETV）是主要电视台中唯一一家主办辩论的——其中的两场（尽管佛蒙特各家非商业电视台也举办了一场）。第一场于9月29日在位于蒙彼利埃的州议会大楼举行。第二场将在竞选运动接近尾声时举行。

在州议会大楼举行的辩论颇具争议——但不是因为候选人的任何言辞。佛蒙特公共电视台决定只邀请三位候选人——共和党提名人，民主党提名人和我。他们没有邀请那些代表自由主义者、基层群众、自由联盟党或自然法律党竞选的候选人。当他们向我解释辩论方式时，我强烈要求佛蒙特电视台邀请所有参与竞选的候选人。我曾四次作为自由联盟党的候选人参与竞选，我清楚被忽视的感受——我不喜欢这种感觉。佛蒙特公共电视台的答复是其将邀请所有人参与第二场辩论，但是，由于这个活动是全国公共电视节目的一部分，它只能突出"主要"竞选者。

我的处境左右为难。如果我以没有邀请所有候选人为理由拒绝出席该活动，我会被指责为逃避竞选运动中观看人数最多的辩论。如果我出席了，我会受到参加一场不公平、不民主活动的抨击。自由联合党的迪亚蒙斯通先生尝试以非暴力的方式进入议会大楼，但是被捕。他被捕的消息比辩论吸引了更多的媒体报道。

总之，我对自己那晚的表现印象不深。我做得不错，但不在最佳状态。我认为斯威策清楚地表达了她的观点。她很精明——她也让自己的立场为人所了解。也许那晚最让我感到意外的是杰克·朗，他展现出不俗的幽默感，成功扮演了介于左翼和右翼"极端分子"之间的温和派角色。

斯威策竞选运动中的一个关键部分为展示她是获得全国共和党全力支持的重要候选人。其中的含义不言而喻，即一旦当选，她将对当权者产生影响，尤其是如果共和党人继续控制国会。另一方面，伯尼·桑德斯作为无党派人士将始终处于圈外，无力为佛蒙特州带来什么。

为了证明她有多广的关系圈，斯威策带了一份令人印象深刻的长名单，上面列出了来佛蒙特州为其游说的共和党重量级人物：众议员迪克·阿尔米，众议院多数党领袖；众议员比尔·帕克森，共和党全国国会竞选委员会主席；史蒂夫·福布斯，前共和党总统候选人；黑利·巴伯，共和党全国主席；众议员约翰·卡西奇，众议院预算委员会主席；众议员苏珊·莫利纳里，共和党全国代表大会主旨发言人；以及众议员德博拉·普赖斯。共和党人入侵了佛蒙特州。

这些访问的目的不仅是为了展现斯威策在党内的影响力，也是为了在大额筹款活动中募集资金、产生新闻报道。阿尔米募集了30000美元，帕克森募集了40000美元，卡西奇募集了25000美元。其他人募得的资金数额较少。众议员比尔·帕克森在他的访问中告知党派忠实支持者，全国大老党将给出法律所允许的最大数额——123600美元。当他谈到"我们将拔除一切阻碍"来打败"那可憎的伯尼·桑德斯"时，全国共和党的情绪得到了表露。

所有来自这些大名鼎鼎的共和党人的支持真的会对竞选运动产生影响吗？我对此深表怀疑。尽管他们让斯威策出尽了风头，我不认为这些支持在佛蒙特州有重大意义，这里的民众相比于大多数其他州的民众对候选人有更多了解。（我在此谈的是经验。在过去，我支持过最终惨败的候选人。）此外，我认为佛蒙特人可能对来自华盛顿的一切有力影响感到不快。我饶有兴致地注意到约翰·卡西奇在支持斯威策时并未抨击我。约翰和我曾在一些企业福利方面的议题上合作过。

不过，有一位共和党人的支持的确使我心烦。佛蒙特州的资浅参议员吉姆·杰福兹出面支持斯威策，我对此并不感到意外。在竞选运动早期他便为她签署了一份筹款信，而且，作为州内首要的共和党人，若他不支持她反倒显得奇怪了。然而，使我感到烦恼的是他在给出某些评价时的口吻。老实说，我为了使对佛蒙特奶农至关重要的《东北乳业协议》得以通过绞尽了脑汁。杰福兹知晓此事。我们的团队就此议题时常交流。尽管几乎所有推动该立法的行动都在参议院进行，而且莱希和杰福兹做得出色，但我也在众议院尽我所能来帮助立法通过，并协助领导工作。我实在是无法接受杰福兹表示我以未做之事邀功的言论。这是恶意中伤。

第七章 最后的冲刺

距离选举之日还有一个月。根据多项全州范围的民调以及我们自己的调查，我们当前领先15至20个百分点。此外，斯威策的反对率保持在高位。正如他们的内行人所言，他们将在此次竞选中失败。

在竞选运动的这一节点，我们能做的最重要的事情便是回归基本准则，并且尽力避免任何低级错误。我们有自己的竞赛策略，必须有效地运用：专注我们的议题，在免费或付费媒体平台坚决地回应有关我立场的不正确表述，尽可能多地走访全州，激励我们的志愿者，为辩论做足准备，继续筹钱，并确保我们的广告宣传——电视、广播、报纸和小报——全部产生作用。每一项都是说起来容易做起来难。

我们的运作目前在人手方面有重要缺口。8月，我的妻子简离开了竞选团队，出任位于佛蒙特州普兰菲尔德的戈达德学院校长。该学院的前任校长在重重校园争议中辞职。简在过去五年内一直担任戈达德校董会主席，因而受邀请接任。

在做出决定前，简和我进行了详细探讨。她曾在国会办公室担任不领工资的主任，而后转至竞选团队里的重要职位。她有极佳的实政感,细节把控出色,并且在媒体沟通方面比我做得还好。但是,我们明白这一次是她千载难逢的机会。1980年,她从戈达德学院毕业时是三个孩子的单亲妈妈,身无分文,而且这个学院始终是她人生中的一个重要部分。她与年轻人相处融洽,对教育有满腔热忱。这是我们无法拒绝的提议,但这份工作比全职要耗费更多的时间和精力。虽然简可继续在竞选团队里起到某些作用,但是菲尔·菲耶尔蒙特和汤姆·史密斯将不得不承担起她留下的大量职责。我也得在行政管理事务上投入更多时间。

我没有打算与斯威策在邀请"重要人物"来佛蒙特为竞选造势这方面竞争。但我们确实邀请了一些人。8月,来自马萨诸塞州的众议员巴尼·弗兰克参与了我在伯灵顿和伯瑞特波罗的竞选运动。在华盛顿,巴尼和我一起供职于银行业委员会。虽然我们之间存在政治分歧,但他是我的好朋友,也是国会中最聪明能干的成员之一。他也十分搞笑——他的敏锐才智使得许多共和党人在众议院辩论时不得不寻求庇护。

巴尼来此不但是为了帮我游说,也是为了帮助佛蒙特州审计员[①]埃德·弗拉纳根。埃德前不久宣布自己为同性恋,他是当前全国唯一一位公开同性恋身份的州级官员。巴尼也是同性恋,他在国会中领导同性恋权利倡导者,并且无畏地推动某些同事在这一方面做出得体的行为。弗兰克在伯灵顿的活动出席人数很可观,但在伯瑞特波罗则不佳。在两地的媒体报道都很精彩。我也说服了众议员皮特·德法西奥出面。如果行程允许,他会前来访问,但俄勒冈州和佛蒙特州相距甚远。

---

① 该职位每两年在全州范围内选举出一人担任,职责是为政府工作给出独立且客观的评估。

坏消息。我们担心和预料的事情现在开始了。斯威策在投放负面电视广告——大范围地。在政治中，媒体顾问是行之有效的方法。这很险恶，但有时奏效。当你的候选人以高反对率落后，在匆忙间无路可走时，你的最佳成功机会便是设法摧毁对手的可信度。通过这种方式，你让选民认为两个选项均为不利选项，你因此有机会以两恶取其轻的比赛取胜。这正是他们目前试图去做的事情。

他们播放的广告是厚颜无耻的谎言。放在过去，我很可能会耸耸肩膀，认为无人会相信便算了。现在不会。竞选伊始，我就已经决定当我的执政记录被歪曲时，我会有力地回应。斯威策和我在理念上有巨大分歧。她完全可以以不歪曲我执政记录的方式来区分我们俩的观点。

该广告写道："在提高汽油……小企业……和农场家庭的税收后……桑德斯在1993年为历史上最大的增税计划投了决定性的一票。"附随的图表显示与1993年的4209美元相比，每一位佛蒙特人现在为联邦税支付5178美元。广告继续说道："结果表示：每一位佛蒙特人人均多承担了约为1000美元的税收负担。非常感谢，伯尼。"

好吧，如果我真的如广告暗指的那样，给"每一位佛蒙特人"增加了大约1000美元的税款负担，我也不会给自己投票的。但是，他们在说什么？

显然，他们所指的是1993年的克林顿预算法案，该法案在众议院以218票：216票通过。他们当然没有在广告中提到克林顿的名字，因为他在最新的佛蒙特民调中以25个百分点领先于多尔。

共和党人在此地以及全国各地兜售的巨大谎言是克林顿的1993年预算法案导致了全体美国人税赋的大额增长。他们所做的仅仅是将

1993年预算法案中的税收增加相加，再以总人口来平均。琼斯先生为税收支付了100万美元。史密斯女士为税收支付了0美元。平均来看，他们每人为税收支付了50万美元，共和党人如此分析。然而，显而易见，税收负担的影响是略有不同的。

真相是，克林顿的1993年预算法案包含了一项大体上累进的税收提案，税收增长不成比例地落在了国内最富有的人身上。税收增加的总额中有90%落在了占4%的最上层人口身上，那些当时每年至少挣10万美元的人。仅有顶端的1.2%人口被提高了收入税。其实，由于包含在该法案里的收入税收抵免的巨额增长，2000万低收入家庭的联邦收入税减少，包括26000个佛蒙特家庭。对于中产阶级以及绝大多数的佛蒙特人而言，他们的税赋几乎完全没有增加，必定不是广告所指出的人均1000美元。

遗憾的是，那项法案中含有递减税的部分，包括在汽油税上增加4.3美分。这对普通佛蒙特人来说大约是每年30美元，虽不是很多但仍是递减的，因其对于每日上下班行驶100英里的普通工人的影响较大。克林顿也提高了应纳税的社会保障收入的数额。这一增高影响了居于顶层13%的社会保障收入受惠者，他们中的大多数人每年仅依靠44000美元生活。我在辩论期间反对该法案的这几个方面，因为我一直以来都是公平纳税的大力支持者。我同样清楚该预算法案的反对者迟早会在这个问题上大做文章，这正是他们眼下在做的事情。

这里有一个教训：如果你对富人阶级提高税收，就对富人阶级提高税收。就这么简单。如果你的对手不赞成对富人阶级征税，就让他们反对。但是，千万不要包含任何针对工人阶级的税收，即便只是很小一部分，因为你的竞争者会歪曲现实情况。

1993年夏天，我在总统办公室与克林顿见面时向他诉说了我在佛蒙特州中部华盛顿县集市举办前一天的经历。当时，佛蒙特州以及全国的媒体给了共和党可乘之机。他们反复讨论克林顿所提出的税收增加的总额，即所谓的"历史上最大的增税"，但无人谈到是谁在为增长的税收买单。在那场集市上，我一人接一人地询问他们是否了解那项税收提案的内容，20人中仅有1人知晓。

克林顿对我坦陈，他很难把信息发布出去。不久之后，他组织了一场我认为成功的新闻发布会，将被减轻税收负担的低收入工人也出席了该发布会。在此期间，我不得不对佛蒙特州的记者提高音量，为了使其能在报道中搞清究竟是谁实际负担了增税。

这是会产生重要影响的议题，远超当前针对我的广告。如果媒体拒绝区分一个打击富人阶级的累进税收法案和一个打击工人阶级的递减增税，并且简单把该法案定义为"增税"，没有任何总统会提高税收——无论那有多恰当。国会中没有成员会支持增税。为了平衡预算，当选官员更省心的做法是削减国家医疗保险制度、公共医疗救助制度、教育和环境等重要的社会项目的开支。

然而，事实是绝大多数民众不会彻夜担忧富人阶级的税收增加。总的来说，考虑到这个国家不公平的收入和财富分配，且在过去20年间对富人阶级巨幅缩减的税率，大多数民众认为要求高收入人群缴纳公平份额的税收是相当合理的。数年前，我的竞选团队做了一次民调，我们在调查中询问佛蒙特人从国会对富人阶级增税和削减国家医疗救助制度经费中二选一会更喜欢哪个选项。80%的受访者表示：向富人阶级征税。

总之，在斯威策的负面广告播出的后一天，我召开了一场新闻发布会，以驳斥其虚假指控，要求她撤下广告。"苏珊·斯威策是税务律师，"我说道，"而且她很清楚税收增长的90%都由收入最高的

4%人口来承担，即那些在1993年至少赚取10万美元的人。"斯威策回应道："我不会撤下我认为真实的广告，我认为可攻击对手的广告，以及我认为叙述了他记录的广告。事实就是伯尼提高了佛蒙特人的税收。"随后，她发表了一长篇新闻稿来抨击我刚刚投放的电视广告，称其为"具有误导性的和无事实根据的"，包含了"不真实的"和"不正确的"说法。

现在，所有对政治职位感兴趣但又不想花大价钱咨询媒体顾问如何行动的读者们，请让我来为你们解释如何继续进行。首先，在投放负面广告之前，你要抨击你的对手进行了负面宣传——然后，在你播放了广告且你的对手义愤填膺地回应时，你可以期待多数媒体将会形容双方如何以负面宣传来互相攻击。这是经典的下三烂政治。这时常奏效，因为媒体想要"公正"。比如，在新闻发布会后，《伯灵顿自由新闻》的大字标题写着"桑德斯，斯威策抨击电视竞选广告"。无需赘言，这个议题比30秒竞选广告所获得的报道要复杂混乱得多。

然而，幸运的是这种方法于斯威策而言不起作用，因为佛蒙特新闻局记者（州内第二大报纸《拉特兰先锋报》和第三大报纸《蒙彼利埃时报-阿尔戈斯①》的写稿人）实际上查清了事实，认为斯威策的广告是有欺骗性和误导性的，还为此主题撰写了几篇理智的文章。新闻局的黛安·德比写道："史矛逊（斯威策的新闻秘书）承认桑德斯为削减赤字的法案所投的票并未如广告图表所说导致每一位佛蒙特人多缴纳1000美元税收。但他表示广告叙述中'人均'一词的使用是为了阐明数据仅体现了平均值。"阐明？好吧！

杰克·霍夫曼为《先锋报》周日专栏撰写了一篇题为《斯威策的

---

① 古希腊神话中的百眼巨人。

新广告没能干扰真相》的长文，剖析了广告内容："这1000美元的数据在表面上是荒谬的，这则广告是政治候选人愿意为塑造竞争者的糟糕形象而扭曲事实至何程度的又一例证。"《拉特兰先锋报》还刊登了一篇题为《大老党的税收数据大错特错》的头版报道，该文指出："据为共和党人准备所用信息的组织的发言人消息，佛蒙特州的共和党及国会候选人苏珊·斯威策用虚假数据来描述1993年税收法案变化对佛蒙特人的影响。"

我也不会停止。在几乎每一次公开露面时，我都会一再强调在电视上无处不在的虚假广告。甚至在一场关于心理健康的大会上，我面对500人发表讲话时也谈到了那些广告。这是我在以往不会做的事情。显然，我的行为出于自身利益，但我真心认为如果候选人能够逃避对电视广告中明目张胆的谎言的惩罚，那么美国的政治过程则深陷困境。

1994年1月，共和党40年来首次控制了众议院。纽特·金里奇，一位才华横溢、能言善辩的政治战略家和右翼理论家，当选众议院议长，在民主党人极其痛苦的时刻，迪克·格普哈特将议长小锤移交给他。我不赞成金里奇所支持的一切，但我对他的眼界印象深刻。他想干大事。

民主党在1994年的失败可谓是灾难性的。在一场38%民众参与投票的选举中，35%在任的民主党人输掉了众议院席位。共和党在任者中无一人被打败。在1992年，共和党还是拥有176席的少数党，但在1994年，它已成为手握230席的多数党。有74位共和党新人宣誓就职，组成一个新生大班。金里奇成为媒体的宠儿，每日上头版。作为美国新一轮革命的领袖，他如富兰克林·德拉诺·罗斯福在62年前一般，宣告国会将在"百日"期限内在履行他的"与美国的契约"的进程中通过里程碑式的法案。

民主党内一片混乱。他们在选举初期就召开了第一次核心会议。尽管民主党员们很欢迎我参会，我通常只在总统发言时才去。但是，我特地出席了此次会议，并明显感受到了党内的震惊与困惑。无人给出明确的分析，解释为何民主党会一败涂地，他们也并未达成任何共识，指明该党前进的道路。从执政党沦为少数党，尤其在被众议院筹款委员会"驱逐"后，民主党人对新形势无比愤怒，士气一落千丈。从现在开始，在众议院议员上集会的就是共和党人了。

担任重要委员会主席的资深民主党员，有的已经连任数年，现在也不得不将职位托付给委员会中的其他高级官员，也就是共和党领导人。许多人不得不大规模辞退为他们效命数年、忠心耿耿的老员工。对民主党人来说，这段时间并不好过。

当大多数民主党人对共和党的胜利惊慌失措、无能为力时，进步党核心小组成员迅速组织反击，在国会与基层同时展开。我们既不迷茫也不犹豫。我们清楚地知道自己需要做些什么。认知层面上，我们应当揭露"与美国的契约"的真实面目：这一文件是在美国有钱有势的富豪们授意下精心策划的，它严重侵害了穷人和工人阶级的权益。政治层面上，我们应当收集公众中反对金里奇议题的声音，并将选民组织在一起，形成一支有力的反击军。

此外，哪怕"契约"宣称其目的是平衡美国未来六年的财政预算，我们仍决定接受挑战。尽管有人对具体一段时间内平衡预算的重要性提出了异议，大多数人同意我们可以向大众展示，用一种较为公平的方式也可以平衡财政预算，还不会影响几百万中低收入美国人的生活。以此阻止"与美国的契约"继续混淆视听。

要做的工作多如牛毛。来自我办公室的比尔·古尔德、伊丽莎白·芒丁格、埃里克·奥尔森和其他进步党办公室的职员共同担负起了为其他成员提供所需信息的责任。他们很好地体现了美国国会职员们所扮演的重要角色。在国会这样一个事务繁多、功能复杂的地方，没有他们的幕后支持，议员们无法施展拳脚。

我们在众议院广播电视展览馆召开了新闻发布会，反契约运动正式展开。我们已通知了各路媒体，静观其变。当天，会场内涌入了无数记者与摄像机，此战势在必行。他们来到国会大厦是为了听取最早一批反对共和党议题的声音。

是的。我们都已听闻金里奇的设想将席卷美国，美国人民不再关心老年人、儿童、穷人的需求。是的，数月以来我们都被告知自己所信奉的不过是"老派"、"过时"、"20世纪30年代式"的政府，社会公正和人类尊严不再是国会关心的议题。

但是我们不认同，坚决不认同。为了阻止金里奇及其公司赞助人提出的法案顺利通过，我们与之展开了一场持久的苦战。我们动用了手头所有工具来教育美国民众"契约"的具体内容，从召开记者招待会到每个立法日结束时提供"特别订单"，特别是后者让我们与越来越多有线卫星公共事务电视网的观众进行交流。我们还在立法工作开始前，开设了《一分钟》晨间栏目，每当立法过程中有特别事项出现，我们就围绕它们进行激烈的辩论。显然，我们的选票无法击败共和党，但是我们仍然拼尽全力与他们进行战斗，而这一过程也帮助我们揭露了他们野心勃勃言论背后的肮脏交易。

很快我们就意识到绝大多数美国人对"契约"的内容一无所知。这一"契约"听上去很不错，但是人们对它的了解越深，反而越不喜欢它。

你们想看到国会推动着国家走向预算平衡么？"是的。"铺天盖地是美国人民的回应。你们想要在医疗保险上的预算减少2700亿美元，每年缴纳的保险费增加500美元，然而老人们享受到的服务质量却在下降么？"没门！"美国人民大声反对。果然，美国人民不想让数百万低收入家庭的儿童享有的健康保险遭到削减，不想让低收入老人进疗养院的保证就此消失。他们不想减少助学贷款和拨款。他们不想让环境立法受到重创。他们不想看到禁止堕胎的宪法修正案出台。他们不想看到学校午餐项目上的经费越来越少，而用于B-2轰炸机的资金却不断增多。

最为重要的是，美国人民显然不想大幅减免富人和大公司的赋税，不想降低个人所得税的免税额度——这会导致低收入者缴纳更多的税费。人们对"与美国的契约"了解得越多，他们的反对意见就越发强烈。

进步党核心小组成员不是国会中唯一反对"契约"的一批人。随着新一轮选举的不断推进，迪克·格普哈特、戴夫·博尼奥尔、约翰·刘易斯和其他民主党领导人变得更加强大、专注、自信。尽管过去40年来民主党一直是美国第一大党，现在它已开始学会如何作为一个反对派少数党高效运作。格普哈特的办公室在发布关于"契约"各方面的信息上表现出色，这些信息往往清楚明白、通俗易懂。

康涅狄格州议员罗莎·德劳罗更是给我留下了深刻印象。她是我的好友，但不是进步党核心小组的成员。罗莎从未停止工作。似乎每天，每个早晨、中午或者深夜，她都在办公室讨论共和党在医疗保险上的削减会对老年人造成的可怕影响。她是如此坚韧不拔。

随着人们对金里奇提出的议题的了解不断加深，反对它的战斗也逐渐在全美打响。当工会成员获悉这一正在审议的法案将影响工人权益时，他们开始做出回应；当老人们了解到减少医疗保险、医疗补助和其他老年项目的后果有多么可怕，他们自发组织在一起；当妇女们了解这一法案将严重危害其堕胎权，她们采取了反击；大学校园里的学生们也组织了起来，反对削减助学贷款和补助。

随后，1995年冬天，金里奇和共和党人们关闭了政府。他们向美国民众们展示了他们不但准备野蛮地砍掉一些亟待开展的项目，而且不愿意尊重宪法的基本权利划分。右翼极端分子没有充足的票数压倒克林顿的选票，于是他们停止拨款，导致了政府停摆。

这样一来，支持金里奇和"与美国的契约"的民众就更少了。

1995年年初，我决定接下来两年，办公室的主要任务就是在佛蒙特州协助开展反对金里奇议程的活动。为此，我们在佛蒙特州各地召开了25场城镇会议——包括了该州较大的城市和最小的乡镇。有时会有上百名群众参会，有时又只有十几人。总的来说，效果还是很显著的。

同时，州内的民间组织也发动了反对"契约"的示威游行，恰好与1995年7月在伯灵顿召开的全国州长会议同期进行。因而这场示威游行也引起了巨大轰动。进步派人士分发了50000余份精心准备的报纸，上面揭示了"契约"将给佛蒙特州市民带来的影响。

1995—1996年，我们在佛蒙特州共召开六场重大会议，参会人数达到数千人。他们中的一些人对"与美国的契约"的各方面尤为感兴趣，另一些人则不然。但是，所有与会者都基于一个共同的信念：身处民主社会，政府应当致力于保护普通公民的权利，保障他们衣食无忧。我一直以来都认为国会的重要职能之一在于公民教育——让国内最有学识的民众参与讨论他们所关心的议题。所有这些会议都对公众免费开放，而且几乎都在周六召开，这样职场人士也可以参加。他们的身影也同样出现在了佛蒙特州各地的公共电视与广播中。

1995年3月，我们为老年市民召开了一场会议，全州共有400多位老年市民出席。我们的主要发言人是美国退休人员协会主席尤金·莱尔曼和全国保障社保医保委员会副主席马克斯·里奇曼。在我慌乱的国会生涯中，我有时会忘记教育对人的一生有多重要。这一老年市民会议在蒙彼利埃高中举办，很多老年人参加了一个又一个工作坊，认真地记录笔记，在与他们切身相关的议题讨论上提出真知灼见，此情此景让我十分动容。他们不但想要获悉华盛顿的事态发展，还想要了解健康与营养方面的知识，以及他们应当如何更加积极地参与社区事务。

我们还与州内反贫困团体合作，就经济与社会公正召开了一场卓有成效的会议。期间，全国最杰出的社会福利政策专家，弗朗西斯·福克斯·皮文向广大观众揭露了右翼所倡导的"福利改革"将带来的巨大影响。

随后，我们又召开了另一场会议，探讨退伍老兵问题——我的办公室越发看重这一问题。此次活动在美国退伍老兵委员会的帮助下组织举办，他们还在老兵事务方面给我办公室提了很多建议。尽管我是一位反战的国会成员，但和所有反战活动家一样，我强烈地支持退伍老兵。

这些年轻的工人阶级男男女女在战争中冲锋陷阵，因战争而四肢残缺，带着伤病回到家乡或者仍饱受折磨——他们虽然参与了战斗，但不是战争的罪魁祸首。战争是政客们创造出来的。这些男男女女曾经为了响应政府的号召，置自身安危于不顾，而今却发现当时效忠的政府现在却常常将他们弃之不顾，这难道不是伤天害理么？杰西·布朗也来到佛蒙特州参与这一会议。他是美国残废退伍军人组织的前任领袖，现任克林顿政府退伍军人事务部部长。许多与会老兵见到布朗的职员分外高兴，他们亲切、迅速地回答了这些老兵所担心的问题。

另一场会议则出人意料地引起了巨大轰动。尽管在1月的一个雪天举行，这场关于替代性保健的会议还是变成了一场全天候的盛况。哇！大家果然对这一议题充满兴趣。

我一直都是全国医保体系的强烈支持者，因为这一系统能确保所有民众享受到医疗保险。我同样坚定地支持政府在疾病预防方面加大投入。我们在疾病治疗方面花了大把金钱，在疾病预防上的投入却少之又少。此外，现代医疗技术的蓬勃发展使我们往往忽视了低科技的传统医疗手段。但正是这些传统的治疗方式在过去数千年间，在世界不同文化环境中治愈了各类疾病。

这场会议与州内替代性医疗保健供应商联合举办。会议包括了15个工作坊，处理从饮食、针灸到按摩的各种议题。全国健康中心替代药品办公室主任韦恩·乔纳斯博士与来自哈佛大学精神/身体医疗中心的赫伯特·本森博士一道为大众贡献了他们的专业知识。

最后一场重大会议是劳工会议。我们有幸请来了美国劳工总会与产业劳工组织的财务处长理查德·特拉姆卡[1]。本次会议由美国劳联-产联佛蒙特州分部、全国教育协会佛蒙特州分会、佛蒙特州职工联合会、美国电气工人联合会及其他协会共同组织举办。这也是近几年来在本州举办的最为成功的劳工会议。特拉姆卡在会议期间发表了铿锵有力的演说，他曾任美国矿工联合会主席，现在是美国劳联-产联新一代激进派领导团体的一员。当职工们聚集在一起捍卫自己的权利时，你会惊讶地发现政客们突然对劳工事务表现出极大兴趣。佛蒙

---

[1] 即里奇·特拉姆卡。

特州州长霍华德·迪恩，来自佛蒙特州的资浅参议员吉姆·杰福兹均要求大会给他们时间发言。

1996年暮春，我们召开了最后一场会议，探讨女性健康问题。美国政府女性健康副助理部长苏珊·布卢门撒尔博士在大会中发表了精彩演说，大致描绘了女性医疗保健需求，以及她所在部门正为这一长期受到忽视的领域所付出的不懈努力。这场会议与州内众多女性健康组织共同举办。这些组织也为大会提供了众多工作坊。

同时，身处华盛顿的进步党核心小组成员们则将注意力集中于企业福利领域，并在其中投入了大量心力——政府为国内一些大企业免除了大量税务并提供了巨额补助。我们聚焦这一问题共有两方面原因。第一，跨国公司们每年盈利数十亿，支付首席执行官们天价工资，却向普通职工们讨要施舍，这未免太过荒谬。第二，我们可以利用企业福利问题来反对金里奇的议题，毕竟这是现在工作的重中之重。纽特和他的朋友提出平衡预算可以通过削减医疗保险、医疗补助、教育、环保、老兵福利、学校营养午餐和其他项目来实现，这完全没有考虑穷人与工人的利益。同时，他们却保留了每年为企业提供的近1250亿美元的福利。这不仅显露了金里奇议题的蛮横无理，更表明了它的虚伪无情。如果金里奇的支持者真的在认真考虑平衡预算，他们应当做的绝非削减惠及社会劳苦大众的项目。当然，要做到这一点，他们必须站在企业赞助商的对立面——这又非他们所愿。

但是，我们——国会中的进步派人士，就能在七年内实现预算平衡，同时又不用牺牲孩子、老人、病人、穷人的利益么？这是当然！我曾为《伯灵顿自由新闻》写过一篇文章，我在文中展示了我们可以通过减少工资福利、向富人增税，从而在七年时间内省下超过8000亿美元。下方清单给出了一些具体做法：

漏洞

- 改变跨国企业收入在国内的分配方式：增收——1435亿美元。
- 取消跨国企业的外国税收免抵和子公司所得税免除：增收——825亿美元。
- 美国公司不得迟交其外国子公司所得税：增收——57亿美元。
- 填补在美外资企业可钻的漏洞，包括免除其债券利息：增收——19亿美元。
- 海外工作的美国公民不再享有免征个人所得税与房地产税的权利：增收——72亿美元。
- 禁止任何形式的海外私人投资公司：增收——5.6亿美元。
- 所有美国公司的外国大股东都必须缴纳资本收益税：增收——70亿美元。
- 减少进出口银行为国外采购美国商品提供的补贴，根据信用风险提高费用并为发展中国家的优质企业提供贷款：增收——14亿美元。
- 按固定利率征收资本收益税：增收——490亿美元。
- 撤销美国公司在波多黎各的所得税免除及其他美国财产：增收——197亿美元。

补助

- 规定住房贷款利息扣除的上限为30万美元：增收——348亿美元。
- 改革现有规定，允许企业在设备故障前进行更换：增收——1600亿美元。
- 为首席执行官的薪资扣除额规定上限，将超额薪资/股票期权/额外收入纳入课税利润中：增收——500亿美元。

•停止减免广告费,相反折旧20%作为获取认可度的资本成本:增收——183亿美元。

•停止核武器生产以及试验场地花费:增收——30.6亿美元。

•停止中子源研究尖端研究计划、托卡马克①实验以及气冷反应堆:增收——91亿美元。

•逐渐减少供给发展化石燃料与核能的补助:增收——23亿美元。

•暂停针对海军石油、油页岩储备、战略石油储备的采购:增收——14亿美元。

•停止为洁净煤技术研究拨款:增收——3.3亿美元。

•废除1872年矿业法中的专利条款,向在公共土地提取矿产的企业与个人征收8%的使用费:增收——3亿美元。

•逐渐停止对技术再投资计划的补助:增收——15亿美元。

•停止美国国家航空航天局对美国航空公司的补助:增收——18亿美元。

•不再为外国采购商购买美国军用产品提供补助:增收——25亿美元。

•提高美国证券交易所和商品市场操作费:增收——4亿美元。

•减少为富农提供的补助,每人可获的补助上限为5万美元:增收——7.6亿美元

•停止为外国消费者购买商品提供补助:增收——42亿美元。

•停止为美国公司在海外投放广告和举办贸易展览提供补助:增收——5亿美元。

---

① 一种环状大电流的箍缩等离子体实验装置。

- 停止烟草补助：增收——2.87亿美元。
- 增加公共用地放牧费用：增收——2.8亿美元。
- 对不符合国家交通计划或者公路补贴计划的公路工程项目，撤回新投入的资金：增收——26亿美元。
- 通过竞标方式出让国家公园特许使用权：增收——2.8亿美元。

国防
- 停止为追加的20架B-2轰炸机注资：增收——300亿美元。
- 停止为星球大战计划①及空间站注资：增收——350亿美元。

这一削减预算赤字的计划可在7年时间内为政府省下8000亿美元——足以让2002年的预算达到平衡。其中一些节省预算的手段是由我和其他进步党核心小组成员提出的。毫无疑问，不必毁坏成千上万美国人所依靠的安全网络，我们也可以推动整个国家向预算平衡靠拢。

1995年10月，我提出了企业责任法案（HR 2534），该法案涵盖了许多上述相关条款。尽管这场对抗企业福利的战斗由国会中的进步派人士领导，许多诚实的保守党人士也给予了我们支持，他们同样对浪费纳税人血汗钱的行为十分不满。最终，企业福利的相关概念正逐渐为大众所理解，一些新的法律已经通过，开始减少这种浪费纳税人金钱的可耻行为。

也许我并未获得众议院绝大多数领导人的支持，但是我遇到了全

---

① 星球大战计划，美国在20世纪80年代研议的一个反弹道导弹军事战略计划，该计划源自美国总统罗纳德·里根在冷战后期的一次著名演说。

美最有趣的几个人，他们向我伸出了援手。在华盛顿，阿尔·弗兰肯在东方商场为我们筹款，他是《周六夜生活》中的真人秀明星，同时也是《拉什·林博是个大胖傻子及其他》一书的作者。筹款当日有大约100人到场，其中有很多许久未见的佛蒙特州人。我曾与比尔·马厄一同参加《政治不正确》真人秀，在那里我结识了阿尔·弗兰肯（尽管我到现在都不清楚当时为什么要参加那个秀）。阿尔·弗兰肯是美国最有趣的人之一，他不喜欢纽特·金里奇及其他右翼共和党人。他的表演总能让人捧腹大笑。

回到伯灵顿，则有迈克尔·穆尔的助力，他是电影制作人、电视制作人兼作家，能获得他的支持我感到十分自豪。他执导的《罗杰与我》是我最爱的电影之一。在美国，极少数媒体人会关心严肃政治，然而穆尔就是其中之一，他幽默感十足，还能有效地利用媒体。

我们只收7美元的入场费，所以能筹到很多钱，但这并不是我们的目的。我们想要吸引众多通过穆尔的节目《电视之国》而熟悉他的年轻人，并给他们带来政治激励。300多人到现场来见穆尔，当天他头戴那顶如今已成为传奇的棒球帽。这个男人从不设防——他确实做到了表里如一。不论在舞台上，还是为他的畅销书《精兵简政！解除武装的美国会带来的随机威胁》写题词，或是同简与我共进晚餐，他从不装腔作势，相反总是那么脚踏实地、风趣幽默。

尽管我们举办了多场热闹的资金筹集活动，我却变得异常紧张。现在，斯威策放出了两个负面广告攻击我。我们应当如何回应？（从个人层面上说，没有什么比躺在床上，突然看见电视里有攻击你的广告更糟的事了。就算我能活到500岁，碰到这等破事我还是无法淡定。）

在我眼中，以及在许多曾与我有过交谈的人眼中，我们投放的广告均取得了很好的效果。这些广告由施勒姆、迪瓦恩和多尼伦制作，它们直截了当、积极阳光——传达了许多一直以来与我相关的主题。我不清楚它们是如何做到的,但是它们确实使我看上去乐观开朗、平易近人。

广告中,我与佛蒙特州的工人、老人与年轻人待在一起。它们提及了我对金里奇议题的反对,道出了我的关心之处,还展示了我的高效。其中一个时长一分钟,其余都是30秒。《伯灵顿自由新闻》特地组织了一个焦点小组来比较斯威策和我的广告。几乎所有的小组成员都认为我们的广告要好得多。但是该活动在近期斯威策的负面广告狂轰滥炸前发生。她的负面广告到底会带来哪些影响?

我这一辈子从未投放过任何负面的电视广告。我也从未刊登任何电视广告用以达到攻击对手的宣传目的。我不相信佛蒙特州人民会相信诽谤他人的宣传造势,我也不想加入其中的任何一种。但是我们应当如何回应所有这些漫天飞舞的不实广告?我们真的能够坐视不理么?我们应当做出回应么?如若需要,又该怎么做?

我们的顾问告诉我们,他们秉持的一般准则是,不能放过任何一则欺骗性广告,无论如何你都必须做出回应。我与竞选顾问讨论了选择方案。我们应当刊登攻击斯威策的广告么?没有人认为我们应当这么做。我们决定通过展示她假设的错误来作为回应。我们还咨询了媒体界人士如何制作一则广告,既能修正广告中的错误信息,又不会对斯威策造成人身攻击。

10月22日,我们在佛蒙特大学举办了一场盛大的活动。格洛丽亚·斯泰纳姆前来为我助选。当日有超过500位学生与市区居民拥入大礼堂聆听她的演讲。到场群众的规模让我又惊又喜,算得上竞选以来人数最多的一次。我们总是反复被告知现在的大学生和"X一代"①的年轻人对政治漠不关心,只考虑自己。好吧,今天不是这样,眼前的景象是那么美好。

格洛丽亚在萨莉·康拉德、玛莎·阿尔伯特以及朱迪·墨菲的介绍下登场,她们几位都是佛蒙特州女性运动中最为活跃的人物。格洛丽亚的报告不但分析具体而且深入透彻。她告诉学生当今美国存在的气馁和幻灭情绪绝非偶然。共和党人、右翼分子和新闻媒体一直追求哗众取宠的效果,它们一起形成了一股巨大力量,正改变着政治的本质。

斯泰纳姆告诉年轻人,美国公司所采用的策略不再是说服民众为共和党或保守党投票。新策略是使他们相信根本不存在任何投票的理由,每个人都是一副虚情假意的面孔,一切都已乱了套,政治是如此的腐败低效。但是,千万别泄气,她对年轻人说:进步派人士必须为了民主而战,否则民主将在我们脚下被慢慢侵蚀。如果进步派人士任由自己对当今的政治过程感到绝望,他们无异于在自我毁灭。如果左翼不参与其中,将来右翼势力只会越来越大。

年轻观众们听得十分投入,并对她的报告做出了积极回应。格洛丽亚宣称我是"荣誉女性",并恭喜我"成功在第104届国会中存活了下来"。这也是竞选过程中最美妙的时刻之一。

萨莉·康拉德同样给予了我许多支持。她来自齐坦丹县,是一名很受欢迎的前参议员。她说:"我们都知道,一位女权主义者不一定生为女人。女权主义者是指那些敢于挑战我国权力架构的人。伯尼·桑德斯就是这样一位女权主义者。"

---

① X一代,指20世纪60年代到70年代初出生的美国人,而这批人身上有着不同程度的不负责任、冷漠和物质主义等特点。这个词是在加拿大作家道格拉斯-库普朗在1991年出版名为《X一代》的书之后流行起来的。

另一方面，苏珊·斯威策却对斯泰纳姆的来访不甚友好："有件事让我觉得十分有趣，某人一直被视为敢于为女性权益发声的倡导者，但是她却到此地来反对佛蒙特州中唯一一位竞选州内职务的女性。"

为了回应斯威策的广告，塔德·迪瓦恩为我们最新制作了一则时长30秒的固定档节目广告。塔德是一位极具天赋的媒体顾问，一直与我们合作。但是这则广告与我们所想的有些不同。为此我和简还与塔德通过电话。尽管这绝非一则"负面"广告，但是我们仍认为它太过了，所以让塔德修改得温和些。

现在，又有另一群人开始"自费"数万元，投放了更多负面电视广告攻击我。这群人自称为"联盟：为实质性改变而努力的美国人"，由美国商会、全美制造业协会以及全美独立企业联盟组建而成，是全国33个大型商业组织联盟中的一支力量。这群"了不起"的人代表了这个国家部分最大的金钱利益，他们反对提升最低工资以及《家庭和病休修正法案》。他们毫无保留地支持金里奇的右翼议题。而现在，他们又不惜花费巨款试图将我打倒。

我从一家华盛顿报纸中得知该团体共瞄准了12位国会成员（两位参议员，10位众议员），我就是其中之一。现在，他们和斯威策一共投放了四则不同的负面广告攻击我。斯威策也制作了一些正面广告。很明显，有一大笔钱正滚进她竞选团队的腰包。近期联邦选举委员会的报告表明，她在上周新获一笔高达2.6万美元的巨额资助。同时，我们获悉美国步枪协会正向他们佛蒙特州成员拨打自动呼叫电话，并在其出版物中呼吁拉我下台。全美主要的反工会团体，国家劳动权益组织则正向佛蒙特州内所有小企业业主递送丑化我的信件。

有意思的是，最偏向共和党的电视台WCAX-TV却不愿接受

"联盟"的广告。WCAX一直以来都遵循一条政策,那就是反对任何"自费"的鼓吹式广告。从公民自由的角度出发,我对此事的心情十分复杂,因为即便一些团体愿意支付广告费,他们主张的缘由与立场仍然被拒之门外,无法出现在电视广播媒体上。然而此刻我必须承认"智识的统一性"已经让位于政治现实。我很高兴美国企业无法让我的负面广告涌入本州最大的电视台。我并没有给WCAX打电话抗议他们的政策。

我们从媒体顾问塔德那儿得到另一版回应广告。这支广告比他们的初次尝试得当多了,我们内部也在讨论是否应当将其公开发布。它被送往各大电视台——准备好放送了。

同时,我们也着手在电台播放广告。由于州内共有几十家电台,我们需要在协调上花费很多时间。安杰拉·麦克唐纳、彼得·蒂莫尼和其他的竞选工作人员一同帮忙将广告打入电台内部,使之能够如愿尽快播出。我们一共投放了五则不同的广播广告。一则是我们电视广告的音频;一则由我的朋友,佛蒙特州著名的小说家马克·帕克亲自操刀,内容十分有趣;另一则广告关于环保,由罗伯特·雷德福主演,是环保选民联盟为我安排制作的。剩下的两则中,我直截了当地讲述了自己对于竞选中一些主要事项的观点。我在白天写广告,并在下午将它们录制下来。

竞选的最后一两周,多家报社公布了他们支持的候选人。可想而知,州内两大共和党报——位于圣约翰斯堡的《加勒多尼亚记录》和《圣奥尔本斯速递》均支持斯威策。出人意料的是,佛蒙特州最大的报纸《伯灵顿自由新闻》则支持杰克·朗。此前,我曾与他们的编委有过一次不甚愉快的访谈,因而对他们的选择并不意外。20世纪80年代初之前,这一报纸的社论版面常年持右倾立场。到了80

年代中期，它变得更加公正温和，但现在它又再次沦为州内富人利益的捍卫者。

好消息是我们获得了《本宁顿旗帜报》与《伯瑞特波罗改革者报》的强烈支持，一些周报也在社论版面支持我们。在紧随其后的第二轮竞选中，《拉特兰先锋报》拒绝为任何国会候选人背书——尽管他们进行了背书性质的采访。

10月30日，《拉兰特先锋报》发布了新一轮民调数据。其中我们只领先了13个百分点，严重低于其他民调预测。该民调结果显示桑德斯的支持率是50%，斯威策37%，朗4%。难不成我们要失守阵地了？斯威策当真势头强劲到要赶超我们？我们并不这样认为。不论如何，整场竞选过程中，《拉特兰先锋报》公布的民调中，斯威策的数据总是要比其他的民调结果好得多（其中包括我们自己的民调）。事实上，在他们此前一个月发布的上轮民调中，我们同样比斯威策领先13个百分点。《先锋报》用自己的数据验证了在这场选举中位次不会有任何变动。

我们最终决定不使用塔德发给我们的新广告。这则广告制作精良，面面俱到，而且考虑到市面上有四则负面广告正在攻击我，它将会是一支速效解毒剂。但是在这一路竞选过程中，我们一直坚持只投放积极正面的电视广告——讲述我们的理念与愿景。我们认为这才是佛蒙特州市民们想看到的。我们也将用这种方式结束本次竞选。

终于。11月5日，选举日。感谢上帝。竞选活动终于结束了。此次竞选活动真的无比、无比漫长。

选举日当天，我遵照惯例安排了行程。早上简与我到圣马可教堂投票。大卫与我们一道投票。（利维在另一个投票站投票，希瑟和卡瑞娜已经递送了她们的缺席选票。）媒体知道我的投票时间，我对着电视摄像机说了几句。当时我紧张到自己都感到惊讶，逼着自己说了些话。

随后，我独自一人驱车前往伯灵顿的另外六个投票站，这是自我担任市长以来的老习惯了。我对候选人以及竞选工作人员打了声招呼。这些工作人员在投票站外集合，核实投票率，并为进步党候选人做些助选工作——当时有四位进步党人竞选伯灵顿立法部门的职位。之后，我又去了竞选办公室，那里，菲尔、汤姆、玛莎、大卫以及其他职员正在协调投票动员工作，看起来进行得相当顺利。

下午，简和我又行车30英里抵达圣奥尔本斯。我们在富兰克林县的协调员约翰·加拉格尔告诉我们目前的形势不错。两年前，他也在此地协调竞选工作，他感觉现在的局势比当时要更加乐观。我和一些居民打了招呼，了解了当地的竞选情况，还和他们握了握手。

回到家后，我休息了一阵，对竞选做了一些反思。我觉得自己能够赢得本次选举，但并不能百分之百确定。我曾以为自己能在上场竞选中轻松获胜，结果仅领先对手3个百分点，侥幸过关。今晚我会输么？当然，我不认为自己会输，但是这种可能性还是存在的。兴许佛蒙特州的市民们听信了负面电视新闻的狂轰滥炸和一些糖衣炮弹，认为企业利益将惠及州内每户家庭，包括我家。过去几天，我告诉家人和同事们，如果我们在竞选中失败了也不要太失望。我们已经付出了极大努力，把竞选活动办得有声有色。我们应当能赢，但也有输的可能性。

我打了几个电话，随后出门再次前往伯灵顿的几处投票站。我在巴恩斯中学停留了一段时间，它位于伯灵顿老北区的中心位置，是工人阶级的聚集区。这么多年来，此处一直是佛蒙特州内给予我最多支持的地区。当我还是市长的时候，他们为我带来了压倒性的胜利，在国会竞选中他们一如既往地给予了我巨大支持。竞选活动已经达到尾声，不论是输是赢，和朋友们待在一起让我感到舒心。

天气不怎么明朗，小雨淅淅沥沥下个不停。我对此有点担心，因为通常投票人数越多，我们的成绩越好。

我一直待到晚上7点，等投票结束了才回家。选举夜当晚，我们将在莫娜的海滨餐厅举办一个集会，但是只有确定获选了我才准备参加。我将和家人朋友们在家中等候结果。一旦州内竞选工作者处传来任何消息，菲尔和其他人都会在第一时间通知我。屋内，电视和收音机都打开了。我们不停地嚼着冷盘。

第八章 何去何从？

1997年1月7日，我宣誓就任佛蒙特州众议员。这是我第四届任期，我仍然是国会中唯一一位独立人士，仍然是白宫中的局外人。要做的事情有很多，而且对于独立人士来说，并没有前人走过的道路供我追随。

但是毕竟在国会做了三届议员，我知道自己的工作是什么。佛蒙特州很小，只有一位众议员：我。像每位同仁一样，我首先代表了自己所在的州。因此，我会细心留意佛蒙特州及州内人民的需求与关切，是他们推选了我。我还将拼尽全力为我美丽的佛蒙特州争取它应得的一切。

我还有第二项责任。只要白宫中讨论任何影响到劳动者的议题，我都会继续捍卫他们的权利。我必须为美国大多数人的诉求奋斗，他们就是美国的工人、中产阶级、穷人、老人和孩子们。所有美国人都应当过上体面、有尊严的日子，为此我绝不会轻言放弃。

待在华盛顿的时间越长，我就越清楚自己还肩负着第三个责任。作为唯一一位独立人士，面对权贵与利益集团避之不及的问题，我必须尽己所能推动相关讨论的开展。我必须坚持,哪怕这些事务并没有出现华盛顿的议程上,我们仍要努力解决。当中的许多问题相当复杂,我还没有聪明到能够想出所有解决办法。但我知道:只有数百万美国人民以及美国国会参与到辩论中来,这些复杂的问题才有望解决。这也正是民主的意义之所在。

什么是这个国家最主要的问题?正直之士们对此有不同的见解。请让我直截了当地告诉你们我的看法:财富的分配不公,收入体面工作的减少,民主遭到侵蚀,企业媒体不受限制的权利,医疗保健系统尚不健全,教育体系有待完善。显然,这个国家还有众多亟待解决的问题,但以上这些才居于我清单的首位。我认为,只要我们能够立刻着手解决这些问题,我们的国家将如它一直承诺的图景,迎来一个伟大的社会。

那为什么不卷起袖管,开始解决这些问题呢?

首先让我向你们展示两个令人震惊的事实,然后列出一些问题。事实1:1993年,沃特·迪士尼集团董事长迈克尔·艾斯纳的收入是2亿美元。事实2:20%的美国小孩生活在贫困之中。现在,为什么上述任意一件事——艾斯纳令人咋舌的收入或者我国近四分之一儿童身处贫困——成了公众议论的热点?为什么我们总是听到O.J.辛普森案[①]、超级碗或是飞机坠毁,而很少听到劳动者的工资正在减少,与此同时美国大公司首席执行官的年收入竟超过300万?我们每天看到的《ABC晚间新闻》的内容是不是与迈克尔·艾斯纳执掌迪士尼,迪士尼又拥有美国广播公司(ABC)之间有任何关系呢?

我并不想要兜售阴谋论。我仅怀疑迈克尔·艾斯纳(或鲁伯

---

① 辛普森案,1994年前美式橄榄球运动员辛普森在用刀杀前妻及餐馆的侍应生郎·高曼两项一级谋杀罪的指控中,由于警方的几个重大失误导致有力证据失效,以无罪获释。

特·默多克①，又或特德·特纳②）能决定晚间新闻播放的特定内容。巨大的利益集团掌控着媒体，而媒体又塑造着我们眼中的真实。很多时候，我们眼中的现实就是这个国家存在的问题无法得到解决。又因为这些问题的无解，民主离我们很远。

让我们审视一番当今美国面临的一些主要问题。

富人越来越富，其他人越来越穷；绝大多数美国人的生活水平在下降；民主陷入危机，寡头政治初露端倪；我们的认知由企业媒体决定；我们的医疗保健系统摇摇欲坠；教育系统面临危机

这幅图景看上去十分严峻。所有工业化国家中，财富分配最不公平的就是美国。中产阶级正在缩减，工人阶级勉强度日，穷人更加深陷贫困。我们的民主机构岌岌可危，明眼人能很好地得出结论，我们身处的不是民主国家，而是寡头政权的国家。媒体的作用在于告诉我们社会症结之所在，并且塑造我们对此的认识，而它们却掌握在少数大企业手中，与之有着千丝万缕的利益纠缠。数百万美国人没有医疗保险，而就在过去几年内，医疗服务供给的质量却在急速下降。我们民主的教育体系曾是通往经济与政治平等的大门，现在却时常无法授予学生基础技能，而且有可能马上土崩瓦解。

尽管这些问题十分严重，但是每个都能得到处理和解决。它们应当列为我国立法议程的基本内容，而不是像纽特·金里奇的"与美国的契约"，找个替罪羊，发动一场报复性运动。

---

① 世界报业大亨，美国著名新闻和媒体经营者。
② 全美最大的有线电视新闻网CNN的创办者，开创了世界上第一个全天候24小时滚动播送新闻的频道。

没有工业化国家像美国一样贫富差距如此巨大

现在，美国人口中最富裕的1%占有了整个国家42%的财富，而在1976年，这一数字仅为19%。也就是说，金字塔顶端的1%比底端90%拥有更多财富。1983年至1989年，这一国家新增财富中的62%流向了前1%的富人，99%流向了前20%的富人。现在，美国大公司首席执行官的收入是他们员工的170倍，在二者的收入差距上，美国位居所有大国首位。1982年美国共有12位亿万富翁，今天这一数字已经上升至135。

与此同时，过去20年间，80%美国家庭的收入在下降或停滞不前。事实上，扣除通货膨胀后，五分之四美国工人的平均收入在这20年内下降了16%。此外，1973至1990年，育有孩子的年轻家庭——主要由30岁以下年轻人组成——的收入中位数①在扣除通胀后下降了32%。20年前，美国工人的报酬是世界上数一数二的。而今天，从工人的报酬和福利来看，美国在所有工业化国家中只排到第13位。1973年，美国工人每周的平均收入是445美元；20年后，同一位工人每周只能挣得373美元。他们工作越来越辛苦，收入却越来越少。美国工人每年的工作时间要比西欧国家的工人多上超过200个小时。在西欧国家，工人们通常享有四到五周的假期，而且这些基本上都是法定休假日。

美国低收入群体的报酬是所有工业化国家中最低的。18%进行全职工作的美国工人由于报酬过低一直生活在贫困线以下。今天，美国绝大多数新工作的报酬仅为每小时6或7美元，而且不提供医疗或退休福利，没有病假或者休假。现在，全国三分之一劳动力只能算是

---

① 中位数，又称中值，即一组数字按大小顺序排列后最中间的那个数。

"临时"工，无法享有任何工作保障。

以上的数据足以说明问题。事实其实很简单，当今的经济体制对巨富来说十分友好，但无法满足普通美国人的需求。

要扭转这些可怕又可憎的趋势并不像专家说的那么难。方法很多，其中就包括探讨赋税问题。你有没有想过为什么所有共和党人的第一句话通常是："不加税了吧？"原因在于累进税收政策通常最为高效有力，能够保证财富分配更加公平。共和党人和许多民主党人并不赞同财富的平均分配，当然他们肯定不会直说他们就是喜欢不平等分配，因此他们就重复自己的口头禅："不要加税。"

要着手扭转日益严重的财富分配不公问题，我们可以废除过去20年间给予富人的税收优惠。1971年至1981年，中等收入家庭需缴纳的社会保障和所得税金额增加了329%，而收入超过100万美元的个人和家庭需缴纳的所有税费减少了34%。在民主党国会的支持下，里根把为富人设置的联邦最高税率从70%削减至28%。同时，卡特和里根大大提升了美国劳动者需缴纳的社会保障递减税。自1977年至1990年，社会保障税率连续提升了9次，共增加了31%。1953年，企业赋税占所有税金中的33%。今天，他们只贡献了不到10%的比重。20世纪80年代，一些资产过亿的企业甚至没有交过一分税。

正如公民税收正义组织所言，如果自1977年来国会没有"改革"税务系统，1992年，10名美国人中有9名可以少交点联邦税收。然而令人难以置信的是，政府在一年内的税收竟然超过700亿美元——用于填补很大一部分联邦赤字。

今天需要做的是扭转过去20年的政策导向，在美国发展真正的累进税制度。这一国家正在见证越来越多百万富翁、亿万富翁的出现，富人们必须在公平的基础上缴纳他们理应支付的税收份额。这里必须表扬克林顿总统，他在1993年的第一笔预算中确实这样做了。他通过增加个人所得税的免税额度给富人提了税，给劳苦大众们减了税。但这也只是前进的一小步——他似乎也不愿再走这一步。

我们需要建立一套更加完善的累进所得税制。你挣得越多就得交越多税。这不仅符合公平原则，而且税收的累进性越强越能消灭当前正在困扰我们的收入不平等问题。考虑到当前富人的纳税情况，年收入超过20万美元的人没有理由比现在支付更少的个人所得税。当然，富人的贪婪是没有边界的。他们及其众多保守党喉舌甚至想要引进单一税，让亿万富翁们和在服务业工作、每小时只能挣5.5美元的两个孩子的母亲享有同样的税率，这不是在卖国么？然而这恰恰是错误的方向。我们需要重申一条简单的原则：从我们社会获取越多经济利益的人应当付出越多，以维系其正常运行。

现在正是时候建立一套类似于西欧大多数国家正在使用的财产税。简单地说，财产税要求美国身价百万，即最富裕的那一部分人为他们的累积财富付税金。这样这些人就不会在越来越富的同时，却从不用回馈使之致富的社会。每年的财产税所得都将超过数百亿美元。

我们也能够通过填补企业税的漏洞扭转财富分配不均的问题。如果免除企业现在享有的税收减免、企业补贴和其他形式的企业福利，我们每年能够省下1250亿美元。这些结余可投入健康保障、教育、社会服务中，还能用于平衡预算。削减企业享有的特殊减免还能极大地帮助工薪阶层家庭——普通美国家庭不必再多付一分税。

为什么大部分美国人没有推选一届能为他们争取福利、为更公平的财富分配不懈奋战的政府？要回答这一问题，我们必须直面令人不悦的真相。这一真相就是现在美国民主的各部分都极其脆弱，当前美国政府并没有代表普通公民的利益。

尽管企业媒体没有时常探讨这一问题，事实还是一目了然的。1996年美国总统大选，合格选民中投票的不到半数。两年前，当金里奇主导的国会当选时，只有38%美国人参与了投票。相较之下，绝大多数工业大国的投票率都超过了70%。在南非，百万黑人公民耐心地排队等待，有的甚至排了三天之久，只为第一次行使他们的投票权。投票总人数只能说明一部分问题。比如几乎所有穷人都没有参与投票。不同年龄群体中，年轻人的投票率比其他群体都要低。公众对民主过程的指责从未如此激烈；相信民主可能变革的个体，他们的信仰从未如此岌岌可危。

综上所述，民主的健康状况到底如何？今天，美国正处于沦为寡头政府的危险之中。

寡头政府也是政府的一种形式，指很小一群人掌控实权。很明显，决定我国未来的公民群体越缩越小。穷人的权利正被不断剥夺，不是被法律，而是被当下现状。年轻人认为投票与他们或他们的前途没有多大关系。普通公民则认定政治过程很可能让他们失望，所以越来越少人愿意出来投票。

最近选举中，"一人一票"的概念已被"金钱的影响"取而代之。你越有钱就越有权。一些公民为自己支持的政党和政客捐助上万美元，以此参与政治。绝大多数公民不捐钱也就不投票。用奥威尔的话说就是，显然，有些公民比其他人更平等。①

这其实是在为了巨富和大企业家的利益，不惜削弱民主。人民手中的权利越少就越不可能约束已掌控美国经济和资源的那部分人。越认为参与政治过程无济于事，人们就越不愿相信我们能够创造一个公

---

① 出自乔治·奥威尔的《动物庄园》，原文是"所有动物生而平等，但有些动物比其他动物更平等"。

平社会，让所有人都能过上体面生活。

毫无疑问，富人和他们的政治代表正努力地让人们远离投票站。他们激烈地反对一切方便人们投票的立法通过。他们已让竞选融资腐败不堪，借此让公民对政治过程丧失信心。他们已把负面竞选玩弄得炉火纯青，结果很大一部分选民为了对恶心的权术表示抗议，拒绝在选举日投票。他们已开始逐步摧毁造福社会的项目，这样公民们更加觉得政府不能也不愿干些实事，满足他们的需求。

我们能做些什么让民主重焕生机？我们该怎样做才能把上千万美国人拉回政治过程中？

简单几步复兴民主

某种程度上说，要让选举过程恢复生气是件简单的事。如果目标是让更多人参与投票——这当然应当成为我们的目标之一——现在正是我们为每位超过18周岁的美国公民建立选民自动登记系统的时候。当前科技正在快速发展，迈入"信息高速"时代，选民们只要出示社保卡或者驾照就该被允许参与投票。当天登记，每位美国人在选举日前均可登记，能在很大程度上提升投票率。

同样，我们必须让人们的投票过程更加便捷。我们可以向其他国家学习，将投票时间延长为两到三天，至少包括一个双休日，这样需要工作的美国人将有更多时间投票。俄勒冈州已向我们展示了另一种可行的做法：在俄勒冈州，选民可在选举前四周内提前邮寄选票，该州的投票率果然也有所提升。

但是，我们要做的不只是提高投票率。我们必须更好地让公民们了解政治过程。是时候让我们的学校为年轻人提供民主教育了。如果学校在安排课程的时候能像对待大学橄榄球队、家政课甚至自习课那样认真地教授学生们公民的责任与义务，肯定会有更多年轻人参与到民主过程中来，他们也能了解得更多。

"但又该如何减少金钱对国家选举造成的危害呢？"我能听见你们的声音。而且，你们毫无疑问是对的：只有进行彻底的竞选融资改革，我们才能复兴民主。现在，竞选融资不但通过收买影响力扭曲了政治过程，而且巨额捐款和购买渠道的存在让许多美国人相信——这也是无可厚非的——国家政策的决定过程中，金钱远比选票重要。

考虑到我们既有加州这样的大州，又有佛蒙特州这样的小州，在全国范围内施行竞选融资改革有些复杂，然而其中明确地体现了某些真正改革的要素。最为重要的就是，我们必须限制候选人在选举过程中的花费。如果不用那么多钱也能顺利竞选，大赞助商的影响力就能减弱。而且如果有合理的竞选花费限制，之后就再也不会有"购买"选举的可能性了。毫无疑问，现在的选举中，最后的赢家往往是资金最充足的候选人。

我们应当如何限制竞选花费？有几个可选方案。我们急需举行一场全国性的辩论，探讨哪条才是我国该走的最佳路线。我们可以为竞选活动提供公共基金，借此限定每位候选人可使用的竞选金额。或像民主党在几年前提出的，我们可以为每位候选人收到的低于某数额——比如200美元——的每笔捐款提供配比基金①。那样的话，巨额捐助将不再主导竞选融资，普通公民的影响力也会加倍。或者我们也可以为每位候选人提供数量可观的免费电视时间。毕竟在竞选过程中电视广告费占了大头，它也导致了现在的竞选成本越来越高。我们能

---

① 配比基金，一种慈善基金的捐助形式。简单来说，比如设立一个10块钱的公益基金，当有人捐助1块钱时，这笔基金也捐助适当比例的钱，其用意主要是为了鼓励更多的人参与到慈善事业中来。

够并且应当限制捆绑捐款，包括"软资金"——一万美元一盘菜的饭桌上筹措到的巨额个人捐款，以及"不配合"的自费广告。所有这些方式都在利用金钱利益收买影响力，使得给竞选支出设置上限变得更加困难。

不论我们选择了哪条道路，我们都需要满足以下几点核心要求：给竞选支出设置上限，提供公共基金，限制私人筹款，鼓励小额赞助，降低电视时间收费或者干脆不收费。我们的目标是让80%的公民参与投票，确保选票而非金钱决定本国领导人的政策导向，投入远比现在更多的心力保证投票人获得充足的信息。

企业大众媒体：美国鲜为人知的故事

见多识广、消息灵通的选民对民主的正常运作极为重要。我们离这种理想状况还很远。当前美国民主陷入危机的主要原因是寡头垄断——一小部分特大企业——控制媒体，假装告知美国民众时事进展以及我们的政治选择。至少可以这么说，媒体并没能很好地为美国人民提供他们需知的信息，使之能够积极地参与到民主中。

美国人获取的新闻中85%来自电视。而几乎所有电视新闻都出自六大电视广播公司。其中，全国广播公司（NBC）属于通用电气旗下，哥伦比亚广播公司（CBS）为西屋电气所有，美国广播公司（ABC）由迪士尼掌控，福克斯广播公司（Fox）则在右翼亿万富翁鲁伯特·默多克手中。近期，美国有线电视新闻网（CNN）被世界娱乐巨头时代华纳公司收购。"公共"电视同样越来越受众多企业利益控制。

电视的弊病不仅是那些已被报道的，尚未曝光的部分更为重要。我们长时间听到的都是关于辛普森案件的讨论，几乎从未听到关于贫富差距加大或者递减税系统的探讨，这绝非偶然。为什么漫天都是坠机新闻，却几乎从不报道美国的企业撤资事件？

当中存在许多交易以及华尔街商演。但是，尽管美国有1500万工会成员，却没有一家国家电视台能够独家讨论工会运动的目标与难处，探究美国工人的真实需求。事实上，大部分美国人甚至都没在电视节目黄金时间看到过对工会的正面报道，而它们确实在扮演保护美国劳工的角色。此外，电视脱口秀的定期嘉宾通常都是极端右翼分子，观众几乎不会在黄金时段听到任何进步分子的声音。

过去20年中，美国最重要的"故事"当属工薪阶层家庭生活质量的急剧下降。连数千英里外发生地震都能即时报道的电视新闻却似乎"遗漏"了这一事件。

国内主要电视新闻网的公司所有权中暗含巨大的利益纠葛。让我们简单看下通用电气的情况，它是全国最大的公司，也是全国广播公司的拥有者。

通用电气靠生产军火获利数十亿。因此它对国防支出和外交政策问题表现了极大的兴趣。此外，为了获取廉价劳动力，通用将国内数以万计的工作转移至海外。因此它十分关注北美自由贸易协定、关税及贸易总协定、给予中国最惠国待遇①以及其他涉及美国贸易政策制定的事件。20世纪80年代初，通用没交过一分税，也没受任何惩罚——它很可能以后还会这样。所以它很关心联邦税收政策。此外，通用电气在反工会方面"享有盛誉"，不时与工人们发生冲突。由此，它还极其在意联邦劳工政策。

---

① 最惠国待遇，是国际经济贸易关系中常用的一项制度，又称"无歧视待遇"。它通常指的是缔约国双方在通商、航海、关税、公民法律地位等方面相互给予的不低于现时或将来给予任何第三国的优惠、特权或豁免待遇。

通用电气给总统候选人鲍勃·多尔赞助了10万美元。过去，它给两党都提供过巨额资助，因此，它很愿意在阻止竞选融资改革的活动中插把手。通用给众多金融机构投资了数十亿美元，所以它很关注银行和保险规定。通用还在电子媒体中投资了数十亿，所以它特别留心通讯法规。可以说，通用与许多领域都有利害关系。

通用电气公司会因为巨大的经济利益影响全国广播公司的新闻报道和节目安排么？要是这样你还不愿相信，那只能说你太天真了。但是，当然不只是通用电气这样做。最近，迪士尼收购了美国广播公司，西屋电气收购了哥伦比亚广播公司，时代华纳收购了美国有线电视新闻网。《纽约时报》收购了《波士顿环球报》。甘尼特报团收购了能收购的所有报纸。鲁伯特·默多克不仅拥有福克斯电视广播公司、《电视指南》杂志、20世纪福克斯电影公司、哈珀柯林斯出版社，还在其他国家拥有150家报纸和杂志。

今天，美国社会最大危机之一在于，媒体所有权越来越集中在几家公司手中。这也导致了现在这几家公司变得比以往任何时候都要强大。不用说，企业媒体肯定不会对此进行过多讨论。那么媒体所有权到底有多集中？本·巴格迪坎曾写过一本很有价值的书，名为《媒体垄断》，他在书中是这样描述的：

• 二战结束时，这个国家80%的日报都是独立经营的。而今80%的日报的所有权归企业所有。仅11家公司就掌控了全国超过半数的日报发行量。

• 在美国，98%的日报都存在垄断现象，这些日报是某一城镇中的唯一报纸。

• 尽管今天有超过11000家杂志在美国发行，仅两家公司就囊括了所有杂志的过半收入。

- 尽管我国有近11000家地方有线电视系统，其中7家就占据了绝大部分订阅量，有线电视用户高达6000万。
- 3家公司掌握了全国超过半数的电视业务。4家公司占据超过半数的电影业务。5家公司将全国图书市场总收入的一半以上收入囊中。

要阻止媒体行业的集权现象，使几家巨型企业不再决定我们获取的信息其实是十分困难的，很容易陷入进退两难的局面，对此我并没有万全之策。我们只想解决企业控制媒体的问题，并不想践踏两大最为珍贵的自由：言论自由和出版自由。但是我们确实可以在不侵犯自由的基础上做出一些变革。

提升媒体自由度和责任感的三大积极措施

我们应采取的第一条举措是进行有力的反垄断诉讼。本世纪[1]初期，铁路公司几乎一手掌控了中西部地区的谷物销售，国会通过了一项法案以取缔信托公司，限制他们的垄断行为。今天，同样有必要通过媒体反垄断法，这一需求甚至更为迫切：很明显，当前对思想和言论的垄断已对我国脆弱的民主构成了极大的威胁。

第二项措施是为公共电台和公共电视提供更多资金。更加充裕的资金可以让公共广播摆脱对企业广告的依靠，用更委婉的说法就是企业"承保"。更充裕的资金还能使公共电台和电视台的数量激增。有了更多电台电视台，公共广播将会满足大众更为多元的需求。

---

[1] 指20世纪。

第三，联邦通信委员会应当重振两大纲领：公共服务要求和公平原则，它们曾为我国带来很多益处。我们应再次要求每家电视和广播站捐献一定的节目费用，以支持公共服务广播。毕竟，是公众拥有了传送信号的电波以及连接电缆的路域。我们还应再次要求电视和广播站遵守公平原则：对电台电视台放送的观点持反对意见的人应当享有回应的权利。

这些举措——反垄断诉讼、为公共广播提供公共资金、联邦通信委员会态度更强硬——能扭转当前的"产业"垄断么？不用再依靠它们获悉天下大事，了解世界究竟如何，又应如何改变世界了么？不幸的是，我对此表示怀疑。大众媒体十分有利可图，而且对于利益集团来说，它对维系统治极为重要，因此要对其进行约束并没那么容易。但是，这些举措是减少企业操控重要的第一步，还能让社会中的信息流动更加自由。

让我们设想有一天，当我们打开媒体能看到更加多元的观点和想法，我们的民主更加具有生气、内涵更为丰富，我国的财富分配情况更加公平。我们已经建成了梦想中的美国了么？我们的工作已经完成了么？

并不。工作才刚刚开始。

让我简单描述一下具体工作计划。因为只有当每个美国人都能拥有体面的工作，我们才能心满意足地说这个国家正在兑现它的诺言。

裁员、工作外流、向工人宣战：一场"竞次"游戏

林登·约翰逊[①]担任总统时我已经不小了，所以能清楚地记得当

[①] 第36任美国总统。

时政府发动了一场"向贫困宣战"的运动。近几年，两大党的众议员们却把这场运动的内容转变成了"向穷人宣战"。更为重要的一点在于，自罗纳德·里根当选总统以来，美国企业就开始向工人们开战，当然媒体并没有对此进行过多报道。

我们生活在一个"裁员"的年代。不计其数高报酬的员工丢掉了他们的饭碗，而裁员的执行者们却挣得盆满钵满。通常，那些被炒掉的员工被"临时工"们取而代之。每天，有3500万美国人从事临时工或者合同工的工作，也就是说，每三个美国工人中就有一个是临时工。照这样发展下去，我们的社会究竟会怎样呢？20世纪80年代，私营企业创造的每三个就业机会中就有两个是临时性的。事实上，现在临时工的数量正在迅速上升，有人甚至预测在未来10年内他们将代替工作固定的全职工人。目前美国最大的私营企业万宝盛华公司就雇用了近60万临时工。

公司裁员和雇用临时工的做法对美国工人造成了毁灭性的打击。企业还用了另一种手段提升利润：将本土工作转移至海外以降低劳动力成本。今天经济全球化的背景下，美国出口最多的就是我们的工作。雇一名墨西哥工人的时薪仅为一美元，为什么要用基本工资去雇个美国工人呢？在中国，时薪甚至低至20美分。

我们也能看到打压工人的一系列后果。由于临时工数量增多，百万工作流向海外，美国世界500强公司的全职员工正在急速减少，从20年前的19%降至今天的10%。1979至1994年间，10家久负盛名的500强公司（包括福特、AT&T、通用电气和ITT）一下子削减了100万个报酬不错的制造业岗位，与此同时，这些公司却在中国、墨西哥和其他低报酬国家加大了投资力度，为这些国家创造了许多就业机会。

私营企业新增的就业岗位是最多的，但这些岗位报酬都很低，通常没有任何福利。20世纪80年代创造的每四个就业机会中,至少有三个来自低收入的零售业和服务行业。

人们对工作的需求十分迫切,但又往往找不到一份体面的工作。现在,工作时间越来越长,薪水却越来越低。许多人不得不找两个甚至三个工作才能勉强糊口。雇主和工人之间的纽带——把工作做好,你的饭碗就不会丢——也已逐渐消失。没有了经济保障,美国梦正濒临破碎。

恕我直言,政府必须肩负起责任,协助创造一种全新的经济模式,让所有公民都能找到工作,确保他们的经济状况良好。

重建中产阶级,减少贫困人口需要什么:报酬体面的工作

我知道讨论政府该为人民做什么有些过时了。我们生活的年代崇尚适者生存,崇尚"严厉的爱",每个人都该为自己不择手段。美国企业的辩护者都认为当今国家的工业政策是不合时宜的,但当国家大力扶持"自由市场资本主义",或将"自由贸易"纳入我国工业政策时,从没见过这些家伙提出任何异议。此外,当美联储的决定导致失业率上升时,我们也从没听到这些大企业对"政府干预"表示不满。但当穷人福利突然被缩减,美国最富的那批人又站出来积极地捍卫企业福利。我们似乎是在用社会主义对待富人,用严格的个人主义对待穷人。

坦白地说,我国许多经济政策是令人不齿的,它们牺牲广大工人的利益,造福了一小部分有钱人。政府在国防工业上一直采用"裁员回报"政策,给裁员企业一定税收优惠,还推行了一系列贸易政策,比如北美自由贸易协定、关税及贸易总协定、给予中国最惠国待遇等,这更加方便了企业把工作转移至海外。

是时候开发一套新的经济方案了，它不仅需要适用于普通老百姓，还能帮助重建并扩大中产阶级。生活在世界上最富裕的国家，美国公民理当得到一份让他们过得体面的工作。但要使之发生，政府们要做的还有很多。

首先，政府可以再次为资本和劳动力营造一个公平的竞争环境。我们能有每天工作八小时，每周五个工作日的规定，美国的工会组织功不可没，它还使我们享受到了由雇主提供的健康福利和退休金计划，处在职业安全法和童工法的保障下。今天，几百万美国人正在享受的医疗保险、医疗补助、经济适用房和许多其他计划也都是工会带头努力的结果。20年前，强大的工会让美国工人的工资和福利领先世界。然而，今天美国工人的工资和福利待遇只在世界排第13位，这并非只是一场巧合。

1954年，几乎每三个员工中就有一个是工会成员。今天，这一比例少于六分之一。工会成员人数的急降并非历史的偶然。数十年来，联邦政府通过制定劳动法，设立全国劳工关系委员会，一直在工人和管理层之间扮演着裁判的角色。但是，里根总统却在空中交通管理员罢工事件中摆出了一副粉碎公会的姿态，那一届的全国劳资委员会也全然无视工人的权利和需求，这使得管理层接二连三地处在优势地位中。今天，工人要想在罢工中"取胜"简直是不可想象的：工会光是保留从前的战果就已相当费劲了。不论何处，企业几乎都是掌控局势的一方，而工会要么勉强防守，要么节节败退。

我们需要通过劳动法案以保证工人和管理层在进行合同谈判时处在平等的位置。引入公平的劳工法案并不是件难事——罗斯福新政期间就曾通过这样的法案并取得了理想的效果。此类法案将防止罢工工人被企业封杀。它也将允许工会用简单的打卡方式进行认证：如果一个谈判单位①的大部分雇员决定加入工会，该工会将自动代表这些成员。由于管理层的惯用策略通常是拒绝真诚的沟通，导致劳工和管理层僵持不下，这时工会能进行强制仲裁。该法案也将废除对罢工和二次联合抵制的禁令。

要进行真正的劳动法改革还需增强并扩大全国劳工关系委员会执行权。这些条款听上去都只是技术层面的，但它们却能带来巨大的影响。它们将再次重建"规则"，让工人们有机会为自己战斗——为了体面的薪水，为了额外福利，为了安全的工作环境——同时还不用担心被炒鱿鱼、被孤立或者陷入僵局。

但是光给工会运动提供平等的机会是不够的。政府必须保护国内薪资最低的工人，因为这些男男女女基本上都不是工会成员。对工人来说，新一轮全球经济往往是一场"竞次"游戏。美国工人的工资日益被迫与中国、危地马拉或波兰等地的工资水平相竞争。

面对这一问题，我们能做的至少是提升最低工资，使工人们靠它也能维持基本生活。去年，总统和国会朝这个方向迈出了一步，但还不够。最低工资的设置标准应该是足以让一个三口之家脱离贫困线。在我国，首席执行官的收入是工厂工人人均收入的170倍——在过去的24年内，首席执行官的报酬上升了514个百分点，而工人报酬的增幅甚至无法跟上通胀速度——我们该行动起来了。

本土工作流向海外的问题又该如何解决呢？全球经济给美国工人造成了毁灭性的影响，对此我们又能做些什么？专家的回答是，无解。但要知道专家们只是在重复他们的雇主想让我们听到的话。

我们需要立即着手解决贸易问题，了解到当前的贸易政策是一场

---

① 谈判单位，指适用于相同的集体合同或协议并由相同的谈判代理人代表的一组雇员。

十足的灾难。现在，我们的商贸逆差已经达到了1120亿美元，创历史新高，这一逆差正使我们失去200多万个报酬体面的工作。克林顿总统同往届的布什和里根总统一样，支持保护跨国企业利益的贸易政策，同时却把美国工人的利益放在一边。我们必须废除北美自由贸易协定、关税及贸易总协定、给予中国最惠国待遇等条款，并制定新的贸易政策。

让我们看看一套合理的贸易政策该由哪些方面组成。首先，我们需要认识到这套政策的最终目标并不是推动贸易。它的作用必须是提升美国人民的生活水平。美国的贸易政策也需要发生巨大改变，我们应致力于使之变得更加"公平"而不是"自由"。这意味着政府应当制定并支持新的立法，以保障美国制造业岗位，降低当前巨额的国际收支逆差，同时还应当鼓励更多企业在美国进行投资。但目前政府并没有这样做。从直接补贴到税收优惠再到税收漏洞，各种各样的诱因促使企业将美国本土工作转移至海外。现在是时候收紧我国税法，取消企业福利，处罚大规模裁员的企业，防止美国员工的职位被低收入的海外工人取代。

作为世界最大、最有利可图的市场，我们应当使用自身杠杆保护美国本土工作，这点尤为重要。里根、布什以及克林顿均支持向外国商品放开美国市场的政策，而作为交换他们提出的要求却少得可怜。与此同时，我们必须在国内开发新的经济模型，发展更多雇员所有制①企业。我们必须将商业化农业逐渐转型为可持续农业，这对我国经济发展和环境保护都有好处。我们必须重申，企业至少应当满足员工的基本需求，同时提升自身底线。

---

① 雇员所有权，即企业的员工拥有自己所服务的企业的股份。

但是改革私营企业还远远不够。政府需要在重建物质性和社会性基础设施上发挥主要作用。只要它接受了这一角色，数百万新工作将随之而来。

重建美国：政府应扮演的重要角色

让我们直面现实，在共和党人和民主党保守派人士的重压下，国家已不再关注政府应做之事。没有一家私企能保障我们的饮用水质量。没有一家跨国公司能为我们提供像样的公路和低廉公共交通。没有一家慈善机构将会安置无家可归之人，为饥馑的人提供食物，或者保护所有美国人的人身安全。为了让我们身处的世界更加宜居安全，政府扮演的角色相当重要。

重建我们的物质性基础设施意味着修复我国老旧的道路桥梁，清理有毒废弃物，修建污水处理设施，翻新学校和图书馆并为其配备好电脑，这样所有美国人都能进入信息时代。它意味着建造价格实惠的住房，这样百万美国人不再需要支付高额租金，却只能蜗居在铅漆掉落、管道不达标、周边犯罪猖獗的出租房内。它意味着创建快速便捷、价格合理的公共交通，贯穿我们的城市之间。

重建我们的社会性基础设施同样十分必要。我们应当把握当下，安排更多巡逻警察，培训更多在校教师及医护人员，在每个社区设立质优价廉的日托所。我们需要更多监督人员把控肉类质量，检测药物潜在危害，确保飞机安全。我们需要为老年人提供更多价格实惠的疗养院，为年轻男女提供就业培训，同时为下岗工人提供就业再培训。

我们能完成上述目标并迈向预算平衡么？

这些措施不都得花钱么？是的。在我国负债累累的时候斥资重建基础设施难道不愚蠢么？并不。因为重建并扩大中产阶级的方法只有一个：我们必须彻底改变国家的工作重心。

如果能削减军费开支和企业福利，我们将有足够的资金来满足美国人民的需求。尽管冷战已经结束，我国每年的国防支出仍高达2600亿美元。（我们正投入1000亿美元以防止西欧和日本遭受假想敌入侵。）而且，这2600亿美元并未包括每年300亿的情报支出，以及联邦能源支出中约200亿美元用于国防的隐性支出。

要是能把每年高达3100亿美元的国防支出以及1250亿美元的企业福利省下来，我们将有充足的资金重建基础设施，满足美国人民的迫切需求。（就算我们这么做，我们的军事实力仍然是世界上最强的。）此外，我们还会引入更具梯度的累进所得税制，富人们将应要求缴纳相对公平的税收份额，而且我们会向百万富翁们征收财产税，上述举措都能帮助我国增收。

这样一来，我们不必通过削减针对贫困儿童的营养计划，医疗保险、医疗保健、社会保障和其他重要项目也能达到平衡预算的目标。我们能够在迈向预算平衡的同时为许多领域提供更为充裕的资金支持，以提高美国人民的生活水平，并在这一过程中创造几百万报酬体面的工作岗位。只要我们把人民利益置于企业利益之上，只要我们彻底地改变国家的工作重心，我们完全能够将其变成现实。

在重建美国的过程中，我们需要尤为关注两方面内容，这两点总统和国会都没能妥善解决：医疗保健和教育。

通过单一给付系统实现全民医保

所有工业化国家中，除了南非，只有美国不推行国家医疗保障体系。在其他发达国家，医保是一项权利而非一种特权。

克林顿的全国医保系统改革失败后，现在我们只能享受到低效的医保供给，不但流程烦琐，受利益驱使，而且对消费者不甚友好。可以说现在的医保系统已经完全被保险公司统治，对，我说的是统治。

管理式医疗看似十分高效，但实际上是因为它削减了许多人本应享受到的医疗服务，并将其分配给了剩下那部分人。我们可以从上届国会通过的一项法案中看出现在的情况多么糟糕，该法案允许产妇于生产之后在医院停留超过24小时。保险公司已经认准了如果银行能够提供"免下车①"服务，那么"免下车"分娩似乎也能行得通。

尽管保险公司们都在大肆宣传他们将主动降低成本，但没有一家公司提出他们会通过"管理式"医保业务减少盈利。要解决我国医保危机——其中包括了8000万尚未投保或保额不足的美国人——其实并没有那么难。目前，全部医疗支出中的四分之一花在了文书工作和官僚手续上。引入单一给付系统能减少医保中的绝大部分文书工作，由此可以省下一大笔钱。省下的那一部分支出足以让每个美国人参与投保。我们不仅使全民获得医保，还能让他们重获选择医生的自由。要完成这一切所需的资金不会超过当前我国的医疗投入。

全民医保将提升数千万美国人的生活质量。发展这样一套非营利、效益高、合理的医疗保健系统，我国政府又朝着能够满足人民基本需求的民主社会迈出了重要一步。

即将来临的教育危机

保守党人很聪明，他们知道美国上下都对国内教育系统感到不满。然而，他们并没有着手提升学校教学，增加教育机会，而是计

---

① 免下车是一种上世纪30年代始创于美国银行业的服务，之后广泛用于餐饮业等行业，司机无需下车即可通过电话完成交易。

划利用群众不满继续拆解民主。他们达成目的的手段就是"学券制①"。

右翼分子们想给每位家长分发一张学券——一种公共资助的支票类型,家长们可以用其购买他们所选的教育形式。有钱人家的父母能用这笔钱抵消一部分预备学校的学费。宗教信仰强烈的父母可以把孩子送往教区学校——通过这种方式,政教分离将不复存在。当然,穷人和工人的孩子则不得不前往公立学校接受教育。这些孩子的教育前景将不断收缩,与美国主流之间的距离也会越来越远。

社会将不再着眼于确保每个年轻人都学习美国历史,传承包容异见的文化传统。全国最能体现民主的机构——一个不论穷人还是富人、白人还是黑人、移民还是本地人因为共同的事业汇聚一堂的地方——将就此消失。

更可怕的是,一旦政府与公共教育的直接联系被切断,要削减教育支出会变得十分容易。当然,如果右翼继续减少福利,还会有数百万儿童沦为贫困人口;如果右翼继续减少医疗投入,数百万低收入家庭的儿童将无法获得健康保险。若果真如此,估计政府在不久之后也将大量减少对公共教育的支持。

这才是真正的危机。但是我们还是能够阻止它们发生。我们需要重申对高质量公共教育的支持,肯定每个孩子都有权利获得最好的教育。我们可以投入更多联邦资金提高公立学校的教育质量。同时,我们需要减轻工人阶级和中产阶级肩上的递减式财产税负担。今天,绝大部分公共教育资金均来自递减税,这也是民众们对公共教育不满的主要原因。

---

① 学券制,美国经济学家米尔顿·弗里德曼提倡的一种资助制度,在维持政府对教育的津贴同时,亦可引入市场竞争机制,从而提升教育水平。

我们可以通过奖学金、校园贷款、勤工俭学等方式为学生们提供充足资助，确保每个年轻人——以及每个成年人——都有权利追求高等教育。我们可以向启智计划注入新资金，进一步扩大项目规模。如果我们可以为日托所提供更多资金，就能保障每个孩子享受到坚实的早期教育，同时我们还要为苦于生计的美国家庭提供切实的支持。我们可以把克林顿总统兼具抗争性和试验性的"为美国执教"计划转变为类似"和平军团"①的大型国内志愿者项目，让更多人以民主的方式参与进来，改变国家的每个课堂。

迈向进步和民主的未来

我在此勾勒的只是重建美国社会的基础计划。但是要做的远不止这些。

首先，我们应让国家摆脱残存的种族歧视、性别歧视和同性恋恐惧。我相信让所有美国人拥有体面的工作，让所有年轻人接受更好的教育是达成这一目标必不可少的环节。自由主义者们总是认为只要"反对"歧视，我们就能迎来一个更加和谐平等的社会。这并不正确。只有当所有男人女人都能在美国社会拥有立足之地——也就是报酬体面的工作——我们才能开始根除社会中源于嫉妒心和缺乏安全感的憎恨。只有当所有美国人拥有足够的经济保障助其抵御各种侮辱，他们才能彻底摆脱试图定义他们的各种偏见。

我们必须留心环保问题。以土壤、空气和水资源为代价快速获利，最后又不得不耗费十年时间投入数十亿金钱来弥补现在造成的环境破坏，从经济角度来说并不明智。现在，我们花费重金清理现存的

---

① 和平军团，美国志愿者组织，参与协助发展中国家的发展计划。

有毒废弃物恰恰说明了总有一天我们要为环境污染付出代价。

从健康角度来说，环境恶化让我们更加容易患病，降低了每日生活质量。高效的医疗保健应当从预防着手。同时，保护我们赖以生存的环境才是我们最该进行的医疗投资。

企业们常宣称，像管家一样悉心照顾环境会降低企业效率，这种言论并不正确。保护环境过程中会产生新的产业、新的工作、新的机遇，从而使工人们过上体面的生活。它能保证我们的下一代不需要为我们的错误买单——不论是金钱上，还是健康上。

这个国家需要的远不止这些。我们应当依据自由和公平的原则制定外交政策。我们应当坚定不移地致力于确保女性在生活各方面享有平等的权利。我们需要直面犯罪和药物成瘾的根本原因，正视枪支流通激增的问题。我们应当支持艺术、重建社区、尊敬老兵。我们必须给予孩子希望，给予老人应有的尊重。

我相信，如果我们能鼓起勇气同心协力，就一定能把需做之事一一完成。为了构建一个进步主义的未来，我们必须推进进步主义运动。也就是说，每个社区的美国公民都能站出来表态："我们相信每个人都享有经济公正。我们将不再接受富人和权贵拥有不正当的影响力。我们将改变这个国家，我们将从基层人民开始，拿出行动做些实事。"

换句话说，现在可以学习我们在佛蒙特州的做法，为你所在的社区尽点贡献：表明立场、组织人员、通过政治流程从头构建民主。

如果美国人——年轻人和老人，黑人和白人，男人和女人，西班牙裔和亚裔，同性恋和异性恋，退伍老兵和和平人士，工人、学生和退休人士——一同参与到进步主义的基层政治当中，它一定能够向外扩散，最终将美国重塑为有史以来最伟大的社会。

我们正迈向进步主义的民主未来，我仍心存希望，有一天数百万美国人将积极地参与到政治过程中，勇敢地维护他们及他们孩子的权利。那时，国会绝大部分成员将代表普通民众，而非富人的权利。当那天来临，我们都不会再是白宫中的局外人。

那时，不论是白宫，还是这个国家，都将真正地属于我们所有人。而这才是未来该有的样子。

后记

总统大选中的局外人

约翰·尼克尔斯[1]

伯尼·桑德斯完成《众议院里的局外人》后，该书的初版于1997年发行。书中有一章名为"何去何从？"，此章中桑德斯尤为严肃地讨论了一场政治运动的议程。这一部分也预示了他将带入美国参议院乃至总统政治中的信息："让国家摆脱残存的种族歧视、性别歧视和同性恋恐惧"；建立"累进税收政策"以消除"可怕又可憎的贫富差距"；通过"单一给付系统实现全民医保"；终止"竞次"贸易政策和一切对工人的攻击行为；着手"解决企业控制媒体问题"；发起彻底的改革，以"确保选票而非金钱决定了本国领导人的政策导向"。然而，谈到自己时，桑德斯仅写道："要做的事情有很多，而且对于独立人士来说，并没有前人走过的路供我追随。"

桑德斯明白自己已经在众议院站稳脚跟。1996年选举后，他和

---

[1] 约翰·尼克尔斯，美国进步党记者和作家，现任《民族》周刊驻华盛顿通讯员和《首都时报》助理编辑，曾出版和参与出版《弹劾天才》、《美国新闻业的生与死》等书。

哈特·古特曼在这本书中记录道,国会议员通常能在之后的州内选举中斩获超过60%的选票,而桑德斯的最终得票率则超过了70%。但作为众议院435名成员中的一位,他却能让最为直言不讳的参议员哑口无言。之前,众议院中也曾出现过民主社会主义人士——20世纪前20年的社会党成员,比如来自米尔沃基的维克托·博杰和来自纽约下东区的迈耶·伦敦;20世纪70年代和80年代的美国民主社会联盟成员,比如来自加州的罗恩·德勒姆斯。但是这些人中从未有一人晋升至美国参议院,更不用说民主党总统初选和预选会议。桑德斯是对的:国会中的独立人士没有可以效仿的先例,没有前人走过的道路可以追随。

伯尼·桑德斯必须为自己开辟一条道路。

2005年夏季,《众议院里的局外人》出版了近10年时间,这条路把这位国会独立人士带到佛蒙特州沃伦镇的棚桥边。

镇中心主道两侧,殖民时期风格的白色建筑上挂满了美国国旗。护旗队、方阵、花车在流经小镇的梅德河畔排列整齐,即将参加社区第57次年度独立日游行。预定时间一到,当地军乐团吹奏起《共和国战歌》,礼炮鸣响,游行开始——消防车拉起警报,孩子们穿着工装裤开始起舞。二战吉普车队和扶轮社①方阵之间,美国最著名的民主社会党人正迎面走来,游行气氛一下子达到了高潮。桑德斯身穿卡其裤和领尖扣衬衫按照游行路线行走,当时已是他第八届任职国会了。游行期间,没有任何助手在他边上分发传单,没有任何标志吸引视线,也没有竞选胸针或者贴纸向人群昭示他是2006年参议院席位的公开候选人。在佛蒙特州各地,桑德斯根本不需要任何介绍,人们

---

① 扶轮社,依循国际扶轮规章所成立的地区性社会团体,以增进职业交流及提供社会服务为宗旨。

都知道他是国会"唯一一位少数派",既不属于民主党也不属于共和党。当他走过沃伦镇,向大家挥手并大声问好时,佛蒙特州市民们热烈地鼓起了掌,掌声欢呼声经久不息。每个人都在大喊着:"参议员桑德斯!"

群众的反应也证实了这位局外人已经决定放弃众议院的安全席位,准备竞争参议员,尽管许多佛蒙特州外的人并不看好这一决定。许多华盛顿局内人仍无法理解翠峦州①的政治新局势。但是与伯尼·桑德斯的长期接触——他在1972年参议院席位特殊选举中作为第三方候选人参选,却只在州内获得2.2%的票数,现在他以独立人士的身份重新竞选2006年参议员——让这位局外人在竞选加入"世界上最排外的团体"时,变成了比赛中的领跑人。

多年之后,桑德斯准备参加2016年美国民主党总统候选人预选,所有人再次认为他不可能获选,桑德斯提醒了记者:"不要低估我。"这句话并不是虚张声势,而是他多年经历的反映。在《众议院里的局外人》的初版中,桑德斯回忆了他个人两次极具突破性的政治竞选——一次是1981年伯灵顿市长竞选,他以10票微弱优势击败时任市长、民主党人戈登·帕克特;另一次则是1990年竞选,他战胜了共和党国会成员彼得·史密斯。但是,还有第三次极为重要的竞选,那就是2006年的参议员选举。吉姆·杰福兹由共和党人转为独立议员,使得参议院席位空缺,确保了桑德斯在全国舞台上拥有一席之地。担任参议员后,桑德斯提出了立法建议并参加夺人眼球的辩论,引起了公众的注意,他还以"议案阻挠者"的身份登上了头版头条,并担任了国会某一重要委员会的主席。他成为由托姆·哈特曼和

---

① 翠峦州,佛蒙特州的别名。

埃德·舒尔茨共同主持的进步派广播脱口秀的常客，以及微软全国有线电视广播公司旗下有线电视节目的定期嘉宾；他受邀参加公共电视节目《比尔·莫耶斯的日志》，并最终出现在（有可能次数不多）其他极少邀请进步派人士（更不用说民主社会主义人士）的电视节目中，其中就包括全国广播公司的《会见新闻界》和美国广播公司的《本周》栏目。由于常年批判主流媒体未能报道基层运动以及持有异见的竞选人，桑德斯清楚地知道美国政治的动力是什么。他早就认识到如何让话筒转向参议员——以及总统候选人——他并不准备放弃这些机会，而想借此向公众详述自己的议题。"其实我所说的一些有识之士也能说，也在说，"桑德斯解释道，"他们不是参议员。"

重塑共和党州

桑德斯出生于纽约市，但在美国人心中他已经和佛蒙特州密不可分了。佛蒙特州曾是坚定的共和党州，而现在已经变成了广为人知的进步党州。在很多人眼中，桑德斯的形象就是翠峦州的新任参议员。但是桑德斯和佛蒙特州的紧密联系，就像进步党在该州的影响力一样，并不是一蹴而就的，而是通过长时间的发展和积淀得来的。2005年，一名独立人士兼民主社会主义者要从佛蒙特州竞选美国参议院席位至少需要一定的政治反思和权衡能力。

1854年，大老党成立。之后的100年内，共和党人们一直牢牢掌控了佛蒙特州政坛。这100多年中，佛蒙特州的共和党人们几乎能在每场州内大选中获胜。共和党总统候选人，从1856年的约翰·弗里蒙特到1988年的乔治·赫伯特·沃克·布什——当中只有一个例外，那就是共和党1964年的总统候选人巴里·戈德华特——均赢得了佛蒙特州的选举团票。1974年，即水门事件发生那年，民主党人帕特里克·莱希仅以1000票的微弱优势战胜共和党对手（他领先当年自由联盟党候选人伯尼·桑德斯的票数更是比这高出许多），在佛蒙特州赢得了参议院席位。相比之下，诸如罗伯特·斯塔福德、吉姆·杰福兹等共和党人则能在该州轻松获选，一直持续至21世纪。

对于桑德斯在2006年想竞选的参议员席位，共和党向来势如破竹，从冷战结束前到2000年的选举，获得了一连串胜利。2000年选举中，杰福兹一人就获得了66%选票。2001年，他退出了参议院共和党核心党团，以独立人士的身份完成了剩余任期。这使他刚好与2005的佛蒙特州相契——当时，该州有一名共和党州长和一名共和党副州长，有一个好斗的立法机构，还有清醒冷静的莱希担任其资深参议员。很久以来，佛蒙特州的政治局势似乎更加欢迎文雅稳健的共和党候选人或者温和型的民主党候选人，甚至连一些佛蒙特州人也认同这一点。伯尼·桑德斯既不文雅也不温和。他在政治上一向难以捉摸而且深以此为豪。他从不背弃自己民主社会主义者的身份，他撕开了两大党所做的种种妥协内幕，他为自己作为独立人士服务民众感到骄傲。一些国会成员因为激烈的竞争，或是担心更多激烈竞争的出现，调整了自己的政策方针，而桑德斯却从未改变自己选择的道路。作为一名国会成员，他在劳工、环境和人权组织中拥有极高的支持率；他在组建国会进步党核心小组过程中扮演了极为重要的角色；他投票反对民主党和共和党总统推行的自由贸易政策以及在华尔街施行的一系列"改革"；他加入了反对《爱国者法案》①的少数派；他是乔治·沃克·布什出兵伊拉克最激烈的反对者之一。最重要的是，他敢于痛骂跨国企业、媒体大亨以及亿万富翁

---

① 《爱国者法案》，是于2001年10月26日由美国总统布什签署颁布的国会法案，这个法案也延伸了恐怖主义的定义，包括国内恐怖主义，扩大了警察机关可管理的活动范围。

在经济和政治上的集权行为。

对于那些不了解桑德斯，或者不知道2005年佛蒙特州政局的人，有必要在这里简单地提一下。当时，乔治·沃克·布什第二次当选总统，美国参议院和众议院大多数席位均落入共和党手中。很难想象就在不久之后，一位彻底的独立人士将夺取由共和党统治最长时间的参议院席位。但是玛格丽特·斯特兰德·兰尼斯却坚信桑德斯能够做到。玛格丽特是一名资深的环境主义者，常年担任塞拉俱乐部的劳工与贸易项目总监。她曾出力联合众多环保和劳工组织，建立了"蓝绿联盟"①，现在正担任"公共市民"组织②的执行副主席。她在佛蒙特州的政治上有自己独特的体验。作为一位年轻的活动家，她曾帮助上一位试图战胜杰福兹的民主党人举办过2000年那场竞选活动。理论上，佛蒙特州的审计员，民主党人埃德·弗拉纳根似乎会是一名强有力的挑战者。弗拉纳根曾担任卡特政府的助手，在州内已赢得两场竞选。而且作为一位公开出柜的当选官员，弗拉纳根赢得了全国的关注。在佛蒙特州，他在其位谋其政，为病人权益和更好的儿童保育不懈奋战，被认为是一位进步主义守卫者。然而面对杰福兹他却无能为力，仅获得25%的选票。同天，桑德斯以69%的得票率重新获选。就是那时，斯特兰德·兰尼斯开始了解桑德斯以及他的政治主张，尽管绝大多数权威人士对此都不甚了解。"难以想象伯尼到底有多受欢迎，"2006年桑德斯备战参议员竞选时，她解释道，"不仅仅在进步主义人士中。那些告诉你对政治不感兴趣，或者不相信任何政治家的人恰恰爱伯尼爱得最深。"

---

① 蓝绿联盟，美国最大的环保与劳工组织，由美国钢铁工人联合会和塞拉俱乐部于2006年共同创立。
② 公共市民组织，美国消费者维权团体。

桑德斯并不是生来就自带技能，使他能够跨越党派偏见和意识形态，同时战胜焦虑和幻火；他也不是天生的政治家。但是他一直坚韧不屈。2005年7月4日，当他到达沃伦镇时，大家都认为他能领跑2006年参议院选举，并最终赢得许多在职者不敢竞选的参议院席位。桑德斯知道他会面临大老党斥资百万的竞选攻势，但是共和党领导成员们却纷纷从竞选中撤退。在他成为候选人后，民主党一直和他站成一队——有时并不情愿，有时则不是——民调显示桑德斯的支持率以2∶1大幅领先他的潜在对手。

所以那些在游行线路中大喊"参议员桑德斯"的民众并不是疯了。

同样，桑德斯也没有疯。

然而，这也没能使佛蒙特州发生的一切失色几分。

桑德斯独立党人的身份帮他避开了当代党派政治中的绝大多数陷阱，包括他当时在民主党的所见所闻（现在仍能看见），这些民主党人太过中立、太过谨慎、太过茫然，无法对抗当前主导国内政治的企业力量。不过，即使他不是一名社会主义者，也不是一名独立人士，桑德斯在2006年佛蒙特州竞选中激起的狂热仍然令人惊叹。

很多专家认为，桑德斯为了推行自己的政见不惜引火烧身，这番觉悟使他收获了许多支持。自从2002年美国参议员保罗·韦尔斯顿（明尼苏达州民主党人）逝世后，活动家们乐于找到这样一位参议员来散播进步主义-平民主义的福音。而他们对桑德斯的兴趣可远不止这些。托马斯·弗兰克曾写过一部具有开创性意义的书，名为《堪萨斯怎么了？》，讨论美国政治脱节问题，此书的标题也引出了当下的疑问。一些读过此书、具有洞察力的民主党人士想要了解桑德斯是如何获得农村和工人阶级选民的强烈支持，从而在残酷的竞选中获胜。

因为对绝大多数民主党人来说，要从农村和工人阶级选民中获取选票并不容易。

可惜，这些政客和专家都没意识到，桑德斯兜售的那套东西可没那么简单。桑德斯需要教授他们的并不是组织一场活动或者筹得钱款的新手段。桑德斯也没有用什么花招。相反，他能提供的只是认清最基本的事实：一条能够跨越阶级、种族、地区、党派，同时带有强烈意识形态的消息通常——将来也会——具有一定政治影响力。而太多进步主义人士以及几乎所有民主党领导人都遗忘了这个基本事实。2005年参议院选举开始后，伯灵顿周报《七日》的长期专栏作家，彼得·弗雷恩解释道："伯尼的立场强硬，并能始终贯彻自己的立场，日积月累也就赢得了民众们的信任。他所说的话和他所做的事情往往有所联系，而且不会轻易改变。从1981年我开始报道他起，他的出发点和他所追求的东西一直保持着连贯性。"

桑德斯所做的就是接连数十载，在每场竞选中传递相同的信息。是的，这个佛蒙特州人反对乔治·沃克·布什发动伊拉克战争；是的，他强烈谴责布什的《爱国者法案》；是的，他支持同性恋、双性恋及变性者的权利，支持女性权利、公民权利。但是，他在佛蒙特州竞选活动的亮点却是对企业首席执行官和政客们无视贫困的真实愤怒，对他们放弃中产阶级的失望不满，以及认为政府能够有所建树的强烈信念，比如保障私企无法提供的全民医保，纵然这只是他的一厢情愿。桑德斯在沟通方式上并不算温和平缓，也没有预先包装，更没有经过核心小组的检验。数十年的长期竞选中，他最初只是一名来自自由联盟党的令人讨厌的候选人，在20世纪70年代竞选参议员和州长；到了20世纪80年代，他成为"伯灵顿人民共和国"的激进派市长，先后竞选州长和国会成员，最后均以失败告终；自20世纪

90年代起，桑德斯成为美国近代史上唯一一名连续获得众议院席位的独立人士，他与几代佛蒙特州选民建立起了良好关系。沃伦镇检察长马克·拉斯比曾说："我本是坚定的共和党人，现在我是伯尼的死忠。"很多佛蒙特州选民附和了他的观点。

2005年，我与伯尼·桑德斯在佛蒙特州的小镇共同度过了几天，这几天就好像申请加入了一场移动的研讨会，探讨美国劳工在现实生活中的种种挣扎——我们研讨了众多事项，从维护社会保障、医疗保险和医疗补助，到保留养老金、扩大医疗保健渠道、降低药品价格，再到提升最低工资、帮助小企业启动、支持家庭农场主继续务农。伯尼讲述了许多个人轶事和基本政策，但他总是重新讨论起企业权力和游说集团的危害——当然还有穷人和工人必须联合在一起，用人民力量反对金钱力量。当然，桑德斯也对当下一些事件表达了疑问——例如正在进行的伊拉克战争。（"当总统和副总统告诉我们伊拉克拥有大规模杀伤性武器时，他们并没能把我说服。所以我既投了反对票，又出面帮助领导反对派。"）但是之后，桑德斯又把讨论拉回经济问题，比如如果美国没有在军事冒险主义上挥霍众多资源，这些资源能用在哪些地方。桑德斯也不回避当前的敏感问题，和绝大多数候选人相比，他总在支持妇女的权利选择、同性恋、双性恋及变性者的权利、枪械管制上（他的主张超过了全国步枪协会的忍受范围，但没有布雷迪防止枪支暴力运动那么激烈，也由此引发了许多自由人士的一些不满）更加一针见血，更加直言不讳。然而，他最终谈到的，与每个人都要探讨的，还是佛蒙特州劳动人口的民生经济。

我们曾前往佛蒙特州中部的罗彻斯特，在当地村庄的一处草地上野餐。这个社区约有1200人，其中84岁的埃塞尔·金斯伯格跟我解释她的家族自1794年就拥有了这个农场。当问到是否喜欢桑德斯，她眯着眼惊呼道："何止喜欢，我爱死他了！我一直很担心处方药价格。现在的药片价格有点失控了。伯尼是唯一一位在这些问题上站在我们这边的人。"由于在民生经济事务上，"伯尼站在我们这边"，所以即使这位国会成员一直固执地支持生育自由和婚姻平等，让一些佛蒙特州人望而却步，这些人当中还是有一部分成了桑德斯的追随者。

那天，在结束了罗彻斯特之行后，桑德斯解释道："民主党人们并没有像他们该做的那样，努力解决上亿民众面临的经济问题。所以共和党人们抓住了这一把柄，跳出来说：'看，那些民主党人没有在讨论你们的经济问题。虽然我们也没有，但至少我们谈到了十诫内容，我们谈到了堕胎，我们还谈到了同性恋权利。'民主党人们犯的最大错误就是闭口不谈经济问题。"

在众议院任职期间，桑德斯利用国会人士的免费寄送特权发布实时通讯，专题涉及了自由贸易政策对工人、农民和环境造成的危害，媒体产业整合对民主带来的威胁，单一给付医疗保障系统的工作方式等，而非为自身谋利的照片和声明。他也通过这种方式将经济和企业权利问题放在台面上讨论。从他开始国会任期以来，桑德斯还在佛蒙特州内最小的几个社区召开了单一议题公民大会，与会期间他还请来了各领域专家参与讨论，包括国际事务、军费支出和国家要务、贫困、儿童健康、女性收入平等、教育和老兵事务。通常这样的讨论会一直持续至深夜。他甚至请来了丹麦驻美大使来到伯灵顿、伯瑞特波罗和蒙彼利埃，讨论丹麦各州的社会福利。往往有很多人参会，经常挤满了整个大堂。人们可以对桑德斯和专家提出质疑、发起挑战、诉说不满或者表示不认同——大家也常常这样做了，对桑德斯进行了左右夹击。但是，人们还收获了其他东西——他们就如何组织公平经济和民主社会来维护自身利益交换了意见。这样旷日持久的强化教育过程才是桑德斯的成功"秘诀"。佛蒙特州人长期以来都和他们的众议员（现在变成了参议员）保持联系，一同严肃地探讨复杂事务。他们都认同他的出发点——也允许他进入大部分政客不敢涉足的地方。

"有时，伯尼最大的批评者来自左派，"2006年竞选期间，佛蒙特州进步党活动家兼诺威奇镇前理事会成员，利兹·布卢姆解释道，"有些人在院子里看到共和党人和伯尼的标识时会感到不舒服，但是我认为这表明了伯尼已经知道如何与民众们进行沟通，这一点很多民主党人都没法做到。"桑德斯处于最佳状态时，能成功地将政治和政策分离出来，对政府在民生问题中能够和应当扮演的角色进行更加深入的讨论——此类讨论通常会因党派斗争被搁置一旁。

2016年参加总统大选时，桑德斯决定以民主党人的身份参选——为了回应支持者们的不满情绪，桑德斯称这仅是因为作为一名独立人士或用第三方身份参选所遇到的障碍实在太大。但是早在10年前，当他拒绝用党派人士身份竞选参议员时，他并没有表示任何歉意。是的，当然他称他个人希望看到一个更加趋向进步主义的民主党；是的，他称他希望看到第三方（像他的众多支持者发展起来的佛蒙特州进步党）培养能力将政治过程拉回左翼。但是桑德斯并不准备等到合适的政治时机降临。21世纪第一个十年的中期，桑德斯在佛蒙特州创造了一个榜样，他展示了一个独立派候选人如何超越当代政治的狭隘边界并与选民保持联系，就像一个世纪前的进步主义和平民主义一样，运用共和党和民主党的外壳，有时甚至作为两党的局外人，最终成功地推进激进议程。

国会任职期间，桑德斯会被认为过于独立而受到指责。一些进步主义民主党人称他应当在党派内部工作，将民主党推向左翼。一些进步主义独立人士则认为他应当花费更多精力创立第三党派，使之能够长期与民主党和共和党竞争。但是桑德斯表示，他下定决心在华盛顿工作期间撕掉党派标签，事实证明他通常扮演有效合作缔造者的角色。他在众议院任期的很长一段时间内都受到了共和党控制，要通过重要法案难度很大，所以这名佛蒙特州人把注意力集中在起草和推进修正案上。"自共和党人于1995年接手国会以来，没有其他立法者——不是汤姆·迪莱，也不是南希·佩洛西——比伯尼·桑德斯通过了更多唱名表决的修正案（真正进入投票阶段的修正案），"当桑德斯的众议员任期步入尾声时，《滚石》杂志撰稿人马特·泰比这样写道，"他能完成这些一方面靠的是坚持不懈的努力，另一方面则靠自己独立人士的身份，使左右两派结成联盟。"乔治·沃克·布什担任总统期间，桑德斯促成了左右两派结盟，让布什政府在隐私问题上遇到了少有的挫折——为司法部门拨款法案制定了一项修订案，使得《爱国者法案》在实践过程中无法获得拨款来侦查图书馆和书店记录。在修正案的投票过程中，由于乔治·沃克·布什扬言要一票否决整个拨款法案，导致了绝大部分共和党人和数十名保守派民主党人与白宫决裂。最终，布什还是占了上风。但是，桑德斯和他保守联盟的一些成员至今仍与美国图书馆协会和其他公民自由团体在此事上进行合作。当乔治·沃克·布什登上权力巅峰时，一些保守派共和党人，例如来自北卡罗来纳州的国会成员沃特·琼斯仍然是时任众议员的桑德斯的坚实盟友，在贸易政策、海外投资、制定美国从伊拉克撤军时间表等众多事项上与桑德斯达成了共识。2005年，琼斯将一只手臂环绕在桑德斯的肩膀上，这样说道："我知道有些人很奇怪我竟然能和一名自由派人士相处得这么好。"当时，两人正一同坐在往返雷伯恩办公大楼和国会山的地铁上。（得知桑德斯把自己定义为一名社会主义人士，琼斯露出了笑容。"我知道，"他说，"我正试着让自己礼貌些。"）琼斯解释道："真正重要的不是花98%的时间反对某些人的意见，而是能在剩下2%的时间里找到双方共同点并且团结在一起。伯尼比一些共和党人更加深谙此道。"

桑德斯称自己想要成为一名参议员的原因有很多，其中之一就是他相信作为一名独立人士，他能够搭建看似不可能的联盟。"我们正试图发展左右翼联盟，在某种程度上来说，也就是在试图重新定义美国政治，"他解释道，"你手头上有贸易方面的议题，这对担心丢掉饭碗的人来说十分、十分重要。你手头有医保方面的议题，它们不容忽视。你还有战争与和平的议题、经济重心议题。当我们讨论国家应当如何支出以满足国内需求时，它们同样相当关键。你可以通过这些议题组建联盟，重新定义企业媒体在讨论自由派和保守派时创建的'标准'模式。"

这一梦想却常常遭遇延期。然而在2006年，桑德斯却成功地重新定义了佛蒙特州模式。桑德斯的老对头，前任州长霍华德·迪恩在不久前接过了民主党全国委员会的头把交椅，他也表示："伯尼·桑德斯的胜利就是民主党人的胜利。"州执政党中的几位要员同样为桑德斯背书。桑德斯进入了民主党初选并获得了胜利，又在之后拒绝了党内提名。同年11月的竞选中，桑德斯面对的共和党商人理查德·塔兰特。理查德是一名百万富翁，他在竞选中斥资700余万美元，发动了高度专业并极为负面的竞选攻势，试图打败这位独立人士。然而民主党人却让桑德斯他自己组织整场竞选活动——他并没有投放负面广告（事实上连电视广告都很少），而是把重点放在了走访州内城镇上，即便是州内最为偏远的角落，最小的乡镇，他也没有遗落。

没有任何花招，没有简便答案，没有权宜之计——唯有坚定的信念，桑德斯相信人们想要探讨关乎自身的种种问题。而这确实有效。2006年竞选中，桑德斯精疲力竭，饱受打击——特别在捍卫公民自由上，同他一道投票的少之又少。然而他却以65%的得票率保住了参议员席位，远超塔兰特32%的得票率。要知道在过去的一个半世纪中，该州的参议院席位一直被共和党人纳入囊中。在佛蒙特州的每个郡县，桑德斯均获得了压倒性胜利，即便在一些保守派社区中，他也延续了自己的优势。这么多年来，在这些乡镇办了这么多场公民大会，全都用于讨论民生经济问题，桑德斯和这些民众之间早已建立了联系，哪怕用巨额资金和负面广告也无法将其斩断。"也许，这就是我们能从桑德斯身上学到的，"玛格丽特·斯特兰德·兰尼斯说，"他从不为一场选举的输赢担心，而是持之以恒地投入其中。因为这才是你建立认知度和信任感的方式，它们也使你返璞归真，真正地和人们探讨民生问题。我不知道共和党人是否有这样的耐心，但是如果他们真想要和人们取得联系，他们需要集中注意力。"

反对华尔街共识

确实，那时的民主党人并没有感受到多大压力让他们集中注意力。2007年1月，桑德斯抵达参议院，当时民主党已经重获众议院和参议院的控制权。2008年，该党扩大了多数席位并且推选出了一名总统，民主党员们可谓顺风顺水。桑德斯仍是一名有倾向性的独立人士，民主党愿意吸纳他成为参议院核心小组成员，但是党内领导人却不愿意接受桑德斯所倡导的核心内容，也就是经济民粹主义。这点在2008年9月尤为明显，当时华尔街爆发金融危机，政府采取紧急措施，为金融机构提供大笔援助资金，尽管它们才是这场危机的罪魁祸首。即使该危机在美国总统大选中期爆发，民主党和共和党领导人仍然携手支持紧急财政援助。参议院中，民主党总统候选人巴拉克·奥巴马投了赞同票，共和党总统候选人约翰·麦凯恩也投了赞同票，同样的还有民主党领导人哈里·瑞德和共和党领导人米奇·麦康奈尔。

但是桑德斯大声地表达了自己的反对意见。

当桑德斯宣布他计划对7000亿救助计划投反对票时，他几乎咆哮地说出了下面这番话："如果紧急救助真的有必要，如果纳税人的钱必须承担风险，如果我们要为华尔街提供大笔资金援助，那也该由闯祸的那批人来做这些事。当年布什总统为百万富翁和亿万富翁提供的税收优惠已经让那批人尝到了甜头，他们还靠放宽管制捞了一笔。所以现在应该由他们而不是普通老百姓为这场危机买单。"

2008年10月1日，桑德斯在参议院发表的激愤演说奠定了他在该院服务期间的基调。当其他人纷纷同意救助计划，桑德斯选择退出，拒绝接受共识。他称，这一共识忽略了当前美国真正面临的经济问题。

桑德斯宣告这些主题将成为他的准则，随后他表示：

> 今天在全世界所有大国中，美国的财富分配方式是最为独特的。顶端1%群体的收入总额超过了底端50%的群体，顶端1%群体的财富总额超过了底端90%的群体。当下，我们已经见证了大量财富正从我国的中产阶级向富人转移。华尔街公司首席执行官们的奖金数额高得离谱。2007年，光5家主要投资公司的首席执行官奖金就高达390亿美元。我们已经见证了金融服务行业可怕的贪婪。他们不惜在竞选献金和游说活动中斥资上亿美元，以保证对冲基金和其他未受管控的

金融机构可以蓬勃发展。我们已经见证了他们把上万亿资金投入高深的金融工具投入未经管控的行业,其原因何在,只有极小一部分人能够理解。我们已经见证了金融服务行业在消费者们毫无防备的情况下,收取高达30%的信用卡贷款利息,并在后续追加一大笔滞纳金和其他费用。我们已经见证了他们卑劣的借贷手段,从弱者和未受教育的群体中牟利。我们已经见证了他们向几乎美国所有的信箱投放数十亿张具有欺骗性质的委托书。

最为重要的是,我们见证了金融服务机构唆使民众申请他们无力偿还的抵押贷款,这也是今晚我们相聚此地的根本原因之一。

尽管发生了上述所有事,我们仍然制定了紧急援助方案,这好像在对中产阶级说,你们的7000亿美金不得不处于风险中。把这笔资金平摊给国内的每个男人、女人、孩子,每个人分得的数额高达2200美元。你们被要求站出来,弥补因华尔街的过度贪婪酿成的大祸。换句话说,华尔街聪慧的内部人士,这些"宇宙主宰者",一边挣着普通美国人做梦都想拿的工资,一边把我国的金融系统推向崩溃的边缘。现在,美国和世界的金融系统正摇摇欲坠,这些百万富翁却要求中产阶级站出来收拾残局。而我国的中产阶级早已被布什政府可怕的经济政策折磨得苦不堪言。这样是不对的,我不会支持这种行为。

桑德斯还表示,不仅经济制度受损,政治制度也已破碎——即便危机当头,华盛顿的政府官员们仍断然拒绝挑战经济精英,使得我国的政治制度不断恶化。

"可想而知,在该法案的保护下,首席执行官们和华尔街的内部人士将继续像强盗一样横行霸道。"桑德斯咆哮着说,"首先,这项法案根本没有处理本次危机的源头问题,它也没能减少当前的去监管热潮。这一热潮中,数万亿美金花费在了制造复杂且不受管制的金融工具上,比如信用违约互换①以及对冲基金,"时任参议员的桑德斯继续说道,"这项法案无法解决导致当前现状的根本原因,也就是所谓大而不倒②的概念……事实上,现在大而不倒的问题已经变得越来越严重,但是立法过程中仍对此只字不提。"

随后,他开始点名了。

桑德斯表示:"现在的金融体系就好像在让一只狐狸看守鸡舍,但是该法案却没有处理这样的荒唐事。也许,全美国只有我一人这样认为,但是我真的难以理解,为什么我们要把7000亿美金交给财政部部长。要知道他可是高盛的前任首席执行官,该公司和其他金融机构一道使我们陷入了当前难关。现在,也许全美国就我一个人觉得有些不可思议,但我就是这么想的。"

全美国并不只有桑德斯难以理解对金融危机的紧急救助计划,同样有人认为这不过是一场内部交易,以其他人为代价保护权贵们的利益。当危机继续发展,桑德斯曾给财政部长汉克·保尔森致函,明确表示:"应当由最有能力的人为这次的紧急救助计划买单。这些人在近几年来一直像强盗一样横行霸道,应当要求他们为此付出代价,而不是让中产阶级替他们承担一切。"出乎桑德斯的意料,有近50000

---

① 信用违约互换,如果债权人在归还期限内不能如期支付,则双方将损失互换的合同。
② 大而不倒,指的是一些银行、投行等上规模的金融机构,因其业务体量、在金融混业经营体系中的关联性作用,而成为不允许倒闭的角色。

人在他的信中署上了自己的名字。

如果说桑德斯对参议院已经妥协和继续妥协的政策感到失望，当看到因特网无限潜力时，他就像硅谷的创业者一样兴奋异常。桑德斯周围有一群年轻员工，他们总能快速熟悉社交媒体工具。桑德斯并不像其他参议员一样抗拒社交工具，他开始使用自己的参议员网站、脸书、推特和邮件邀请美国人民参与辩论，探讨他们的经济未来。2015年，他的参议员脸书页面已经有160万关注者，远超其他参议员和绝大多数总统候选人，甚至比一些摇滚明星的关注人数还要多。媒体露面和演讲时间表让他的进步主义集会从佛蒙特州扩展至全国各地。从前他只身一人反对紧急救助计划，现在他拥有了一大批支持者与他一道发声。

桑德斯并非总是处在反对派的立场上。2008年，他支持巴拉克·奥巴马竞选美国总统。奥巴马上任第一年，他基本上认同奥巴马的几项关键性举措。然而，他通常是一名敢于批判的支持者。当奥巴马提名蒂姆·盖纳担任财政部部长时，这位佛蒙特州参议员不惜与其他民主党核心小组成员决裂，和来自西弗吉尼亚州的罗伯特·伯德、威斯康星州的拉斯·范戈尔德以及爱荷华州的汤姆·哈金一道反对奥巴马的这一提名。桑德斯表示："解除监管的热潮使我们的处境一团糟时，盖纳先生正在美联储和财政部供职。他要为问题的发生承担部分责任。"

参议员有时需要决定是否应当推进还是阻止某项重大法案。如果桑德斯认为政府某项措施太过软弱，他会利用自己的职权向政府施压，以改善这一举措。《平价医疗法案》就是其中一例。桑德斯长久以来一直支持单一给付的"全民医保"系统。这种公共卫生体系早已在加拿大和大多数欧洲国家普及。他迅速地指出了《平价医疗法案》与该系统的差距以及法案本身的一些问题。但是他不断联系政府和参议院中该提案的支持者，成功地为《平价医疗法案》保住了125亿美元资金，用以扩大社区健康中心，招募更多医生、牙医、护士和其他初级医疗服务人员。他同样致力于扩大国民健康服务团体，以解决某些服务水平低下的乡镇缺乏医疗服务人员的问题。他还在佛蒙特州进行了单一给付系统实验，保留了实现这一愿景的可能性。桑德斯的众多提议已纳入《平价医疗法案》中，他本人也在2010年为该法案投了票。同时，他也在继续推动更为健全的全民医保项目。与之相似，桑德斯还于2010年支持了多德-弗兰克华尔街改革和消费者保护法案，虽然他很清楚这一举措"无法终结华尔街众多的赌徒行为"。同他一道投票的还有哈佛法学院教授伊丽莎白·沃伦。为了打响战斗，伊丽莎白创办了新的消费者金融保护局，作为多德-弗兰克法案的配套机构。在随后的2012年，伊丽莎白成功获选代表马萨诸塞州的联邦参议员。但是，这一投票又把桑德斯置于拉斯·范戈尔德的对立面。来自威斯康星的拉斯反对该法案，他表示："对我来说，要检测一项金融监管改革法案是否有效，要看它能否防止另一场危机的发生。（该法案）并没能通过这项测试。"为多德-弗兰克法案投票的这一决定显示了桑德斯的另一性格特点，这一特点往往为国会中随意的观察员们所忽视；参议员桑德斯富有热情，他并不害怕孤身一人，但他也不是纯粹主义者，不会因为他人的错误而自我陶醉。如果桑德斯认为某项修正案十分重要，或者至少有用，并能与法律相关联（他对多德-弗兰克修正案就是这样做的。在该修正案的指导下，问责办公室对神秘的美联储进行了首次自上而下的审计），哪怕他觉得这一法案有待改进，他仍会为之投票。某种意义上说，他并非某些人设想中的一匹孤狼。

然而，当桑德斯决意与一帮人决裂时，他可是动真格的。

"共和党浪潮"席卷了2010年的竞选。随后，大老党获得了美国众议院控制权，在参议院站稳了脚跟，并统治了美国各州的办公室。桑德斯表示，奥巴马政府和国会的民主党人们需要在经济问题上划分出更加明显的界限。相反，奥巴马总统却和国会中的民主党人们达成协议，进一步扩大了布什政府时期提出减税政策，让亿万富翁们享有更多税收减免，此外，他们还制定了彻底的遗产税豁免机制，让百万富翁们享有遗产豁免的权利。桑德斯称，这不仅是政治败笔，还是经济败笔。

不用说，这名佛蒙特州人就这两点进行了一次演讲。而这次演讲也让数百万美国人重新定义了桑德斯，在他们眼中，他不再只是一名国会参议员，还是群众的观点代言人。他坚决反对华盛顿方面愉快达成的共识，坚决反对"智库"和政客们的财政紧缩议程。因为他知道这些人都获得了亿万富翁们的资金支持，所以一直推进富人的税收减免工作，并在同时缩减服务百姓的各种项目。桑德斯说，那种议程已经遭遇了滑铁卢。他表示，现在是时候运行一套新议程，向富人征税，投资基础设施建设，为美国广大百姓创造更多就业机会了，毕竟政府并不会为他们提供紧急援助。

桑德斯还表示，他将会采取"一切手段"阻挠该政策通过。随后的2010年12月10日，周五上午10：24，他出现在参议院。调试好话筒，桑德斯开始一一陈述税收法案存在的问题，华盛顿如何进行交易，国家重心出现了偏差，以及当前糟糕的经济状况。演讲结束，桑德斯在他的参议员推特上发布了一则消息："对于我今天做的事，你们想怎么说就怎么说。你们可以说这是在阻挠议案通过，你们可以说这只是一场无比漫长的演讲。"确实无比漫长。桑德斯在讲台上一共站了8小时，35分，14秒。

桑德斯的大胆举动确实引起了全国的关注。上万人试图在网上观看这场演讲，导致参议院视频服务器不堪重负。微软全国有线电视广播公司的蕾切尔·玛多称这场演说"用超越常人的耐力展示了反对税收政策的坚定决心"。但是，白宫方面却不为所动。在全国广播公司的《晚间新闻》栏目中，政治部主任查克·托德在报道中称："今天一整天的税收政策辩论几乎全被一名佛蒙特州独立人士主导了。这名自称为社会主义者的参议员出现在美国参议院，从早上10：30开始滔滔不绝地演讲。好吧，到下午4点，白宫明显受够了。当天奥巴马总统和前总统克林顿有一个私人会面，本该由奥巴马总统向记者们概述会面情况，但最终奥巴马决定仅向记者们直接援引克林顿本人的一些话。"

美国有线电视新闻网的约翰·金解释说："这场算计真是既冒险又直接。我倒要看看你伯尼·桑德斯会怎样，还不是弄出个比尔·克林顿上头条。"

但是这无关克林顿，故事的主角是桑德斯。他并没有像电影《史密斯先生到华盛顿》中场景一样，在结束演讲时精疲力竭地倒下，而是发出有力的号召呼吁大家行动起来。"如果美国人民站起来说，'我们能够做得更好，我们不想因为给予百万富翁和亿万富翁税收减免，抬高我国债务'，（如果）美国人民准备好站起来——我们准备好紧跟其他美国人的脚步——我相信我们一定能打败这项提议，"他大声呼吁，"我认为我们能够提出更好的议案，更好地反映本国中产阶级、工人家庭，最重要的是，孩子们的真实需求。综上所述，主席女士，我的发言到此结束。"

国家公共广播电台宣布："今天，全世界都在注视着伯尼·桑德斯。"《华盛顿邮报》的克里斯·西里撒表示："桑德斯的立场代表了自由派人士对该政策的愤怒与不满,这位佛蒙特州参议员已然成为进步派的英雄。"美国新闻网站"政治"对此表示认同,并解释说:"一直以来,左翼都在寻找一名新的英雄。今晚,他们终于锁定了一个人:参议员伯尼·桑德斯。本周五,这名佛蒙特州的独立人士代表进步派,对奥巴马总统及共和党人的减税政策宣泄了一腔怒火。他阻挠式的演讲让整个参议院在长达八小时内处于僵持状态,同时还点燃了整个推特。"

对内／对外策略

尽管新的国会越来越趋向保守主义,桑德斯仍然专注于参议员的职责——他从2013年至2015年一直担任老兵事务委员会主席,经常同亚利桑那州参议员约翰·麦凯恩密切配合。麦凯恩曾有战俘经历,还是2008年共和党推选的总统候选人。为了回应退伍军人健康管理局对老兵疏于管照的不实报道,他俩重写了具有深远意义的《2014年度退伍军人选择性获取医保、问责和透明度法案》。但在2010年后,党派分歧、利益集团的大笔竞选献金和企业游说让国会一直裹足不前。桑德斯便把更多的精力投入到制定对内对外策略上,引导公众向国会施压。

自保罗·韦尔斯顿①以来,还没有任何一位参议员像桑德斯一样在任期内强调华盛顿之外人民的种种挣扎。他也用这种方式催促联邦政府进行干预,回应群众的抗议。2011年,获选州长的共和党人们在上任不久开始打压劳工权利。得知此事后,桑德斯立刻投入战斗。他说,自己坚决支持正在威斯康星的麦迪逊市、俄亥俄州的哥伦布市

---

① Paul Wellstone,明尼苏达州参议员,一直致力于劳工运动,2002年因一场空难丧生。

和其他州首府抗议的工会成员。"这是在美国富人指使下对本国中产阶级和劳工家庭发起的联合攻击。"谈到一些共和党州长,例如威斯康星州长斯科特·沃克和俄亥俄州州长约翰·卡西奇,准备取消公会的集体谈判权时,桑德斯表示:"这些家伙想让我们重回20世纪20年代,那时劳工们几乎没有任何组织权利,拿很低的报酬,根本无法维系体面的生活……现在,每个美国人的收入都在下滑。一旦工会被损毁,所有标准都将不复存在,也不会有人愿意为中产阶级争取报酬合理的工作。"此外,当占领华尔街运动爆发时,从纽约市的祖科蒂公园迅速蔓延至全国,桑德斯对抗议者的言论和精神表示了支持。他表示:"华尔街上有一帮骗子,没错,'骗子',我选择这个词是经过考虑的,你们别引错了。他们的贪婪、鲁莽和非法行径导致了可怕的经济衰退,还引发了许多灾难。我们相信这个国家,我们热爱这个国家;但要让我们看着这帮强盗巨头控制这个国家的未来,那还不如去死。"他接着补充道,"我要为这些抗议者拍手喝彩,他们站了出来,把注意力投向华尔街,但是我们还要做一些实事。"他接着说,"我们应当向华尔街提出要求(并)摧毁那些机构。"库克郡委员杰西·"锤"·加西亚在过去数十年来一直致力于联合工人阶级的拉美裔美国人、非裔美国人和美国白人。加西亚学习了芝加哥前市长哈罗德·华盛顿①的经验,向中立派民主党市长拉姆·伊曼纽尔和该市的政治体制发起挑战。作为一名前市长和现任参议员,桑德斯出面为加西亚助选。桑德斯表示,他需要与国家市政厅中的盟友一同对抗企业自上而下的影响,对抗亿万富翁科赫兄弟。

密苏里州弗格森市曾发生一起枪击案,年仅18岁的迈克尔·布

---

① Harold Washington,20世纪美国政治人物,是芝加哥市首位黑人市长,1987年再度当选,但不幸在同年辞世。

朗遭警官枪杀身亡。得知此事后，桑德斯表示："向毫无防备的平民开枪是不可接受的。"他对群众呼吁联邦政府介入调查表示支持，同时坚决捍卫弗格森乃至全国抗议者的权利。这名年轻的非洲裔美国人被射杀后，立刻在全国引起了巨大反响，时任参议员的桑德斯表示："必须将警察视为社区的一分子，而不是一支常驻部队。"他还称，"我们都有责任让弗格森市发生的惨剧不再重演。"当弗格森事件落下帷幕，桑德森和国会成员小约翰·科尼尔斯一同提出了立法建议，内容包括向一些州和社区提供55亿美元的紧急资助，以缓解非裔年轻人的就业危机。他表示："与其在这些地区的警局投入军事武器，还不如着手创造更多工作，这才是当地年轻人迫切需要的。"

  国会中最为出类拔萃的成员，不论其意识形态，不论身处众议院还是参议院，都是通过展开调查、举办听证会和提出立法建议的方式来应对华盛顿外的危机、挑战和机遇。但是桑德斯重新设想了立法者应当扮演的角色。他在国会开展了各方面的工作，随后敦促家乡佛蒙特州乃至全国人民向国会施压，解决气候变化问题，拯救邮政部门，认清并且应对贸易政策导致的经济混乱和失业问题——对于这点，非洲裔、拉美裔和年轻人感受尤为深刻。桑德斯表示："对我来说，政治不只是想出一些新点子，然后到华盛顿走一下立法流程——当然你也是要做这些事的——它还包括弄清楚如何将普通民众纳入立法进程中，如何让他们获得力量。这并不容易，但实际上我们也必须做这些事。"

  2010年，在联合公民会诉联邦选举委员会案中，美国最高法院的裁定击碎了限制企业为竞选献金的历史性屏障。作为回应，桑德斯提出了《拯救美国民主宪法修正案》，旨在扭转最高法院对联合公民会的裁决，重拾百年禁令，限制企业对联邦候选人的资助。同时，该修正案还规定了企业不得同人民享有相同的宪法权利，明确企业需要受到国会以及州立法机构的监管。但他并未就此止步。桑德斯发起了请愿活动以示对修正案的支持；他敦促市民通过本地和州内决议要求政府采取行动；他参加了全国各地的集会推广该办法；随后，他又把活动家们带回华盛顿壮大声势。在某一城市，亿万富翁科赫兄弟的影响力正在逐日壮大。他们在竞选中花费的巨额资金，受其资助的群体不断推进右翼的经济议程。桑德斯不仅向科赫兄弟喊话，还组织国会山拍摄了一组纪录片，曝光了亿万富翁们对政治的操控。该纪录片由曾获奥斯卡提名的知名电影制作人卡尔·迪尔和提亚·莱辛亲自操刀。对此，桑德斯表示："美国最主要的问题在于，现在国家逐渐变成了一个寡头社会——你会发现，一小撮人正不断掌控我国的经济、媒体以及政治过程，联合公民会诉讼案的判决结果恰恰证明了这一点。

"这是个坏消息，可以说是个很糟糕的消息，"桑德斯说，"好消息是数百万民众正了解到这一点，并发自内心地相信，美国民主的真正意义不在于让亿万富翁们花大笔钱，推举他们想要的候选人。只有极少数人并不这样认为。"

佛蒙特州人欣赏积极主动的做事方式。2012年，桑德斯寻求连任，但他打破了联合公民会的所有常规惯例。他从未使用任何攻击性广告。事实上，他都没有投放任何电视商业广告。相反，他的竞选资源全都用于开展基层策略。他组织了志愿者们敲开20000多户人家的门，并在州内乡镇组织了数十场公民大会。公民大会与普通集会不同。桑德斯会到场亲自发言，而非播放些电视录像；他邀请选民们针对争议性事件提出复杂的问题，然后用大胆的建议进行回答，比如他表示"要将我国能源体系的基础从高污染的化石燃料转向能效高、可持续的新能源",以此解决气候变化问题;进行切实的医保改革,引入单一给付的全民医保方案;逐渐减少国防军事的资金投入,转而用于创造更多的本国就业机会。为了反对两党无意义的党派纷争,桑德斯炮轰了共和党总统候选人米特·罗姆尼和保罗·瑞安的财政紧缩议程,同时他还警告道,奥巴马总统和过多的民主党人正在偏向"讨价还价式"的温和紧缩政策,这一政策会让减少债务比拯救社会保障、医疗保障以及医疗补助更为重要。桑德斯问道:"上帝啊,为什么在这场紧张的竞赛中巴拉克·奥巴马无法保证,'我绝不会削减社会保障'?为什么这些民主党人也不说,'我们绝不会削减社会保障'?如果连句承诺都没有,华尔街金融危机后他们又将何去何从?"

选举当晚,参议院竞选结果从全国各地相继传来。最早一批结果中就有获选佛蒙特州参议员的伯尼·桑德斯。桑德斯的对手是一名来势汹汹的共和党人,不但是一名商人,还是马萨诸塞州四届立法委员。竞选过程中,此人准备大干一场,取代"美国参议院中唯一一名公认的社会主义人士"。最终,桑德斯横扫佛蒙特州州内每一个乡镇,获得了71%的选票。这也是他自1972年以来参加的16场竞选中得票数最高的一场。然而桑德斯却有些沮丧。他不喜欢一些不了解佛蒙特州的权威人士否定他的做事方式——以及他的选举胜利——这些专家认为这一结果的出现只是地区性差异而已。他们将佛蒙特州描述为古怪的自由派州,并认为相似结果只可能在此类州中出现,和其他州无任何关联。桑德斯说:"不久之前,佛蒙特州还是国内的共和党强州。直到两年前,该州的州长还是共和党人,副州长也是共和党人。佛蒙特州是个农业大州,州内仍有几个地区相当保守。"他还表示,他能在这几处保守地区取得胜利,靠的不是妥协或是只字不提自己的意见，而是放大音量让更多人听见。

"所有民主党人都说，你要赢就必须变成保守派，你要赢就必须更加谨慎，我听得都快疯了。这些该死的顾问走进来和我说，'你该在竞选中如何如何'，内容总是逃不开筹钱，把钱花在电视广告上，别说任何得罪人的话。民主党人们都这样做，一到竞选结束又开始担心能不能成功。"桑德斯说，"我这辈子都没弄明白为什么一些进步派人士会听从竞选顾问的建议。发起运动，不断推进进步主义议题——你需要与民众沟通，教育民众，组织民众。"

桑德斯曾为民主党人们提供过路线图。但是他们多半不愿意听从一位独立人士，毕竟同作为参议院核心小组成员，桑德斯经常"不听指挥"。在与白宫以及共和党新保守派人士的角力中，桑德斯炮轰了他们将美国军队重新派遣至中东的提议。2013年，亚利桑那州参议员约翰·麦凯恩等共和党人力图干涉叙利亚内政，白宫方面也暗许了这一计划。对此，白宫和参议院中的绝大多数民主党人都默不作声。但是，桑德斯坚持重提当初莽撞的伊拉克战争及其遗留的一系列恶果。他表示："完全没有必要卷入复杂而血腥的叙利亚战争，我们承受的后果将不可想象。"当时，桑德斯还在担任退伍军人事务委员会的主席，对此他解释说，战争所需的人力成本不仅包括了参战人员，还要包括战争大后方的消耗。前几场战争结束后，美国至今仍无法妥善解决退伍军人的护理问题。他问道，谁又会愿意为另一个国家的另一场政权变动而发动的另一场战争买单。对这一问题，他自己给出了答案："是本国顶端1%的富人么？不，是成长中的孩子，是依靠救助的家庭，是参加医疗保险的老人。他们才是为战争买单的人……现在中产阶级正在消失，4600万人口生活在贫困之中，真实失业率已经达到了14%。这一代的孩子在高中和大学毕业后找不到工作。国内当前的收入分配状况是自经济大萧条以来最不均衡的。如果我们继续卷入叙利亚战争，你能想到接下来会发生什么吗？"他还警告道，国内民众的需求"因为接二连三的战争不断被搁置一旁"。

桑德斯表示："我不希望自己的国家变成21世纪的斯巴达。"显然白宫方面并不喜欢此类论调，但是民调显示，美国民众却对战争前景极其不安。对桑德斯而言，他更加确信华盛顿的政治媒体精英们和广大民众之间正在不断"脱节"。投票一周前，桑德斯出现在公共电视节目《莫耶斯与他的伙伴》中，对2014年民主党的选举周期进行了预测——他们会失去对参议院的控制，在众议院原地踏步，还会在州议会遭遇挫折。

一场政治革命

桑德斯谈到了"利益集团在电视和广播中投放了无数广告，转移美国人民对现实问题的注意力"。比尔·莫耶斯立刻捕捉到了转移注意力这一说法。莫耶斯在政治和媒体领域均有涉猎，他曾任林登·约翰逊政府的新闻秘书，还是一家报纸的出版商以及一名德高望重的广播电台记者。

"嗯，这听上去很有趣，"莫耶斯说，"因为我最近常在电视上看到你。你总在谈论同样的问题，总在重申五点内容。怎么能说企业媒体不让你说话呢？"

"噢，老天，这才是问题之所在，"桑德斯回答，"我的意思是，我已经上了无数节目。他们却还在问：'今天有几件事情发生。你怎么看待联邦情报局？你对此的想法是什么？你怎么看埃博拉疫情？'这些事都很重要，但是对于关乎普通民众的事情——比如撇开总的生产力不谈，为什么人们工作的时间越来越长，薪水却越来越低？比尔，我们讨论过这些问题么？你听到别人讨论过这些问题么？"

对国会任职最久的独立人士来说，这才只是个开头。

"还有收入和财富不平等问题：美国顶端1%的人口拥有了本国37%的财富，底端60%的人口却只拥有1.7%。沃尔玛的创始人沃尔顿家族，就单单这一家人所拥有的财富超过了底端40%的人口。"桑德斯说，"你不觉得这些事情才是我们应该讨论的么？但是在电视上你却没法进行这样的讨论。"

接下来是一场大逆转。

"为什么？"莫耶斯问道。

"因为对于拥有电视广播公司的企业来说，教育美国人民来辩论现实问题并不合乎企业利益。最好还是转移民众注意力，让他们去关心今日事件。"桑德斯解释道。莫耶斯继续向桑德斯施压，询问他的解决方法："现在伯尼·桑德斯面临的根本问题是：你要如何把你的信息直接传递给最需要的人？"这一问题暗含了一则大家公认的事实。尽管桑德斯在国会和全国投入无数心血，尽管他在佛蒙特州选举中大获全胜，桑德斯还是没能阻挡富豪集团的力量。在《众议院里的局外人》的最后一章中他罗列了许多目标，但是其中大部分都未能达成，而且一些目标甚至比1997年更难实现。

"我真希望能有个神奇的答案，"桑德斯回答，"你恰恰问到了点子上……你们想方设法让工人阶级民众向拒绝提升最低工资的候选人投票，向拒绝为孩子们提供医疗保障的候选人投票，向把本土工作转移至中国的候选人投票，向给予企业税收优惠的候选人投票，这让我想破了脑袋。我们确实得弄清这个问题。"

2014年秋季，桑德斯也想弄清楚，是否竞选总统能够成为莫耶斯问题——"你要如何把你的信息直接传递给最需要的人"——的一部分答案。此前3月,在与《民族》杂志的深入访谈中,桑德斯曾解释:"在华盛顿,有些人每天醒来都要对自己说:'你知道,我真的必须成为美国总统,我生来就要成为美国总统。'我可不这样。每天清晨醒来后,我都感到这个国家正面临着大萧条以来最为严重的问题。我们极度缺乏严肃的政治论述或政治思想来解决这些危机。利益集团已经牢牢掌控了我们的经济和政治生活,需要有人站出来,代表本国工人阶级和中产阶级与他们进行抗争。所以我准备竞选美国总统。我不认为我是唯一一个可以应战的人,但是我确实准备严肃地应对这场竞争。"

桑德斯明白这是个大胆而复杂的提议。国会中任期最久的独立人士是用独立人士或者第三方的身份参选,还是用民主党人的身份参选?这名对政治中金钱交易直言不讳的批评者能够筹得规定数额的钱款,参加总统大选么?进步团体准备让马萨诸塞州的参议员伊丽莎白·沃伦参加大选,桑德斯的风头会被她盖过么?前国务卿希拉里·克林顿拥有更多知名度、更加充裕的资金和更为广泛的人脉,有人能阻挡她的势头么?绝大多数共和党人士都认为"社会主义者"的称呼带有冒犯意味,绝大多数民主党人士也尽量避免使用这个词,那么这名民主社会主义者能在这样一个国家获得支持么?

对于最后一个问题,桑德斯本人已有了答案。他说:"这根本不是影响大选的因素之一。在佛蒙特州,人们都明白我口中的'民主社会主义'指的是什么。他们并不认为民主社会主义就等同于朝鲜的共产主义。他们相信,当我在谈论民主社会主义时,我想表达的是不想看到美国被几个亿万富翁家族所统治,不想看到我国的经济政治生活被这几个家族牢牢掌控。而我也相信,在一个民主文明的社会,全民医保是一种权利，素质教育同样是一种权利，所有人都能找到体面的工作，获得体面的报酬。我们不需要代表富商权贵的政府，我们需要的是一个能代表美国普通老百姓的政府。

"佛蒙特州人民清楚地知道我说的是什么，所以上次竞选中我能在该州获得71%的投票率，甚至能在州内最保守的乡镇取得胜利，"他继续道，"如果参加总统大选，我将努力发声，让工人阶级看到未来的可能性，我相信各地选民们一定会理解我。"事实上，他似乎很享受更加深入地探讨这个话题，"很可惜，真相却是企业媒体忽略了丹麦、芬兰、瑞典、挪威等国已经获得了巨大成就，"他解释说，"在这些国家，民主社会主义政府或工党政府已有漫长的历史。它们还有卓越全面的医保系统、优良的教育体系。而且在消除贫困、创建平等社会上，它们走得比我们远得多。我相信这些国家已经为我们树立了经济和社会榜样，从它们身上我们能获益匪浅。这也是我将一直讨论的内容。"

然而，即便他这样说，要将宏大的想法付诸现实仍旧困难重重，不但需要有的放矢，而且将异见团体组织在一起通常也只能止步于设想。构建联盟所面临的挑战可能来源于经济上的共同利益，但在操作过程却有必要采纳更为宽泛的"彩虹"政策。该政策由杰西·杰克逊在参加1984年和1988年总统大选时提出。2008年巴拉克·奥巴马能够当选总统在一定程度上也要归功于这一政策。所以它对于每位参加2016年总统大选的进步派人士都是一个十分现实的考虑。桑德斯知道前景不容乐观，在长达一年多的时间内一直与之抗争。他和各地结识的活动家们一道考虑了最终获得民主党总统候选人的可能性。桑德斯以民主党人的身份参加大选的决定让许多活动家群体激动不已，其中就包括美国进步民主组织。该团体曾敦促桑德斯参与党内选举，以此转移辩论重点。同时，这一决定又让进步派独立人士无比沮丧，他们表示只有挑战两大党派才能带来改变。最终，局外人桑德斯决意加入民主党，一方面是因为国家层面的独立政治和第三方政治面临着结构性障碍（"考虑到本国政治体制和媒体的性质，让主流媒体如实报道两党制外的竞选状况相当困难"），另一方面是因为桑德斯也表示，他不想扮演"搅局者"的角色，"使一些右翼共和党人更加轻松获选"。

不寻常的是，支撑着桑德斯挺过这段时间，并宣布他将参加大选的并不是详细的作战策略，而是信仰的飞跃。打败一名70多岁，来自全国最小的州，以前一直拒绝加入民主党的民主社会主义者，获取民主党总统候选人提名的概率相当大，更不必说之后的总统大选了。但他支持，要在以竞次"自由"贸易政策为特征的全球经济中战胜美国员工同样轻而易举。现在非洲裔美国年轻人的遭遇也是如此。这些年轻人一直身处工业化程度低、被遗弃的城市社区中，那些地区的失业率已和大萧条时期的失业率不相上下。同样的还有现在的气候变化问题，如果不能及时采取行动，我们的星球将陷入危机。桑德斯表示，要击垮这一切实在是太容易了。我们真正需要的是伟大的组织家和作家迈克尔·哈林顿提出的"积极的可能性"。桑德斯并没有站在标准候选人的角度点明他或她需要做些什么，而是描述了每个人应当做的事。"要构建能够获胜，从而改变政治的联盟。我们需要把公会成员、职工家庭、少数团体、环保主义者、年轻人、女权团体、同性恋团体、老人、退伍军人聚集到一起。实际上，他们才是美国人口中的大多数。我们需要创建一个进步主义议程，围绕这一议程组织人员。"

桑德斯表示，要做到这些，美国并不需要一场政治选举，美国需要的是"一场政治革命"。

"我所讨论的政治革命，我口中要做的事并不只是为了赢得下一场选举。它指的是创造一个合适的环境，让数百万尚未参与政治的民众真正地融入进来；它指的是改变媒体的性质，使它们能够反映当前美国人民的真实需求和痛楚，"谈及总统大选，桑德斯这样说道，"一场选举不仅仅是投票和当选这样简单。它需要帮助教育人民、组织人民。如果我们能做到这些，我们就能改变现在和未来几年的政治动向。如果本国80%到90%的民众能参加选举，如果他们知道问题出在哪里（并根据已有知识提出要求），华盛顿和国会将大有不同。现在我们的国会仍被利益集团所掌控，只处理利益集团想要处理的问题。"

这听上去像是个浪漫主义的设想。可能它就是个浪漫主义的设想。但是政治最好的一面远不止冷冰冰的经营算计，而是相信"积极的可能性"。正是桑德斯口中的一部分浪漫主义设想已然实现才使他最终脱颖而出。例如，此处的"政治革命"并非一个全新的观点。在桑德斯《众议院里的局外人》一书中，他曾写道，政治革命并非只存在于可能之中，它确实已经发生了。他解释道："伯灵顿已经发生了一场政治革命。人们的声音清楚而响亮。伯灵顿市民用极高的投票率告知民主党和共和党他们想要改变，真正的改变。进步主义人士也在不断行动。"

伯尼·桑德斯所知的一些东西是谨慎的政客们永远无法理解的。有时，局外的人们赢得了胜利。有时，"积极的可能性"仅仅止步于一种可能。有时，政治确实能迎来变革——在各个城市、各个州，甚至是全世界。

补充说明

图　片—129页，王嘉琳 译

129页—218页，方维芊 译

218页—299页，华之韵 译